翰林平日接羣公又逢相歡戀病翁
白首歸田宜有黃扉論道愧無功
攀聯路斷三山遠夏國心危百戰攻
今夜靜聽丹葉漏尚疑身在玉堂中

夜宿中書東閣

攻媿同韻者

欧阳修墨迹《夜宿中书东阁》
现藏辽宁省博物馆

嘉祐八年,在位四十二年的宋仁宗暴病而亡,享年五十三岁。治丧期间,时为参知政事的欧阳修夜宿相府,漏声传来,不禁思绪万端,写下这苍劲诗篇。

北宋中期儒学复兴运动（增订本）

刘复生 著

生活·讀書·新知 三联书店

Copyright © 2024 by SDX Joint Publishing Company.
All Rights Reserved.
本作品版权由生活·读书·新知三联书店所有。
未经许可，不得翻印。

图书在版编目（CIP）数据

北宋中期儒学复兴运动/刘复生著. —增订本. —北京：生活·读书·新知三联书店，2023.3（2024.1重印）
ISBN 978-7-108-07540-6

Ⅰ. ①北… Ⅱ. ①刘… Ⅲ. ①儒学－研究－中国－北宋 Ⅳ. ①B222.05

中国版本图书馆CIP数据核字（2022）第206224号

责任编辑　王婧娅
封面设计　黄　越
责任印制　洪江龙
出版发行　生活·讀書·新知 三联书店
　　　　　（北京市东城区美术馆东街22号）
邮　　编　100010
印　　刷　江苏苏中印刷有限公司
版　　次　2023年3月第1版
　　　　　2024年1月第2次印刷
开　　本　880毫米×1230毫米　1/32　印张　11.25
字　　数　303千字
定　　价　66.00元

目 录

前言　关于"宋学"与"儒学复兴" – 001 –

第一章　北宋儒学复兴运动的产生及其特点 – 001 –

第一节　中国社会在唐宋之际的剧变 – 001 –

第二节　儒学史上的疑经思潮 – 007 –

第三节　"学统四起"与儒学复兴运动的特点 – 022 –

第二章　排斥异端：反佛老思潮的高涨 – 038 –

第一节　佛老势力在唐末宋初的消长 – 038 –

第二节　北宋中期反佛老思潮及其特点 – 048 –

第三节　理学家之辟佛老 – 062 –

第三章　古文运动的再兴与儒学复兴思潮 – 076 –

第一节　宋初文坛的两种风向 – 076 –

第二节　古文运动的再起与儒学的复兴 – 082 –

第三节　以儒家之道为中心的古文运动 – 090 –

第四节　儒家文学政教中心论的复苏　– 097 –

第四章　史学更新与儒学复兴思潮　– 106 –

第一节　史以明道：史学风气的变化　– 106 –

第二节　宋人重议论：史论新特点　– 118 –

第三节　唐、五代史的重写：《新唐书》和《新五代史》　– 131 –

第四节　编年体的复活：《唐史记》《资治通鉴》和《唐鉴》　– 143 –

第五章　"王道"理想与政治革新　– 153 –

第一节　北宋前期的政治风尚　– 153 –

第二节　政风之变与儒学思潮　– 162 –

第三节　从庆历新政到熙宁变法："王道"理想的追求　– 175 –

第六章　兴学运动与儒学复兴思潮　– 188 –

第一节　由私学到官学和地方立学　– 188 –

第二节　从庆历兴学到熙丰教育改革　– 198 –

第三节　从兴学运动看儒学思潮的影响　– 210 –

第七章　儒学思潮影响下的科举改革　– 225 –

第一节　宋初科举制度的发展　– 225 –

第二节 北宋中期的科举改革 – 231 –

第三节 从科举改革的发展脉络看儒学思潮的影响 – 244 –

第八章 理学是儒学复兴运动的产物 – 248 –

第一节 北宋儒学复兴运动的分裂 – 248 –

第二节 理学是新儒学派别中的一家 – 258 –

第三节 新儒中的新儒：理学及新学、蜀学 – 266 –

结语 北宋儒学复兴运动的核心问题 – 280 –

一、用义理之学取代章句注疏之学 – 281 –

二、用儒家之道取代"异端" – 283 –

三、复兴经世致用的"有为"之学 – 285 –

四、疑经思潮与古文运动 – 287 –

申论一 宋朝"火运"与"五德转移"政治学说的终结 – 291 –

一、宋朝"国运"的确立 – 292 –

二、"火神"之祀及其升格 – 295 –

三、"火德中微"及其重建 – 299 –

四、炎帝崇祀的流变 – 304 –

五、"五德转移"政治学说的终结 – 311 –

申论二　宋代"天命观"的嬗变与新"天命"的建立 – 319 –

一、引言 – 319 –

二、"政治神学"在宋代的危机 – 322 –

三、"恐惧修省"老传统之回归 – 327 –

四、"天命即天理":新天命之建立 – 334 –

后记 – 341 –

前言 关于"宋学"与"儒学复兴"

儒学思想源远流长,它所留下的丰富遗产,迄今仍为极富魅力的探讨课题。儒学以它的兼容性,在漫长的岁月中不断地发展和变化,内容也不断丰富,因时之宜,随时而新。在不同的时代,以不同的思想色调显现于世。汉代儒学"独尊"而大盛,"灾异"说相伴而生,谶纬神学也随之流行。西汉经今文家讲求微言大义,寄托以理想,而末流有"浮华无用"之讥,古文之学,遂乘之而起,① 训诂章句为后汉儒士所重。汉亡而经学衰,玄风盛而经分南北,儒学经历了一个相对的沉寂时期。在唐代,儒家经典被重新作了"统一"的注释,同时出现儒、释、道"三教"并立的局面。唐宋之际中国社会的剧变造就了众多的新型学者和思想家,他们鄙弃汉唐经生拘守注疏而与治道相脱离的学风,将眼光心思转向对儒学义理的探索,并企求用之改造社会和服务于现实。他们以极大的勇气,希望重振儒学,"障百川而东之,回狂澜于既倒",② 于是儒学复兴思潮跌宕

---

① 参见蒙文通《经学抉原》第四《今学》,蒙默编《蒙文通全集》第一集《儒学甄微》,成都,巴蜀书社 2015 年,第 252 页。
② 韩愈《进学篇》有言:"抵排异端,攘斥佛老。补苴罅漏,张皇幽眇。寻坠绪之茫茫,独旁搜而远绍。障百川而东之,回狂澜于既倒。"自韩愈至于北宋,新儒的这一目标追求始终没有改变。

起伏,渐成思想的主流。这种有异于汉唐传统经学的新儒学,经历了不同的发展阶段,形成许多派别。具有很大影响的、有哲理化倾向的理学是胎动于北宋中期而后形成的一个新儒学学派。这种思潮发轫于中唐,大盛于北宋,庆历前后,正是新旧交争且新儒取代"旧儒"这一大趋向的关键岁月。新儒们高唱变通之曲,要用儒家经邦济世的实践来改造现实,于是在社会的各个领域掀起了以新儒思想为标志的复兴运动,或复古,或创新,或借复古以创新。

本稿所要剖视研讨的,正是所谓儒学哲理化的"史前"时期,亦即通常说的"北宋中期"。具体而言,是指宋仁宗、英宗、神宗三朝(1023—1085),而又以仁宗庆历(1041—1048)前后为论述重心所在。这一时期,反佛老"异端"的声浪再度高涨,掀起了一场自佛老流行中国以来最广泛持久且最深入的反宗教运动;新儒以"古文"为载道之舟,流行数百年的崇尚骈骊的"文选"之学声光大敛;在史学领域,卑视汉唐,议论风起,要求在史著中贯注儒学精神成为风尚,编年、改纂之风盛行;新儒们怀抱尧舜"王道"理想,寻求新政之路;本着"士必由于乡里,教必本于学校"之理念,改革科举,大兴办学;抛却经师旧说,直追圣意。新儒思潮波属云委,随浪而高,付诸实践,终成新学天下。这场发生在北宋的"儒学复兴运动",影响到了北宋社会和政治生活的方方面面,表现出了许多新的文化特征,也有人称之为"宋学"。

数十年来,对宋代学术文化特别其儒学的研究取得了长足发展,"宋学"一词得以频频使用,但是各家所指的内涵并不一致,对"宋学"概念史的讨论和分析颇不乏人。① 其中两种最普遍的用法，一是指后世说的道学或理学，② 一是指宋代包括理学在内的"义理之学"。

应该注意到，清四库馆臣在叙言"宋学"时一开始是与"经学"联系在一起的。《四库全书总目》卷一《经部总叙》追溯了汉代以来的经学史，其言谓汉代以后的经学多变，到宋代"洛闽继起，道学大昌，摆落汉唐，独研义理，凡经师旧说，俱排斥以为不足信，其学务别是非"。又说：

> 国初诸家，其学征实不诬，及其弊也琐。要其归宿，则不过汉学、宋学两家，互为胜负。夫汉学具有根柢，讲学者以浅陋轻之，不足服汉儒也。宋学具有精微，读书者以空疏薄之，亦不足服宋儒也。

清初诸家之学，就是后文说的"汉学"。1854年，伍崇曜跋江藩之《宋学渊源记》说："汉儒专言训诂，宋儒专言义理，原不可偏废。"③ 就"言义理"而言，自中唐"疑经"以后，到北宋中期，新儒们多不再囿于注疏之说，直抒己意解经，何尝不是在探研义理？

---

① 近如姜广辉《"宋学"、"理学"与"理学化经学"》（《哲学研究》2007年第9期）；姜鹏著《北宋经筵与宋学的兴起》（上海，上海古籍出版社2013年，第1—13页），在绪论中分析了"宋学"的若干层面；朱汉民、王琦《"宋学"的历史考察与学术分疏》（《中国哲学史》2015年第4期），主旨如题。
② 在宋代，"道学"和"理学"两词在使用上有一定的区别，冯友兰辨之甚详，见氏著《中国哲学史新编》第五册，第四十九章"通论道学"，北京，人民出版社1988年。今则多将二者合一，称为理学，本稿从众。
③ 江藩《宋学渊源记》之伍崇曜《跋》，上海，上海书店出版社1983年，第41页。

故而馆臣说的洛闽"独研义理"并不确切。北宋前期，许多学者仍然坚守汉唐训诂章句之学而忽言义理，其学不是清儒所言的"宋学"。清人所说的汉宋之别，乃是就治学方法而言的。民国夏君虞著《宋学概要》说，"宋学"成分繁复，各学派"主要之思想，则仍为义理学"，所以，"所谓'宋学'者，乃指赵宋一代三百余年儒家中心思想之'义理学'而言"，① 理学在其中，这是目前最主要的一种用法。例如，朱瑞熙说：唐以前的儒学称为"汉学"，其后的儒学称为"宋学"，"宋学中占主导地位的学说是理学"。② 邓广铭说："应当把宋学和理学加以区别"，"理学是从宋学中衍生出来的一个支派"，"把萌兴于唐代后期而大盛于北宋建国以后的那个新儒家学派称之为宋学"，"理学只是宋学中衍生出来的一个支派"。③ 漆侠说：这是"与汉学迥然不同的一种新思路、新方法和新学风"。④ 诸家所言，已是学界共识。宋学又被称为新儒学，涉及中国文化的许多方面，这是中国文化史上一个划时代的新事物，自然不能仅仅看作治学方法，这是问题的另一面。

"宋学"一词是元代出现的，但它并不是理学的代名词。吴澄（1249—1333）说萧士资"器识超异，绍宋学，文艺最优"。⑤ 吴氏是理学家，他表彰的这个宋学，应即指理学。然而陈基《西湖书院

---

① 夏君虞《宋学概要》，"民国丛书"第二编，上海，上海书店出版社 1990 年，第 30 页。上海商务印书馆 1937 年初版。
② 朱瑞熙《宋代社会研究》第九章"宋代的理学、哲学"，郑州，中州书画社 1983 年，第 134 页。
③ 邓广铭《略谈宋学》，1984 年年会编刊《宋史研究论文集》，杭州，浙江人民出版社 1987 年，第 1—3 页。
④ 漆侠《宋学的发展和演变》，石家庄，河北人民出版社 2002 年，第 3 页。
⑤ 吴澄《故县尹萧君墓志铭》，《吴文正集》卷七六，页三，文渊阁《四库全书》本。

书目序》(撰于1362年)记:书院为宋末太学故址,故而"收拾宋学旧板"建为书库,聚经史百氏之书板,书院"祀先圣先师及唐白居易、宋苏轼、林逋为三贤"。① 此宋学只是指宋代要籍而已。成书于至正五年(1345)的《宋史》,于《儒林传》外立《道学传》,"后之论者,遂谓宋学即道学",② 这也只是一种说法。明唐枢(1497—1574)《宋学商求》评论宋儒,内容包括宋代的理学家及其先驱,也包括宋初的诗歌和隐士,此"宋学"是指宋代文化或学术。此后黄宗羲《明儒学案》中,提到"宋学门户,谨守绳墨","宋学未脱二氏蹊径",③ 应该是指的理学(道学)。黄宗羲等人的《宋儒学案》(合《元儒学案》而为《宋元学案》),是一部专门梳理宋代儒学且主要是理学的学术史,但没有提到"宋学"这一概念。案中收有宋代众多新儒学家,并不限于理学家,如欧阳修、苏轼、王安石等,虽然它将新学、蜀学安排在"另册"。④ 明末刘宗周《圣学宗要》,以宋代理学诸子为主要内容,有趣的是,是书是在其友人刘去非《宋学宗源》的基础上编成的,这表明,"宋学"一词在元明并不是一个很通行的词语,使用也有一定随意性,意涵因人而异。

---

① 陈基《西湖书院书目序》,《夷白斋稿》卷二一,页一四,上海,商务印书馆1936年,《四部丛刊》三编。
② 马宗霍《中国经学史》,据商务印书馆1937年版复印,上海,上海书店出版社1984年,第112页。马氏并不赞同这种分法,接下说,"其实"云云,溯宋道学之出处,认为象数、义理"实非宋儒之创获",此不赘述。
③ 黄宗羲《明儒学案》卷一九《江右王门学案》、卷三五《泰州学案》,沈芝盈点校,北京,中华书局1985年,第443、816页。《明儒学案》成书于1676年,是我国古代较早的学术史著作,开创了史学上的学案体史书体裁。
④ 黄宗羲、全祖望《宋元学案》一百卷,以《安定学案》《泰山学案》开始,卷九八为《荆公新学略》,卷九九为《苏氏蜀学略》,以别于其他"学案"。陈金生、梁运华点校,北京,中华书局1986年。

大体与修撰《四库全书》同时，章学诚和邵晋涵均有重修《宋史》之志，目的是"提倡宋学"，他们反对"空谈性天"陷于流弊的宋学，讲求"诚正治平"正路的宋学。① 邵、章之"宋学"，与元明学者所言的宋学内涵显然不同，也与四库馆臣所讲的宋学不同。民国初，服膺章、邵之学的刘咸炘也欲重修《宋史》，借以振兴衰颓中的"宋学"，传承重视史学经世传统的"浙东学术"。② 所言的宋学，均非"空言性命"的理学。

四库馆臣将宋学定义为理学，学者多沿其波，专言"五子之术"的宋学逐渐成为理学的另一称谓。曾国藩（1811—1872）说："自朱子表章周子、二程子、张子，以为上接孔孟之传。后世君相师儒，笃守其说，莫之或易。乾隆中，闳儒辈起，训诂博辨，度越昔贤，别立徽志，号曰汉学。摈有宋五子之术，以谓不得独尊。而笃信五子者，亦屏弃汉学，以为破碎害道，斳斳焉而未有已。"③ 汉宋之争中，宋学只有理学五子了。民国时期，这是普遍的用法，如1933年周予同《"汉学"与"宋学"》谈道："'宋学派'所以产生，一方固由于训诂末流的反动，一方实被佛学的'本体论'所引起"，"本体研究是'宋学'唯一的特点。"④ 吴玉章在20世纪30

---

① 参见章学诚《家书五》《邵与桐别传》，《章氏遗书》卷九、十八，北京，文物出版社1985年，第92、176页。
② 刘咸炘《重修宋史述意》（1928），氏著《推十书》第二册，成都古籍书店影印发行1996年，第1537页。参见章学诚《浙东学术》，《文史通义》卷五，叶瑛校注，北京，中华书局1985年，第523页。
③ 曾国藩《圣哲画像记》，《曾文正公诗文集》文集卷二，《四部丛刊》景清同治本，第9页。
④ 周予同《"汉学"与"宋学"》，今据朱维铮编校《周予同经学史论》，上海，上海人民出版社2010年，第219页。20世纪50年代，周先生编写《中国经学史讲义》时对"宋学"的定义有所修正："我以为，宋学是破汉学，建立新（转下页）

年代初写的《中国历史教程》讲义中,也是将"宋学"界定在理学的范围。① 刘咸炘在1929年说:"濂洛关闽、江西之传,世称为'宋学',习之既久,遂若宋之学止此则非其实矣。宋世不独有道家,亦有法家,其成家且胜于唐人,即儒者亦有不在濂洛关闽江西范围之内者。"② 刘氏此语,也表明"宋学"是当时对理学的普遍称谓,但他并不认可这种观点,认为把"宋学"看作宋代各种学术文化的总称更为恰当。

宋代学术文化的丰富多彩给人以许多想象,民国初期兴起的"新儒学",往往以复兴宋代儒学为帜,试图在宋代理学(道学)中注入新思想而复活。1923年新儒家张君劢首倡"宋学"或"新宋学"的复活:"诚欲求发聋振聩之药,惟在新宋学之复活。"又说:"知礼节而后衣食足,知荣辱而后仓廪实。吾之所以欲提倡宋学者,其微意在此。"③ 1943年陈寅恪也谈到"新宋学"说:"吾国近年之学术,如考古、历史、文艺及思想史等,以世局激荡及外缘薰习之故,咸有显著之变迁。将来所止之境,今固未敢断论,惟可一言蔽之曰:宋代学术之复兴,或新宋学之建立是已。"④ 可以看作历史学家对新儒家的回应。陈氏"新宋学"是"脱除经师旧

(接上页)经学。广义地说,宋学也是经学。它应从欧阳修、王安石等开始。"这个"宋学"也就是我们说的新儒学了。见上书,第619页。

① 吴玉章《〈中国历史教程〉讲义》,收入《吴玉章文集》(下)重庆,重庆出版社1987年,第799页。
② 刘咸炘《学史散篇》之二《宋学别述》,成都,《敬业丛刊》第一集,1931年,页十八、十九。
③ 张君劢《再论人生观与科学并答丁在君》(1923年),黄克剑、吴小龙编《张君劢集》,北京,群言出版社1993年,第166页。丁在君即丁文江(1887—1936),字在君,地质学家。
④ 陈寅恪《邓广铭宋史职官志考证序》(1943年),收入《金明馆丛稿二编》,上海,上海古籍出版社1982年,第245页。

染"的新学问,然其边界不甚明确,解释空间甚大,类似王国维所说的道咸以降"治一切诸学"的"新学"。① 今有中国宋代文学学会会刊《新宋学》、浙江大学宋史研究中心《宋学研究集刊》,所言的宋学或新宋学,大体就是这个思路,② 不过偏重有所不同。其与张君劢"新宋学"的内涵与外延皆异,这是"新宋学"的两途,本稿不与,姑做简单交代。

前面所言两种最常用意义上的"宋学"是一个源头,发端于中唐而兴盛于宋代,蒙文通说:"及至宋仁宗庆历以后,新学才走向勃然兴盛的坦途,于是无论朝野,都是新学的天下了。"③ 这个新学,就是新儒学。儒学不仅是要"游文于六经之中",还要"助人君顺阴阳、明教化"。也就是说,不仅要熟读六经,玩味其文,更重要的是要用来实践,用来治理天下。北宋的新儒认为,汉唐的儒者偏离了这个方向,所以得复兴儒学的固有旨趣,这就不仅仅是治学方法论的"宋学"问题了。宋学从改造旧经学中获得重新解释儒经的权力,寻求六经的义旨,直追所谓"孔子遗意",呈现出了新的百家争鸣局面,人们称作"义理之学",其中包含了后起的理学。钱穆说,理学兴起之前的一大批宋儒"已与汉儒不同","早可称为是新儒";理学由此发轫而发展形成,特重修身养性,是"新儒中

---

① "脱除经师旧染"见陈寅恪《陈垣元西域人华化考序》,《金明馆丛稿二编》,第239页;"治一切诸学"见王国维《沈乙庵先生七十寿序》,《观堂集林》,石家庄,河北教育出版社2003年,第575页。参见罗志田《"新宋学"与民初考据史学》,《近代史研究》1998年第1期。
② 参见王水照《新宋学》发刊词(《新宋学》第一期,上海,上海辞书出版社2001年)、龚延明《新宋学、旧宋学》(《光明日报》2015年3月23日)及《宋学漫谈》(《宋学研究集刊》第一集,杭州,浙江大学出版社2008年,第3页)。
③ 蒙文通《中国历代农产量的扩大和赋役制度及学术思想的演变》,原载《四川大学学报》1957年第2期,《蒙文通全集》第三册,第457页。

的新儒"。①

当今学者的表述不尽相同,但是意旨相近或相通。陈植锷《北宋文化史述论》论述"宋学及其发展诸阶段",书名是"文化史",内容是"宋学"。陈著把"宋学"分作义理之学和性理之学两个发展阶段,前者是"与汉唐以来盛行的只以对经典字句的解释为务的训诂之学相区别",而后者指"王、洛、关、蜀诸派之学说"。② 田浩说:"'宋学'(包括欧阳修、苏轼和王安石等人)较宽泛的意义被保留下来用以指称宋代的儒学复兴,而'道学'这一概念则在12世纪的意涵上被用来指代宋学中特定的一支。"③ 陈、田语异而意近。陈著所言王、洛、关、蜀诸派,虽然皆言性理,彼此却有大不同者,各有发明,都可视为新儒中之新儒。后世所言"性理"更多是指程朱理学的性理,故而明代《性理大全》将王、蜀排斥在"性理"讨论之外,置之于"不知道而自以为是"受责批的地位。④

包弼德《斯文:唐宋思想的转型》一书,"核心内容就是描述在唐宋思想生活中,价值观基础的转变";"将文学作为核心的讨论角度,许多主要的思想家,首先被当作文学家来对待"。作者更多

---

① 钱穆《朱子学提纲》之四、五,《朱子新学案》,成都,巴蜀书社1986年,第7、13页。作者于1969年撰成《朱子新学案》,因念牵涉太广而于70年代初夏撰《朱子学提纲》三十二题,撮述书中要旨,置于篇首。
② 陈植锷《北宋文化史述论》,北京,中国社会科学出版社1992年,第218、219页。
③ [美]田浩《儒学研究的一个新指向:新儒学与道学之间差异的检讨》,载田浩编《宋代思想史论》,北京,社会科学文献出版社2003年,第80页。在田浩的另一本著作《功利主义儒家——陈亮对朱熹的挑战》中,第一章讨论了"宋学"内部的分化和发展,讨论了"道学及其与宋学中其他派别之冲突"(姜长苏译,南京,江苏人民出版社2012年)。
④ 胡广等撰《性理大全》卷五八《苏子、王安石附》引朱熹语,页三九,文渊阁《四库全书》本。

是将"唐宋思想的转型"放在"古文运动"中来思考:"古文'运动'是一个文学-思想运动,在这里对价值观的自觉思考扮演了中心的角色。"作者自己说,该书"不是一部儒学的历史"。① 从读者的立场来看,这是一部关于宋代的思想文化史著作,其中包含了儒学史的重要内容。包氏使用"新儒家"(Neo-Confucian)来指称"那些参与到以 11 世纪二程(程颐与程颢)学说为基础的思想运动人们",② 这无疑是指一般称的理学家,但他们只是新儒学中的一支——北宋后逐渐成为主流的一支。土田健次郎《道学之形成》主张,在思想史上,"宋代是从北宋庆历年间开始的",承认这是原本于《宋元学案》的见解。沟口雄三说:"以往宋学狭义地被看成道学、理学、性理学。"③ 将宋学分为狭义(理学)与广义(宋学)是另一种理解和说法。

宋学是治学的新思路,它是开放型的,这是它的精神所在。钱穆曾谈道:"宋学精神,厥有两端,一曰革新政令,二曰创通经义,而精神之所寄则在书院。革新政治,其事至荆公而止;创通经义,其业至晦庵而遂。而书院讲学,则其风至明末之东林而始竭。"④ 将经义与治道结合,付诸社会实践和政治革新等具体行动,就是我们说的儒学复兴运动。不过书院讲学,北宋中期已近竭歇。

---

① [美]包弼德《斯文:唐宋思想的转型》,刘宁译,据哥伦比亚大学出版社 1992 年版译出,南京,江苏人民出版社 2000 年,第 3、6、25 页。
② [美]包弼德《历史上的理学》(修订版),王昌伟译,杭州,浙江大学出版社 2012 年,第 70 页。
③ [日]土田健次郎《道学之形成》,朱刚译,上海,上海古籍出版社 2010 年,第 6—8 页。[日]沟口雄三《中国天理观的形成》(1993),氏著《中国的思维世界》,刁榴、牟坚等译,北京,生活·读书·新知三联书店 2014 年。
④ 钱穆《中国近三百年学术史》,北京,商务印书馆 1997 年,第 7 页。

漆侠《宋学的发展与演变》一书有"庆历新政与宋学的形成"专章，以庆历新政为"宋学"形成的标志，自可视为宋学精神的体现。卢国龙《宋儒微言》绪论题作"政治变革中的北宋儒学复兴"，认为"北宋儒学本质上是一种政治哲学，儒学复兴的核心主题在于建构政治宪纲，借以制约君权，化解专制政体下集权与用权的矛盾"。① 不过一般认为，欲"借以制约君权"是后来理学家发明"天理"的一种缘由。李存山《范仲淹与宋学精神》引钱穆"宋学精神"之旨，揭示了范仲淹的开创之功，以庆历新政为宋学精神的具体实施。② 余英时《朱熹的历史世界》特别关注"宋初古文运动中道统意识的重建"，"从柳开到欧阳修的初期儒学，一般称之为'宋初古文运动'，这是唐代韩、柳古文运动的直接延续"。而"王安石则代表了北宋中期儒学的主要动向，即改革运动的最后体现"。③ 这个论述是余先生的独到之见。综之，诸家对北宋儒学复兴或"宋学"的研究，皆对古文运动和政治改革予以了足够的重视，不过二者在其中担当的角色和发挥的作用各家的看法则颇不一致。

本稿中，"宋学"与"儒学复兴"不是等同的概念。《四库总目·经部总叙》以"宋学"指称程朱理学，而伍崇曜所言"专言义理"的宋学，或称"义理之学"，已经包括了后来成为气象的理学。本稿所说的"儒学复兴运动"，不仅是治学方法和思想理念的更新，

---

① 卢国龙《宋儒微言：多元政治哲学的批判与重建》，北京，华夏出版社 2001 年，第 39 页。
② 李存山《范仲淹与宋学精神》，北京，中国人民大学出版社 2019 年，第 3 页。
③ 余英时《朱熹的历史世界》上篇通论"绪说"，北京，生活·读书·新知三联书店 2004 年，第 36—40 页。

更在于新儒学思想在社会、政治和文化层面各领域的实践。"儒学复兴"是儒学思想史上取代"旧儒"的新思潮，各家侧重点和视角有所不同，看法也不尽一致，但对"儒学复兴"本身没有异词。至于对"宋学"概念的使用，硕儒大家，往往而异，不必拘泥于一，相通相异，均可予人许多提示。

第一章　北宋儒学复兴运动的产生及其特点

北宋中期的儒学复兴运动，基于唐宋之际中国社会发生重大变化这一历史条件而产生。中唐时期，社会呈现长期的动荡和战乱，各阶层、各势力集团赖以维系的纲常伦理秩序被打乱，甚至荡然无存。官方所持操之旧有学术，未能对新的社会现象做出合理的解释，或者与治道无关。一些崇奉儒家学说的思想家努力探究儒学义理，希望通过重新阐释儒家经典并以之为纲，重新建立起儒家的"王道"政治，儒学复兴的思潮由此而起。

第一节　中国社会在唐宋之际的剧变

唐宋之际，中国社会发生了重要的变化，吴天墀先生曾经论道："中唐以下之三百年间，为吾国社会之一剧烈蜕变时期：于时旧文化体系由动摇以趋崩溃，而新文化之端绪，亦崭然露以头角。此长期酝酿发育之中，虽尝回流急湍，顿起波折，然至宋仁宗庆历之世，文化更新之局，遂如瓜熟蒂落，臻于功成。"[①] 如果把自秦汉

---

① 吴天墀《中唐以下三百年间之社会演变》，《吴天墀文史存稿（增补本）》，北京，北京师范大学出版社 2016 年，第 1 页。按，吴先生此稿完成于 1949 年 5 月。

帝制时期以下的中国古代社会划分为前后两个阶段，从唐中叶到五代算是变化的过渡时期，那么从宋代开始，中国古代社会进入了它的后期阶段。

宋代社会经济的发展水平是空前的，可以说是远远超过被人称道的汉唐。我国古代科技在宋代得到了很大发展，常言说的四大发明，除活字印刷术产生于北宋外，其他三项在宋代都得到了广泛的应用和发展：雕版印刷业在宋代空前繁荣，始于汉代或更早的造纸业也有了长足的发展；始于唐代的火药在宋代因战争和社会生活的需要得到了广泛的运用；宋代发明了比司南更高级的磁性指向仪指南针，并将其运用于生活和航海中。① 这些正是在前所未有的生产力发展的基础之上，科学技术大大提高才开放出来的奇葩。专家们估计，北宋晚期人口已突破一亿大关②。冶铁技术和铁制生产工具在此时都有了长足的发展，垦田总数扩大，单位产量提高，均已创造了我国历史上的最高水平，同时也处于当时世界的先进行列。

宋代社会经济的进步主要是在生产关系的某些变革的基础上取得的。自中唐均田制以及建立在这个基础之上的租庸调制崩溃后，私人土地所有制日益发展，与其相适应的"两税法"之被制定，③

---

① 参见潘吉星《中国古代四大发明：源流、外传及世界影响》，合肥，中国科学技术大学出版社2002年。是书对中国古代"四大发明"相关问题的研究甚为全面，对宋代科技的认识也更加深入。其中，考证认为，金属活字出现于北宋；在唐末制成堪舆用水罗盘的基础上，两宋之际制了旱罗盘——均修正了过去的说法。
② 大观三年（1109），宋朝全国总户数达2088万，若以每户五人计算，人口已达一亿以上。参见吴松弟《中国人口史》第3卷《辽宋金元时期》，上海，复旦大学出版社2000年，第352页。
③ 据《唐会要》卷八三《租税上》：唐德宗建中元年（780）八月，在宰相杨炎的建议下，朝廷改行两税法代替租庸调法，"人无丁中，以贫富为差"，"约丁产，定等第"。这就必然减轻人身依附关系。

显然就是社会剧变在经济领域里的深刻反映。与前代相比，宋代农民的生产积极性相对提高。除少数地区外，租佃关系在全国范围内已占有主导地位。各种形式的国家土地所有制崩溃后，国家对荒地不再严格控制，① 对少数官田也往往采取租佃形式经营。农民从对国家或豪强地主的强烈依附关系中得到了不同程度的解放，有了更多的生产自主权和迁徙自由。② 元祐元年（1086）朝臣王岩叟上奏："富民召客为佃户，每未收获间，借贷赒给，无所不至，一失抚存，明年必去而之他。"③ 绍圣元年（1094）知定州苏轼说："客户乃主户之本，若客户阙食流散，主户亦须荒废田土矣！"④ 相互依存的认识是基于农民可以自由"迁徙"的现实。实物地租代替了劳役地租而居于主要形式。农民有了更多的剩余产品投放市场，加之手工业生产者也发生了类似农民的变化，刺激了生产，宋代的商品经济从而空前活跃。

租佃制以及主客之间结成契约关系，前代有之，宋代更为普遍，这种形式延续到 20 世纪前半叶。它在普遍形成并被法律确立

---

① 从法律意义上讲，唐均田制下是不能自由垦种荒地的，实际上恐怕千差万别。入宋以来，自由开垦荒地被纳入法律条文。参见漆侠《中国经济通史·宋代经济卷》第六章第一节"宋封建国家的土地政策"，北京，经济日报出版社 1999 年，第 261—264 页。
② 徐松《宋会要辑稿·食货》一三之二一载，天圣五年（1027）十一月诏江淮、两浙、荆湖、福建、广南州军："旧条私下分田客非时不得起移，如主人发遣，给与凭由，方许别住，多被主人折勒，不放起移。自今后客户起移，更不取主人凭由。须每田收毕日，商量去住，各取稳便。即不得非时衷私起移，如是主人非理拦占，许经县论详。"华山《再论宋代客户的身份问题》一文估计，北方诸路客户此前早已获得这种自由，见氏著《宋史论集》，济南，齐鲁书社 1982 年，初刊于 1961 年《山东大学学报》。
③ 徐松《宋会要辑稿·食货》一三之二一。
④ 苏轼《乞将损弱米货与上户令赈济佃客状》，《苏轼文集》卷三六，孔凡礼点校，北京，中华书局 1986 年点校本，第 1036 页。

之初，是一种充满活力的新制度和新生产关系，虽然它仅仅是中国古代社会生产关系的某种调整。唐中叶以后，随着旧有田制的瓦解和土地私有制的发展，事实上已形成了"田制不立"新的土地制度，朝廷公开肯定了"不抑兼并"的土地政策。① 但是，"田制不立"不等于没有土地制度，更不等于没有土地政策，"不抑兼并"也不是无条件的，它主要针对土地在法律层面上允许"私相贸易"而言。南宋叶适说："自汉至唐，犹有授田之制，则其君犹有以属民也；犹有受役之法，则其民犹有以事君也。盖至于今，授田之制亡矣。民自以私相贸易，而官反为之司契券而取其直。"② 以"授田"来统治万民到听民"私相贸易"，这个变化，在某种意义上可以说是翻天覆地的，这里的"田制"就是指授田之制。"贫富无定势，田宅无定主，有钱则买，无钱则卖"，③ 私人土地所有权的转移让渡十分频繁，法律为保证这种"私相贸易"制定的条规也日益详备和规范化。汉唐时期被称为"豪民"或"兼并之徒"的大土地所有者，"宋以下，则公然号为田主矣"。④ 这种土地制度的全面推行，

---

① 脱脱等《宋史》卷一七三《食货志》一：真宗即位之初，"上书者言赋役未均，田制不立，因诏限田"（北京，中华书局1977年点校本，第4163页）。王明清《挥麈录余话》卷一《祖宗兵制名〈枢廷备检〉》："置转运使于逐路，专—飞挽刍粮饷军为职，不务科敛，不抑兼并。富室连我阡陌，为国守财尔。"上海师大古籍所编《全宋笔记》第六编第二册，郑州，大象出版社2013年，第24页。《全宋笔记》共十编102册，是从2003年到2018年间陆续出版的，以下不再标记出版信息。
② 叶适《水心别集》卷二《民事上》，刘公纯等点校《叶适集》，北京，中华书局1983年，第652页。叶适（1150—1223），温州永嘉（今属浙江）人，是永嘉学派的代表人物。
③ 袁采《袁氏世范》卷下，页二二，文渊阁《四库全书》本。
④ 顾炎武《日知录》卷十"苏松两府田赋之重"条，黄汝成集释，据1936年世界书局仿古字版影印，郑州，中州古籍出版社1990年，第242页。田主（地主）一词，唐已有之，宋较普遍。

自然有积极的一面，它能够长期延续下去，说明了所具备的生命力。但是，"不抑兼并"政策加速了土地的转移、集中和农民的破产，必然会引起新的社会矛盾。与之相应的"据地出税"的赋税制度形似公允，但在实施过程中，强宗巨室"隐田漏赋"却成为普遍的事实，大量的国家科赋负担转嫁到劳动人民身上。这不但加剧了宋廷长期存在的"财政拮据"现象，"赋役不均"的问题也未能当然也不可能克服。加以与北方少数民族所建立的政权长期争战，宋王朝不得不为之耗费大量的人力和财力。凡此种种，使北宋王朝的经济处于深刻的社会危机之中。在宋仁宗庆历前后，内忧外患，形势严峻，社会矛盾十分尖锐，大有一触即发之势。

论者认为："唐宋制度史研究表明，唐宋时期几乎所有的基本经济制度，包括土地制度、赋役制度、商税制度、市场制度、货币制度、专卖制度、对外贸易制度等都发生了显著的变化。"[①] 不同制度的变化可能程度各不相同，但土地制度的变化是唐宋变革最根本性的特征之一，此前以国家"授田"为主要形式，此后国家"田制不立"。前者田地为"王土"，后者田地为私有。宋朝新田制"不抑兼并"，北魏至唐五朝均田制的瓦解标志着中古田制时代的结束，租佃契约制普遍确立。[②] 我以为，这是认识宋代社会的基础，宋代

[①] 黄纯艳《"唐宋时期社会经济变迁"笔谈——经济制度变迁与唐宋变革》，《文史哲》2005年第1期，收入氏著《唐宋政治经济史论稿》，兰州，甘肃人民出版社2009年。

[②] 学界对这一问题有多方面的讨论，如葛金芳《两宋社会经济研究》第五编"学术史与方法论"之《土地制度与农村经济》，天津，天津古籍出版社2010年；郦家驹《宋代土地制度史》第三章"宋代封建租佃制的发展"，北京，中国社会科学出版社2015年。新近李华瑞《宋代的土地政策与抑制"兼并"》（《中国社会科学》2020年第1期）有对这一问题学术史的综合分析，特别对"兼并"问题有深入的揭示。

社会由此出现了许多新的面貌。

　　唐朝后期，王朝政治出现了类似春秋时期王权失落的现象，藩镇跋扈，纲纪荡然。降及五代，统治者更是走马灯似的兴灭无常。五十三年之间，五姓十三君，替换之速，历代少有。十国林立，各霸一方，疆土割裂之剧，于史罕见。在长期的变乱特别是唐末战争的猛烈打击下，旧来严于士庶尊卑之分的门阀社会和部曲奴客制度，便彻底分崩离析了。经历长期混乱建立起来的赵宋王朝，为了免蹈覆辙，稳固统治，在政治制度方面厉行专制主义的中央集权，以强本弱枝。统治者深知"王者虽以武功克定，终须用文德致治"①的道理，实行"兴文教，抑武事"②的国策，遂渐养成北宋社会崇文抑武的风气，同时广泛收罗社会人才，以加固和扩大统治的基础。在意识形态方面，宋初统治者既高唱三教合一之论，也力图重振儒家纲常伦理之教。这样，由于赵宋王朝精思积虑，采取各种措施，终能免于继五代之后成为又一个短命王朝。但是，新王朝仍然不能克服社会各阶层之间的矛盾斗争，贫富分化十分严重。面对新局，士大夫阶层深入思考，"天下之士，争言复井田"，底层农民则有强烈的"均平"要求，③都无疑是当时新的历史条件的产物。

---

① 李焘《续资治通鉴长编》卷二三，太平兴国七年十月辛酉，宋太宗语。北京，中华书局1979年点校本。该版由上海师范大学古籍整理研究所和华东师范大学古籍研究所点校，共34册，从1979年到1995年陆续出版，本书所据皆依此版，以下简称《长编》。2004年中华书局合并为20册再版。
② 司马光《稽古录》卷十七，太平兴国二年正月，《四部丛刊》本。关于宋代重文轻武之风，可参见宁可《宋代重文轻武风气的形成》（《学林漫录》第3集，北京，中华书局1981年）、陈锋《从"文不换武"现象看北宋社会的崇文抑武风气》（《中国史研究》2001年第2期，收入氏著《宋代军政研究稿》，北京，中国社会科学出版社2010年）。
③ "争言复井田"见苏洵《嘉祐集》卷五《田制》，曾枣庄、金成礼《嘉祐集笺注》，上海，上海古籍出版社1993年，第136页。宋初蜀中有茶商王小波事（转下页）

面对剧烈的社会变革，统治者除了在政策和制度上做某些调整之外，迫切需要一种有助于缓解社会矛盾和危机、维系整个社会的新的思想武器，摒弃无关"治道"的既有学术，重新建立起一套能对新的社会现象和统治秩序做出合理解释的关于自然的、伦理的、道德的新的知识体系。众多儒家士人进行了长期的摸索，终于发现并"找到"了道路，这就是：复兴儒学，更新儒学。

第二节 儒学史上的疑经思潮

儒家以《诗》《书》《礼》《乐》《易》《春秋》为六经，孔子之后，更成为一重要学派。自汉武帝接受董仲舒"罢黜百家，独尊儒术"建议以来，儒学成了我国古代社会的正统学术。后世儒者，莫不以解释、阐述和研究儒家经典为依托，这便是所谓"经学"。在长达两千多年的历史中，不同历史阶段的经学或隆或衰，留下了不同的时代印记，这为我们考察不同时代的学术思想和社会历史提供了丰富的素材。始于中唐而勃兴于北宋时期的儒学复兴运动引人注目地展现出来，它以怀疑传统经学为起点，终于汇成强大的思想解放潮流，影响及于社会的各个领域，成为中国历史上特别是学术思想史上的重大事件。

儒经在流传的过程中，与不同学术思想碰撞交流，形成了不同的门派，各传师法、家法。西汉今文经学流行，解经专明微言大义，讲求通经致用。西汉末期，古文经学始盛，解经多详训诂章句

（接上页）变，《宋史》卷二七六《樊知古传》载："淳化中，青城县民王小波聚徒为乱，谓其众曰：'吾疾贫富不均，今为汝均之。'附者益众。"第9396页。

和典章制度。① 经学的发展，历来就如《四库提要·经部总叙》所言与"或信或疑"相伴而行。"东汉之世，陈元、范升争论今古学于前，郑玄、何休争论于后"②，郑玄（127—200）遍注群经，以古文经为主，兼采今文，继而王肃（195—256）倡言攻郑，说经者亦分为南北两学，隋唐一并天下，经学亦归一统。唐太宗有感于儒学多门，章句繁杂，乃命国子祭酒孔颖达与诸儒撰定五经义疏，总一百七十卷，名为《五经正义》，"令天下传习"。③ 所谓"正义"，"就传注而为之疏解者也"，经永徽二年（651）考证增损后，永徽四年颁之于天下，作为明经考试的依据。又有《定本》，皆"颁之于国胄，用以取士，天下奉为圭臬"。④ 唐以六科取士，其中主要两科"以诗赋取者谓之进士，以经义取者谓之明经"。⑤ 而帖经课试之法，专考记诵，而不求其义。士子皆谨守官书，莫敢异议矣，皮锡瑞谓之"经学统一时代"，这与李氏建立起的唐朝这个统一帝国的政治现实是相适应的。其治经方式，多承东汉古文经学多详章句训诂的传统，如陈寅恪说："唐太宗崇尚儒学，以统治华夏，然其所谓儒

---

① 自汉武帝立五经博士，至光武帝立十四博士，所传五经自战国以来师徒相传，以汉代通行文字书写，称为今文经学。与此相对，相传西汉末年发现了用先秦古文写成的儒经，称为古文经，王莽执政，立古文经于学官，形成古文经学派。
② 蒙文通《经学抉原》第六《南学北学》，《蒙文通全集》第一集，第260页。陈元（古）和范升（今）争于东汉初，郑玄（古）和何休（今）争于东汉末。
③ 刘昫等《旧唐书》卷一八九上《儒学·序》，北京，中华书局1975年点校本，第4941页。按，"五经"指《易》《书》《诗》《礼》《春秋》。唐"明经"科考试，以《易》、《书》、《诗》、《三礼》（《周礼》《仪礼》《礼记》）、《三传》（《左传》《公羊传》《穀梁传》）合称"九经"。
④ 皮锡瑞《经学历史》之七"经学统一时代"，周予同注本，北京，中华书局1959年，第203、207页。《五经正义》以国子祭酒孔颖达召集诸儒撰定，《定本》为颜师古与秘书省考订五经而成。
⑤ 顾炎武《日知录》卷十六"明经"条，第376页。

学，亦不过承继南北朝以来正义、义疏繁琐之章句学耳。"① 但是，到了中唐，政治上的危机日渐暴露，一些儒者试图从《五经正义》中找到更为合理的解释。无关治道的章句之学受到怀疑，笃守义疏的经学传统也被打开了很大缺口。《新唐书》卷二百《啖助传》载：

> 大历时，（啖）助、（赵）匡、（陆）质以《春秋》，施士匄以《诗》，仲子陵、袁彝、韦彤、韦茝以《礼》，蔡广成以《易》，强蒙以《论语》，皆自名其学。

大历（766—779）之时，正值"安史之乱"平定下来不久，这场看似突如其来的变乱打破了"盛唐"气象。这必然会引起儒士们的思考，时间上想必不是偶会。义疏章句之学受到普遍冲击，其中啖助及其弟子赵匡、陆质等人考《春秋》三家短长，在开"蹈空说经"之风中影响最大，《新唐书·啖助传·赞》继云：

> 啖助在唐，名治《春秋》，摭诎三家，不本所承，自用名学，凭私臆决，尊之曰"孔子意也"，赵、陆从而唱之，遂显于时。②

虽然宋祁怀疑啖助等人的"私臆"是否真就合于孔子之意，但事实上，啖助及其弟子赵匡、陆质等人对传统经学的挑战成为经学史上

---

① 陈寅恪《论韩愈》，氏著《金明馆丛稿初编》，上海，上海古籍出版社1980年，第287页。原刊《历史研究》1954年第2期。
② 欧阳修、宋祁《新唐书》，北京，中华书局1987年标点本，第5708页。此"赞"还提出疑问说："孔子没乃数千年，助所推著果其意乎？其未必必也。"

的一个分水岭。如宋人晁公武就说:

> 大抵啖、赵以前学者,皆专门名家,苟有不通,宁言经误,其失也固陋。啖、赵以后学者,喜援经击传,其或未明,则凭私臆决,其失也穿凿。①

儒者吕温(771—811)致族兄书中,指责旧经学是"儒风不振"的表现,阐述了对六经的全新理解,声明对于那些"非圣人之论,不与于君臣父子之际,虽欲博闻,不敢学矣",并说:

> 夫学者,岂徒受章句而已,盖必求所以化人,日日新,又日新,以至乎终身。夫教者,岂徒博文字而已,盖必本之以忠孝,申之以礼义,敦之以信让,激之以廉耻,过则匡之,失则更之,如切如磋,如琢如磨,以至乎无瑕。②

吕温之语,实际上是对无关治道和自身修养的旧经学发出了猛烈的抨击,代表了鄙视章句义疏之学、直追儒经大义的新儒精神。时有施先生士匄在太学讲论,指责"笺注纷罗,颠倒是非",韩愈《寄卢仝诗》有云"《春秋》三传束高阁,独抱遗经究终始"③,正是当

---

① 晁公武《郡斋读书志》卷三"春秋微旨、春秋辨疑"条,孙猛校证本,上海,上海古籍出版社1990年,第109页。晁公武(1102—1106),靖康乱后入蜀,居于嘉州。
② 吕温《与族兄皋请学春秋书》,董诰等编《全唐文》卷六二七,上海,上海古籍出版社1990年,第2805页。
③ 韩愈《施先生墓铭》,董诰等编《全唐文》卷五六六,第2538页;《昌黎集》卷五《古诗》,元和六年(811)作。卢仝时为河南令,居洛阳,闭门不(转下页)

时一些具有怀疑精神的儒士的写照。

但是直到北宋初期，科举考试中，传统经学仍居统治地位，专以记诵为尚，士子谨守官书的风气仍然没有大的改变。例如雍熙二年（985）正月，宋太宗下诏："私以经义相教者，斥出科场。"仍然实行"贴经"之法。① 景德二年（1005）三月科试，试题有论"当仁不让于师"，举子李迪落韵，而贾边释"师"为"众"，与经疏异。参知政事王旦认为："落韵者，失于不详审耳；舍注疏而立异论，辄不可许，恐士子从今放荡无所准的。"于是取迪而黜边，史臣云："当时朝论，大率如此。"② 正如皮锡瑞所言："经学自唐以至宋初，已陵夷衰微矣。然笃守古义，无取新奇，各承师传，不凭胸臆，犹汉唐注疏之遗也。"③ 这个断语似已成为不刊之论，多为言说者引用。

虽然传统的力量仍占优势，但新儒精神自中唐以降一直不绝如缕，入宋以后得到继承和发扬。古文家柳开（948—1001）是宋初传播新儒精神的突出代表，儒士张景称他"凡诵经籍，不从讲学，不由疏义，悉晓其大旨。注解之流，多为其指摘，是从百家之说"。④ 后来石介也称赞他"六经皆自晓，不看注与疏。述作慕仲

（接上页）出，撰有《春秋摘微》四卷。晁公武《郡斋读书志》卷三"春秋摘微"条说："其解经不用传，然旨意甚疏。"第 108 页。
① 李焘《长编》卷二六，雍熙二年正月癸亥。"贴经"也作"帖经"："以其所习经掩其两端，中间开惟一行，裁纸为帖，凡帖三字，随时增损，可否不一，或得四，或得五，或得六为通。"见杜佑《通典》卷十五《选举三》，王文锦等点校，北京，中华书局 1996 年，第 356 页。
② 李焘《长编》卷五九，景德二年三月甲寅。李迪后来官至宰相。
③ 皮锡瑞《经学历史》之八"经学变古时代"，第 220 页。
④ 张景《柳公行状》，载柳开《河东先生集》卷十六，页一，《四部丛刊》本。

淹，文章肩韩愈。下唐二百年，先生固独步"，① 推崇为继承王通（字仲淹）、韩愈之后的大儒。咸平（998—1003）中，邢昺主持校定群经义疏，对旧经学已稍有改造。② 又如孙奭，"患五经章句浮长，删为《节解》数百篇。取九经之要，著《微言》五十篇。……自七经之疏，皆与判正"。③ 景德四年（1007），宋真宗对辅臣说："近见词人献文，多故违经旨以立说。此所谓非圣人者无法也，傥有太甚者，当黜以为戒。"④ 可见不囿于旧说发表自己的新见，已逐渐为时所尚，以至朝廷想要刹一刹这股"不正之风"了。

宋仁宗时期（1023—1063），思想学术风气发生了根本的变化，传统的义疏章句之学普遍不再为儒者固守，甚至受到了公开而严厉的斥责。这场"疑经思潮"展现出它澎湃的势头，涤荡着旧的经学习气，打破了东汉以来占据主流的旧学风，形成了直追儒经义理的新儒学。年轻的学者王令（1032—1059）痛斥章句之学给社会带来的危害说：

> 今夫章句之学，非徒不足以养材，而又善害人之材。今夫穷心剧力，茫然日以雕刻为事，而不暇外顾者，其成何哉？初岂无适道学古之材，固为章句之败尔。

---

① 石介《过魏东郊》，《徂徕石先生文集》卷二，陈植锷点校，北京，中华书局1984年，第20页。韩愈本书涉及较多，且不论。王通，隋代大儒，著有《中说》，曾言："千载之下有绍宣尼之业者，吾不得而让也。"自视甚高。石介《上赵先生书》，《徂徕石先生文集》卷十二，第139页。
② 马宗霍说："（邢疏）虽稍傅以义理，而章句训诂名器事物之际亦详，故论者谓汉学宋学，兹其转关。"见氏著《中国经学史》，第109页。
③ 宋祁《景文集》卷五八《孙奭墓志铭》，《丛书集成》初编，上海，商务印书馆1937年，第782页。
④ 李焘《长编》卷六六，景德四年七月壬申。

> 自章句之学兴，天下之学者，忘所宜学而进身甚速。忘所宜学，则无闻知；进身甚速，则谋道之日浅，甚者不知诵经读书何以名学，徒日求入以仕。①

这是北宋中期一段很有代表性的见解。固守义疏章句，约束了人们的思想，打破僵化的传统经学，成为新儒学者的迫切任务。新儒不独不迷信传注，进而对经文本身也进行了大胆的怀疑。直抒胸臆，发明经旨，在北宋中期汇而成为强劲的思想洪流一发不可止，这便是今人所称的疑经思潮，实质上则是一场思想解放运动。

北宋时期的这场思想解放运动中，最富影响的代表人物有如下几位：

一是孙复（992—1057）。他撰有《春秋尊王发微》，"不惑传注，不为曲说以乱经。其言简易，明于诸侯大夫功罪，以考时之盛衰而推见王道之治乱，得于经之本义为多"。② 是书阐发《春秋》之微旨，认为其主旨是"尊王"，清四库馆臣评论是著"上祖陆淳，而下开胡安国。谓《春秋》有贬无褒，大抵以深刻为主。……过于深求，而反失《春秋》之本旨者，实自复始"③，充分肯定了孙复在疑经思潮中的重要作用。《春秋》主旨历来是一个见仁见智的问题，

---

① 王令《答刘公著微之书》，《王令集》卷十七，沈文倬校点，上海，上海古籍出版社1980年，第308页。
② 欧阳修《孙明复先生墓志铭序》，《居士集》卷二七，《欧阳修全集》，北京，北京市中国书店1986年，世界书局1936年版影印本，第193页。
③ 永瑢等《四库全书总目》卷二六《春秋尊王发行微提要》，北京，中华书局1981年影印本，第214页。陆淳（？—806），师啖助，友赵匡，著有《春秋集传纂例》，多言《三传》异同并断其是非。胡安国（1074—1138），字康侯，绍圣进士，著有《春秋传》，阐发《春秋》经世之说。

各家的理解大不相同。他为宋仁宗讲说《诗》，也被守旧之人指为"多异先儒"。① 孙复在给时任天章阁学士的范仲淹写的一封信中，对旧注的权威性提出了全面的挑战，要求对旧注"重为注解"，其文云：

> 专主王弼、韩康伯之说而求于大《易》，吾未见其能尽于大《易》者也；专守左氏、公羊、谷梁、杜预、何休、范宁之说而求于《春秋》，吾未见其能尽于《春秋》者也；专守孔安国之说而求于《书》，吾未见其能尽于《书》者也。彼数子之说，既不能尽于圣人之《经》，而可藏于太学行于天下哉？又后之作疏者，无所发明，但委曲踵于旧之注说而已。
>
> 执事亟宜上言天子，广诏天下鸿儒硕老置于太学，俾之讲求微义，殚精极神，参之古今，复其归趣，取诸卓识绝见大出王、韩、左、谷、公、杜、何、范、毛、郑、孔之右者，重为注解，俾我六经廓然莹然如揭日月于上，而学者庶乎得其门而入也。如是，则虞夏商周之治可不日而复矣！②

石介（1005—1045）传孙复之学，对旧传注也多有斥责，如撰有《忧勤非损寿论》斥"康成之妄"，《与张洞进士书》言《春秋》三传"不能尽得圣人之意"，汉董仲舒、刘向，晋杜预，唐孔颖达等"虽探讨甚勤，终亦不能至《春秋》之蕴"，等等。③ 与孙、石并称"宋初三先生"的胡瑗亦颇鄙薄章句之学，南宋薛季宣在《与朱

---

① 欧阳修《孙明复先生墓志铭序》，《居士集》卷二七，《欧阳修全集》，第194页。
② 孙复《寄范天章书二》，《孙明复小集》，页二六，文渊阁《四库全书》本。
③ 石介《徂徕石先生文集》卷十一、十四，第120、164页。

元晦翁书》中就说,"不出于章句诵说"乃胡瑗之传的学风。胡瑗门人徐积也说:"章句细碎,不足道也。"① 三先生讲学于仁宗之世,在疑经思潮中起有重要的作用。

再一位代表人物是欧阳修(1007—1072)。他著有《易童子问》三卷,以问答体裁书写,指"《系辞》而下非圣人之作",包括《易传》中的"《文言》《说卦》而下皆非圣人之作",认为"其言繁衍丛脞而乖戾"。② 欧阳修对《周礼》也提出疑问说:秦火之后,"六经尽矣。至汉而出者,皆其残脱颠倒,或传之老师昏耄之说,或取冢墓屋壁之间,是以学者不明,异说纷起,况乎《周礼》,其出最后","今考之,实有可疑者"。③

欧阳修又有《诗本义》十六卷,他批评"毛、郑二学"云:"其说炽辞辨固已广博,然不合于经者亦不少,或失于疏略,或失于谬妄。"并谓"予欲志郑学之妄,益毛氏疏略而不至者合之于经"。④ 在《麟之趾》《鹊巢》《野有死麇》等篇的解释中,欧阳修均对《诗序》做了责难。《四库提要》卷十五《诗类·序》说:"《诗》有四家,《毛诗》独传,唐以前无异论,宋以后则众说争矣。"开宋人此风的,正是欧阳修。故馆臣在《毛诗本义提要》中指出:"自唐以来说《诗》者未敢议毛、郑,虽老师宿儒亦谨守《小序》。至

---

① 黄宗羲、全祖望《宋元学案》卷一《安定学案》,第29、38页。
② 欧阳修《易童子问》卷三,《欧阳修全集》,第569、571页。《易传》即《十翼》,是最早注解《易经》的十篇著作,大约作于战国后期。
③ 欧阳修《问进士策三首》,《居士集》卷四八,《欧阳修全集》,第329页。
④ 欧阳修《毛诗本义》卷十五《诗解统序》。《毛诗本义》又作《诗本义》。毛指《毛诗序》作者,汉代传《诗》四家之一,为古文诗学,有大序、小序,东汉郑玄有《毛诗传笺》,唐孔颖达等因之为《毛诗正义》,收入《十三经注疏》。

宋而新义日增,旧说几废,推原所始,实发于修。"① 其后宋人王安石、苏辙、郑樵、朱熹都否定《诗序》为圣贤之言,欧阳修的《诗本义》可以说是吹响了《诗》学解放的进军号。

至和二年(1055),翰林学士欧阳修上《论删去九经正义中谶纬札子》,对汉唐经学进行了猛烈的抨击:

> 士之所本,在乎六经,而自暴秦焚书,圣道中绝。汉兴,收拾亡逸,所存无几。或残编断简,出于屋壁,而余龄昏眊,得其口传。去圣既远,莫可考证。偏学异说,因自名家。然而授受相传,尚有师法,暨晋宋而下,师道渐亡。章句之篇,家藏私畜。其后各为笺传,附著经文。其说存亡,以时好恶。学者茫昧,莫知所归。

> 至唐代时,始诏名儒撰定九经之疏,号为《正义》,凡数百篇。自尔以来,著为定论,凡不本《正义》者,谓之异端。则学者之宗师,百世之取信也。然其所载既博,所择不精,多引谶纬之书以相杂乱,怪奇诡僻,所谓非圣之书,异乎《正义》之名也。②

欧阳修要求重新整理九经,去其"诡异驳杂",还其本来面目,使"经义纯一"。此札子要求对旧经学进行彻底的清算,是北宋疑经思潮中最富挑战性的篇章,集中体现了儒学更新这个时代课题。

---

① 永瑢等《四库全书总目》卷十五《诗类·序》《毛诗本义提要》,第119、121页。
② 欧阳修《论删去九经正义中谶纬札子》,《奏议集》卷十六,《欧阳修全集》,第887页。

不过官方未有动作，经义已再难"纯一"。①

再一个是刘敞（1019—1068）。他长于《春秋》，"始为《权衡》以平三家之得失，然后集众说，断以己意，而为之《传》。《传》所不尽者，见之《意林》"。②刘敞批评《春秋》三传"其善恶相反，其褒贬相戾"，于是要"准之以其权，平之以其衡"。③《四库提要》举其改动经传之例，指出他与孙复在疑经思潮中的异同之处，充分肯定他们在其中的地位：

> 宋代改经之例，敞导其先，宜其视改传为固然矣。然论其大致，则得经意者为多。盖北宋以来，出新意解《春秋》，自孙复与敞始。复沿啖、赵余波，几于尽废三传。敞则不尽从传，亦不尽废传。④

刘敞还有《七经小传》，杂议经义，以己意而改，亦为疑经思潮中的代表作。宋朝旧国史指出："庆历以前，学者尚文辞，多守章句注疏之学。至刘原父为《七经小传》，始议诸儒之说。王荆公修经义，盖本于原父云。"⑤《四库》馆臣亦云："好以己意改经，变

---

① 吕希哲《吕氏杂记》卷下云：欧阳公上此札子后，"仁宗命国子学官取诸经及正义所引谶纬之说，逐旋写录奏上，时执政者不甚主张之，事竟不行"。上海师大古籍所编《全宋笔记》第一编第十册，第287页。后来王安石有《三经新义》的官方定本，不过仍属一家之言。
② 陈振孙《直斋书录解题》卷三，徐小蛮、顾美华点校，上海，上海古籍出版社1987年，第59页。
③ 刘敞《春秋权衡序》，《公是集》卷三四，页五，文渊阁《四库全书》本。
④ 永瑢等《四库全书总目》卷二六《春秋传提要》，第215页。
⑤ 吴曾《能改斋漫录》卷二"注疏之学"条引旧《国史》，上海，上海古籍出版社1984年标点本，第28页。

先儒淳实之风者，实自敞始。"① 显示了其在经学变古中的开创之功。

稍晚于欧阳修等人的王安石（1021—1086）的疑经改经活动也极富影响，其学术自成流派，号为"新学"。他在《答姚辟书》中阐述了自己的经学观点：

> 今冠衣而名进士者，用万千计。蹈道者有焉，蹈利者有焉。蹈利者则否，蹈道者则未免离章绝句，解名释数，遽然自以圣人之术尽此者有焉。夫圣人之术，修其身治天下国家，在于安危治乱，不在章句名数焉而已。②

"蹈道"就是遵循儒家之道者，在王安石看来，那些沉浸于"离章绝句"者显然是走偏了，修身治天下才是圣人之术，志在"安危治乱"者才是儒家之正道。

否定旧经学，把经术与治道密切结合，是王安石新学的特点。他亲自撰写了《周礼义》，并主持了《书义》和《诗义》的撰写，总称为《三经新义》，悉废先儒传注，对三经做了重新解释，并颁之于天下，用以作为考试的标准，《春秋》等经于是废置不用，可谓将"疑经"推到了极致。由于以己意解经，被反对派抨击为"讥

---

① 按，针对王安石经义本于刘敞之说，四库馆臣则不以为然："谓敞之说经，开南宋臆断之弊，敞不得辞。谓安石之学由于敞，则窃铁之疑矣。"永瑢等《四库全书总目》卷三三《七经小传提要》，第270页。
② 王安石《答姚辟书》，载《临川集》卷七五，《四部备要》本，上海，中华书局1936年，第493页。

薄之言藏于经义，诋诬之语肆于私史"。① 王安石又撰有《字说》，元祐学者指为"揉杂释、老，穿凿破碎，聋瞽学者"而被禁。② 王辟之也论道："公（按，指安石）之治经，尤尚解字，末流务多新奇，浸成穿凿。"③ 王安石的新经学影响是很大的，宋人刘静春说："介甫不凭注疏，欲修圣人之经；不凭今之法令，欲新天下之法，可谓知务，第出于己者，反不逮旧，故上误裕陵以至于今。后之君子，必不安于注疏之学，必不局于法令之文。"④ 无论怎样评价新学，其影响是深远的。

宋仁宗庆历时期，随着新儒们掀起的政治改革运动走向高潮，更新儒学的活动便逐渐蔚然成风了。南宋陆游曾总结这个时期的学术思想状况说：

> 唐及国初，学者不敢议孔安国、郑康成，况圣人乎？自庆历后，诸儒发明经旨，非前人所及。然非《系辞》，毁《周礼》，疑《孟子》，讥《书》之《胤征》《顾命》，黜《诗》之序，不难于议经，况传注乎？⑤

皮锡瑞在《经学历史·经学变古时代》对这段话有一段按语说：

---

① 李焘《长编》卷二三四，熙宁五年六月辛未"附注"引陈瓘语。
② 晁公武《郡斋读书志》卷四"字说"条，第165页。
③ 王辟之《渑水燕谈录》卷十《谈谑》，上海师大古籍所编《全宋笔记》第二编第四册，第106页。王辟之（1032—？），山东临淄人，治平四年（1067）进士。
④ 黄宗羲、全祖望《宋元学案》卷九八《荆公新学略》，第3250页。刘清之（1133—1189），字子澄，世称静春先生。
⑤ 王应麟《困学纪闻》卷八《经说》引陆游语，上海师大古籍所编《全宋笔记》第七编第九册，第256页。

"宋儒拨弃传注，遂不难于议经。排《系辞》谓欧阳修，毁《周礼》谓修与苏轼、苏辙，疑《孟子》谓李觏、司马光，讥《书》谓苏轼，黜《诗序》谓晁说之。此皆庆历及庆历稍后人，可见其时风气实然，亦不独咎刘敞、王安石矣。"① 早前宋末元初人王应麟就曾概述这一时风的变化说："自汉儒至庆历间，谈经者守训故而不凿。《七经小传》出而稍新奇矣。至《三经义》出，视汉儒之学若土梗。"② 一时风气如此，旧经学的神圣光环消失了。风气的变化是一个渐变过程，如果一定要找一个时间节点，那就是庆历。

经学思想的变化明显地反映在学校教育和科举考试中。如教育，庆历四年（1044），仁宗下兴学诏时就指出："儒者通天、地、人之理，明古今治乱之原，可谓博矣。然学者不得骋其说，而有司务先声病章句以拘牵之，则吾豪隽奇伟之士，何以奋焉？士以纯明朴茂之美，而无教学养成之法，使与不肖并进，则夫懿德敏行，何以见焉？此取士之甚敝，而学者自以为患。"胡瑗"设教苏、湖间二十余年，世方尚词赋，湖学独立经义、治事斋，以敦实学"。皇祐末，瑗为国子监直讲，后进天章阁侍讲，推行自己的教学，"每公私试罢，掌仪率诸生会于首善，雅乐歌诗，乙夜乃散。士或不远数千里来就师之，皆中心悦服。有司请下湖学，取其法以教太学"。③ 如科举，皇祐元年（1049）刘恕举进士，应诏试讲经，"先列注疏，次引先儒异说，末乃断以己意。凡二十问，所对皆然，主司异之，擢为第一"。④ 这与景德二年贾边"舍注疏立异论"被黜的

---

① 皮锡瑞《经学历史》，第220—221页。
② 王应麟《困学纪闻》卷八，《全宋笔记》第七编第九册，第256页。
③ 脱脱等《宋史》卷一五七《选举志·学校试》，第3658、3659页。
④ 脱脱等《宋史》卷四四四《刘恕传》，第13118页。据司马光《资治通（转下页）

状况已大为不同,"断以己意"已受到官方的公开肯定。立异论的风气或许走得太远,以至新儒司马光在熙宁二年(1069)所上之《论风俗札子》中,指责"新进后生"说:

> 至有读《易》未识卦爻,已谓《十翼》非孔子之言;谈《礼》未知篇数,已谓《周官》为战国之书;读《诗》未尽《周南》《召南》,已谓毛、郑为章句之学;读《春秋》未知十二公,已谓三传可束之高阁。循守注疏者谓之腐儒,穿凿臆说者谓之精义。①

此言正好反映出当时普遍的疑经之风。唐人元行冲曾叹息"变易章句"即冲破注疏藩篱有五难,对"宁道孔圣误,讳闻服郑非"的现象深以为不然。② 唐初以《正义》解释传注,实行"疏不破注"的原则;但至北宋中期,已由舍传注之学,进而疑经甚至改经了。诸儒争发儒经大义即所谓义理,都试图以自己的主观认识来把握"圣人"精神,创新解,立新义,与汉唐经生风格迥异。这便是一般所谓的新儒学,也是今人所称的"宋学"。思想解放潮流造成了学术气氛的空前活跃,在这种百家争鸣的气氛中,僵硬陈旧的传统经学被注入了新的血液,通过改造和发展,又展现出了欣欣向荣的势头。

(接上页)鉴外纪序》(1078),是年刘恕年十八。
① 司马光《论风俗札子》(1085),原载《司马公文集》卷四五,曾枣庄、刘琳主编《全宋文》第1200卷,第55册,第190页,上海、合肥,上海辞书出版社、安徽教育出版社2006年。
② 元行冲《释疑》,董诰等编《全唐文》卷二七二,第1219页。元行冲(653—729),河南人,开元间为国子监祭酒。

第三节 "学统四起"与儒学复兴运动的特点

怀疑往往是新思想产生的前奏,定于一尊的《五经正义》之被认为不可信任,显示旧儒学已经走进了死胡同。思想文化领域里吹起变革之风,生活在中唐的韩愈(768—824)是引领这个时代风潮转旧为新的关键人物。面对佛老二教势力的昌炽,他打出了复兴儒学的旗帜,试图在更新儒学的基础上,重振儒家的声威并恢复其崇高的地位。一时唱和者,颇不乏人,汇成了一股推动儒学革新的巨大浪潮,这便是中唐时期的儒学复兴思潮。虽然直到北宋初期,新学术尚未能取代旧传统,但是却给宋代的儒学复兴带来深刻的影响。这两三百年,正是我国古代思想文化发生转型的重要阶段,如蒙文通所指出:"唐代中叶,虽然在学术思想上发生了这一次革新运动,无论在经学、文学、史学、哲学,各方面都发生了反对旧传统的新学术,而为宋代一切学术的先河。但这一代新学术,终唐以至五代,都还没有形成学术界的主流,还不能取旧传统的地位而代之,旧学还为当时的王朝政府所倚重,新学仍只能处于在野的地位,而致两者并行于世。"① 这个"先河"是宏阔的,研究者也颇不乏人,视角各有不同,或辨古文运动,或析疑经思潮,或围绕儒释道三教关系而展开等,不过所论数者是相互关联的,难以截然分开。②

---

① 蒙文通《中国历代农产量的扩大和赋役制度及学术思想的演变》,原载《四川大学学报》1957 年第 2 期,引文见第十节"大历学术",《蒙文通全集》第三册,第457 页。
② 如张跃著《唐代后期儒学》(上海,上海人民出版社 1994 年)梳理了这(转下页)

不仅于终唐以至五代，事实上直至宋初，旧学术仍然居于主导地位。虽然如此，但已有柳开、王禹偁等人，竭力提倡新儒思想，成为北宋儒学复兴的先行者。宋真宗末、仁宗初，新儒思潮再度兴起，到仁宗庆历前后形成高潮。时风突变，完成了学术思想史上的一次重大飞跃。清人全祖望在述及儒学复兴运动兴起之初的盛况时说：

> 有宋真仁二宗之际，儒林之草昧也。当时濂、洛之徒方萌芽而未出，而睢阳戚氏在宋，泰山孙氏在齐，安定胡氏在吴，相与讲明正学，自拔于尘俗之中。亦会值贤者在朝，安阳韩忠献公、高平范文正公、乐安欧阳文忠公，皆卓然有见于道之大概，左提右挈，于是学校遍于四方，师儒之道以立，而李挺之、邵古叟辈，其以经术和之，说者以为濂、洛之前茅也。①

戚指宋初名儒戚同文之孙戚舜宾，大中祥符二年（1009）受命主持应天府书院，这是宋代最早且最有影响的书院之一。② 其后北有孙复建泰山书院，南有胡瑗执教苏、湖二州二十余年，皆开宋世新学术先河者。韩琦、范仲淹、欧阳修诸公相继在朝中担任要职，为推

（接上页）一时期儒学的变化脉络和趋势，讨论了古文运动、三教关系等重要问题；陈弱水有《唐代文士与中国思想的转型》（桂林，广西师范大学出版社2009年，2016年有增订本），从中唐思想变化的两条线索——儒学复兴和古文运动展开论述。

① 全祖望《庆历五先生书院记》，《宋元学案》卷三《高平学案》，第134页。
② 脱脱等《宋史》卷四五七《戚同文传》载："大中祥符二年，府民曹诚即同文旧居旁造舍百余区，聚书数千卷，延生徒讲习甚盛。诏赐额为本府书院，命纶子奉礼郎舜宾主之，署诚府助教，委本府幕官提举之。"第13819页。戚纶为同文之子，应天府治今河南商丘，商丘旧名睢阳，古为宋国之地。

动儒学运动的全面发展，最为助力。李挺之、邵雍父亲邵古均以《易》学名世，为邵雍学术思想之导源者。全氏之论虽不尽完善，然亦得其大端。

在此"儒林之草昧"时期，相继涌现出了一大批炳耀千秋的"新儒"，其中后来领导"庆历新政"的范仲淹（989—1052）的活动特别引人瞩目。《宋史·范仲淹传》载："仲淹泛通《六经》，长于《易》。学者多从质问，为执经讲解，亡所倦。尝推其奉以食四方游士，诸子至易衣而出，仲淹晏如也。每感激论天下事，奋不顾身，一时士大夫矫厉尚风节，自仲淹倡之。"是倡导并引领变革之风的领袖人物。史载"仲淹门下多贤士，如胡瑗、孙复、石介、李觏之徒，纯仁皆与从游"①，这些贤士后来多成为卓有成就的新儒学家，这与范仲淹的引导和提携是分不开的。他在天圣（1023—1032）年间掌应天府府学时，曾资助困顿的孙复并授以《春秋》，孙复勤勉攻读，十年后在泰山下讲授《春秋》，名闻天下，后来又得范仲淹等人推荐至太学任职。在景祐元年（1034）苏州任上，聘请了"以经术教授吴中"的胡瑗为州学教授，为这位创造了"苏湖教法"的宋学先驱人物找到了合适的舞台。庆历时兴立太学，即取其教授法著为令。全祖望称："宋仁之世，安定先生起于南，泰山先生起于北，天下之士从者如云，而正学自此造端矣。"② 再如理学家张载（1020—1077），年少时喜谈兵，二十一岁那年，张载往谒正在陕西的范仲淹，仲淹对他说："儒者自有名教可乐，何事于兵？"③ 劝张载读《中庸》，张载由此走上了服膺儒学的道路。

---

① 脱脱等《宋史》卷三一四《范纯仁传》，第 10282 页。
② 黄宗羲、全祖望《宋元学案》卷五《古灵四先生学案》，第 228 页。
③ 脱脱等《宋史》卷四二七《张载传》，第 12723 页。

庆历前后，儒学运动呈现出"学统四起"的局面。全祖望在《宋元学案》中论道：

> 庆历之际，学统四起，齐鲁则有士建中、刘颜夹辅泰山而兴。浙东则有明州杨、杜五子，永嘉之儒志、经行二子，浙西则有杭之吴存仁，皆与安定湖学相应。闽中又有章望之、黄晞，亦古灵一辈人也。关中之申、侯二子，实开横渠之先。蜀有宇文止止，实开范正献公之先。筚路蓝缕，用启山林。①

文中所举诸儒，皆庆历前后于儒学复兴大有功者。士建中是孙复讲学中第一"推重"之人，石介称赞说："其人能通明经术，不由注疏之说，其心与圣人之心自会；能自诚而明，不由钻学之至，其性与圣人之道自合。"② 刘颜曾著《儒术通要》等，深得石介的佩服。王开祖著《儒志编》而被称为儒志先生，与孙复等人遥相呼应，开永嘉问学之风，其继者是"尤明经术"的经行先生丁昌期。吴存仁（师仁）甘贫守道授学者以诚明义理之学。章望之好议论，宗孟子言性善；黄晞少通经，聚书讲学，学者多从之游。申颜、侯可为关学之先，蜀中宇文止止言行高洁，甚为司马光、范镇推尚。③ 明州（今宁波）杨适、杜醇、王致、王说、楼郁"五先生"活跃在庆历皇祐间，俱以"文学行谊表率于乡社"，振起当地"儒风"。④ 古灵

---

① 黄宗羲、全祖望《宋元学案》卷六《士刘诸儒学案·序录》，第251页。
② 石介《上范思远书》，《徂徕石先生文集》卷十三，第151页。
③ 黄宗羲、全祖望《宋元学案》卷六《士刘诸儒学案》中，对士建中、刘颜、王开祖、丁昌期、吴存仁（吴师仁）、章望之、黄晞、申颜、侯可、宇文止止诸儒，分别有著录，第252—262页。
④ 楼钥《攻媿集》卷五一《息斋春秋集注序》，《四部丛刊》初编缩本，上（转下页）

即陈襄,他与陈烈等四人"始相与倡道于海滨",有"闽中四先生"之称。① 还有如孙复高弟石介、"羁栖山岩"聚徒讲学的李觏等等,一批批新儒相因而起,蔚为大观,形成强劲潮流,早已不仅仅限于学术思想的范围。影响所及,包括经学、文学、史学、哲学以及政治、教育、科举等各个领域。范围之广,规模之巨,时间之久,则远非中唐韩愈等人积极鼓动的儒学复兴思潮所能比拟。时代风尚在庆历时期随之发生了显著变化,如南宋陈傅良在策问中所说:"宋兴七十余载,百度修矣。论卑气弱,儒士犹病之。及乎庆历,始以通经学古为高,求时行道为贤,犯颜纳说为忠。"② 北宋儒学复兴运动深入发展下去,不断切磋洗练,追求着一个超越学术性质的更大目的,以适用和维护经历了社会剧变后的统治秩序,或如葛兆光所说:"要重新建立思想世界,并将它笼罩和指导社会生活,包括政治、经济与文化,使生活世界符合这种原则。"③ 因此,北宋中期的儒学复兴思潮,客观上要求对传统儒学进行一番新的改造。其最引人注目的成果,是创造了影响中国人社会生活和思维方式达数百年之久的新型儒学,大家把它叫作"理学"或"道学"。

从上所论,这场发生在北宋并在北宋中期形成高潮的儒学复兴运动,无论就其对中国社会产生的影响,还是对中国历史文化具有的深刻意义来说,显然都是非常重要的。从这场儒学复兴运动的发展线索上进行考察,可以指出如下三个主要特点:

(接上页)海,商务印书馆1936年,第469页。楼钥,字大防,鄞县(今属宁波)人,隆兴元年进士。

① 脱脱等《宋史》卷三二一《陈襄传》,第10419页;参黄宗羲、全祖望《宋元学案》卷五《古灵四先生学案》,第225页。
② 陈傅良《策问》,《止斋集》卷四三,页七,文渊阁《四库全书》本。
③ 葛兆光《中国思想史》第二卷,上海,复旦大学出版社2000年,第270页。

第一，坚持儒家道统

面对"异端"的昌炽，儒家迫切需要有自己的传承统绪与之对抗，唐张籍就两次上书韩愈，极陈"兴存圣人之道"的急迫性①。韩愈撰《原道》，追溯"道"的本源，建构起儒家的"道统"。陈寅恪说，这是韩愈针对当时盛行的佛老二教所采取的办法而模仿提出的，以"证明其传授之渊源"②，这当然是有道理的。佛老二教有所谓口传心授、灯火相传，被认作"吾儒"早就有的道统传承，只是后来中断了，故而首先声明"吾道"与佛老之道是不同的：

> 吾所谓道也，非向所谓老与佛之道也。尧以是传之舜，舜以是传之禹，禹以是传之汤，汤以是传之文、武、周公，文、武、周公传之孔子，孔子传之孟轲。轲之死，不得其传焉。③

他以卫道者自居，要接替孟子来传承这个统绪，为儒家之道复明于世而呐喊奋争。韩愈提出的这个儒家"道统说"成为捍卫自家学说的武器，也是与各种"异端"相对抗的旗帜。

入宋以后，儒家道统说得到了继承和发扬，尽管对儒家道统的承继看法或有不同，但维护这个道统却成为新儒们共同关心的问题，韩愈本人也受到一些新儒的推崇。号称要开圣道之途的柳开仰慕韩愈，撰《应责》篇，公开宣称："吾之道，孔子、扬雄、韩愈

---

① 张籍（766—830）是韩愈的弟子，先后有《上韩昌黎书》《上韩昌黎第二书》，追述儒学与"异端"彼此消长的历史，叹言"圣道"之衰，极陈韩愈著言以排佛老的期望。二书见董诰等编《全唐文》卷六八四，第3105页。
② 陈寅恪《论韩愈》，氏著《金明馆丛稿初编》，第285页。
③ 韩愈《原道》，《东雅堂昌黎集注》卷十一，页六，文渊阁《四库全书》本。

之道。"他在《昌黎集后序》一文中，称道韩文"淳然一归于夫子之旨，而言之过于孟子与扬子云远矣"。在《答臧丙第一书》中，更对道统问题做了全面的阐述，认为每当"圣人之道将坠"时，便有出而拯之者，使之复明，且以韩愈继承者自居说："自韩愈氏没，无人焉。今我之所以成章者，亦将绍复先师夫子之道也。"① 曾师事柳开的张景认为，"尧舜之揖让，汤武之征伐，周公之制礼乐，孔子之作经典，孟轲之拒杨墨，韩愈之排释老"，皆是足可永垂于世的业绩。② 这实际上也是在陈述儒家道统，并揭示不同阶段道统的内涵。此亦可见，在北宋前期，韩愈已被一些新儒们追尊为儒家道统的继承人，他如王禹偁、孙何、穆修等北宋前期的儒士，也都有对韩愈的推崇之词，此不赘述。

仁宗时期，纷言儒家道统几乎成为新儒的流行话语。各家所言道统自孟子以上似无异词，孟子之后则因各人学术思想的差异而有所不同。孙复在《上孔给事书》中，尊推孟子、荀子、扬雄、王通、韩愈为"五贤"，其《信道堂记》云："吾之所谓道者，尧、舜、禹、汤、文、武、周公、孔子之道也；孟轲、荀卿、扬雄、王通、韩愈之道也。"③ 孙复弟子石介更是言必称儒家道统，最著名如其《怪说》三篇，指佛、老、杨亿之文为三怪，所谓"蠹伤圣人之道"者，称："夫尧、舜、禹、汤、文王、武王、周、孔之道，万世常行不可易之道也。"反复声言以捍卫"周公、孔子、孟轲、扬

---

① 柳开以上诸文，分别见《河东柳仲途先生文集》（下称《柳开文集》）卷一、十一、六，四川大学古籍整理研究所编《宋集珍本丛刊》第一册，北京，线装书局2004年，第444、501、469页。
② 张景《柳如京文集序》，吕祖谦编《宋文鉴》卷八五，齐治平点校，北京，中华书局1992年，第1212页。柳如京即柳开，因官至如京使，世称柳如京。
③ 孙复《上孔给事书》《信道堂记》，《孙明复小集》页二九、三五。

雄、文中子、吏部之道"。① 其《是非辨》篇说，万世不可易者，古有尧、舜、孔子三人，次则孟轲、韩愈。其《尊韩》篇以韩愈为孙复所谓"五贤"之卓者而直追孔子，推崇备至。② 五贤，也就是孙复、石介等人心目中儒家道统的承继者。孔子后裔孔道辅在曲阜孔庙修建五贤堂，撰《五贤堂记》记其事。③ 韩琦在并州任上，新修庙学，撰《五贤赞》，"图孟、荀、扬、王、韩五贤于书楼之北壁"，认为"夫五贤者，圣人之亚，学者之师"。④ 欧阳修对韩愈也表示了极大的尊崇，其《记旧本韩文后》记少时寻得韩愈文集，爱不释手，认为"韩氏之文之道，万世所共尊，天下所共传而有也"。⑤ 就连经学立场相对保守的宋祁也承认，对于韩愈，"学者仰之如泰山、北斗"。⑥

韩愈之被推尊表现了儒学复兴构建道统的需要。北宋中期，去韩愈又已约二百年，谁有资格来继统成为新儒者讨论的话题。石介说："吏部后三百年，贤人之穷者，又有泰山先生。"⑦ 推尊他的老师孙复为韩愈的当然继承者。与李觏往还的李观却认为："孔子之后，有孟、荀、扬、王、韩、柳。国朝柳如京、王黄州、孙、丁、

---

① 石介《怪说》上中下三篇，见《徂徕石先生文集》卷五，第62、63页。
② 石介《是非辨》《尊韩》，《徂徕石先生文集》卷六、七，第68、79页。
③ 孔道辅《五贤堂记》，曾枣庄、刘琳主编《全宋文》第359卷，第17册，第291页。关于"五贤"，郭畑有《宋代儒家道统系谱演变研究——以孟、荀、扬、王、韩"五贤"为中心的考察》，四川大学博士论文，2011年9月。
④ 韩琦《策问》，原载《安阳集》卷二三，据曾枣庄、刘琳主编《全宋文》第853卷，第40册，第31页。
⑤ 欧阳修《记旧本韩文后》，《居士外集》卷二三，《欧阳修全集》，第536页。
⑥ 欧阳修、宋祁《新唐书》卷一七六《韩愈传》，第5269页。
⑦ 石介《泰山书院记》，《徂徕石先生文集》卷十九，第222页。是篇言："孙复在泰山之阳起学舍，构堂，聚先圣之书满屋，与群弟子而居之。"

张晦之,及今范、欧阳皆其继者也。"① 与欧阳修同时期的韩琦称许欧阳修为"今之韩愈"②,苏轼说"欧阳子论大道似韩愈",这是当时士大夫"不谋而同"的说法。③

北宋中期的儒家道统说上承韩愈、下启二程,虽然后来程朱理学把韩愈和欧阳修等排斥于道统之外,认为他们还不够"醇儒"的标准。在儒学"再创造"的百家争鸣进程中,要求越来越"高"。韩愈和欧阳修的思想学术与文学创新,并不体现新儒学的最高层次——"性理之学",所以韩、欧就从道统中被刷掉了。元修《宋史》,在《儒林传》外另立《道学传》,无疑就是被"净化"了的新儒家(理学家)的一种原则性的反映。

第二,把握六经精神

新儒们以六经为指归,力求把握住儒家经典的根本精神,不再拘泥于汉唐章句注疏之学,甚至视之为桎梏。他们所注重者,在于直探儒经义理(大义)。韩愈《原道》篇提出,儒家的"道德"观是与"仁义"学说结合为一而言的,这与老子的"道德"论全然不同。韩愈从《礼记》中特别提出并强调《大学》篇中的如下论点:"古之欲明明德于天下者,先治其国。欲治其国者,先齐其家。欲齐其家者,先修其身。欲修其身者,先正其心。欲正其心者,先诚

---

① 李觏《答李观书》引李观语,见《李觏集》卷二八,王国轩校点,北京,中华书局1981年标点本,第320页。柳如京即柳开,王黄州为王禹偁,孙为孙何,丁指丁谓,标点本以"孙丁"为一人。
② 朱熹《三朝名臣言行录》卷一之一,页五九,《四部丛刊》初编景宋本。按,朱熹有《五朝名臣言行录》记北宋前五朝名臣事,又有《三朝名臣言行录》记北宋后三朝名臣事,传世的宋本收录于《四部丛刊》初编宋刊景印本。参见裴汝诚、顾宏义《〈八朝名臣言行录〉瞭考》,载姜锡东主编《宋史研究论丛》第23辑,北京,科学出版社2018年。
③ 苏轼《六一居士集叙》,《苏轼文集》卷十,第316页。

其意。"将自我的道德修养与齐家、治国、平天下的理想联系起来，充分发挥人对社会伦理的责任感，同时也正是对佛老二教消极避世思想的坚决抵制。这是韩愈所认定的儒学大义之所在，它成为中唐儒学运动所致力的基本方向，亦为宋代的儒学复兴奠定了基础。韩愈在《送王埙序》中，以《孟子》一书为圣教的入门。又在《省试颜子不贰过论》中，突出《中庸》思想，此皆宋代新学术的先声。韩愈思想学术的同道李翱（772—841），著《复性论》三篇，力言去情复性，通过内心的修养，达到"至诚"的境界。又频引《大学》《中庸》和《易经》，指为儒学精髓。韩、李二人所论不全相同，且李论吸取有明显的佛学"修炼"说的影响，但他们在追求本经义理、主张改造旧儒学并努力使之重振于世这一目标上，则是完全一致的。

如前节所述，在儒学复兴思潮高涨的宋仁宗时期，一反汉唐训诂义疏传统，抛开传注，直探儒经大义，力求把握圣人精神的新学已成时代风尚。《易》和《春秋》在此间最受新儒学者重视，石介《泰山书院记》引孙复语说，"尽孔子之心者大《易》，尽孔子之用者《春秋》，是二大经，圣人之极笔也，治世之大法也"，① 也就是认为二书最能代表儒学的根本精神。孙复著有《春秋尊王发微》，是宋代新学术的早期代表作，其首卷阐述《春秋》大义说：

> 孔子之作《春秋》也，以天下无王而作也。
> 昔者幽王遇祸，平王东迁。平既不王，周道绝矣。
> 《春秋》自隐公而始者，天下无复有王也。夫欲治其末者，

---

① 石介《泰山书院记》，《徂徕石先生文集》卷十九，第223页。

必先端其本；严其终者，必先正其始。元年书王，所以端本也；正月，所以正始也。

认为《春秋》要旨就是"尊王"。程颐对是书的阐释并不十分满意，然而却肯定它所阐明的"始隐，周之衰也"这样的义理内容。① 欧阳修对是书甚为推重，自己也著有《春秋论》三篇，力陈三《传》之失，认为孔子作《春秋》，本意在于"正名以定分，求情而责实。别是非，明善恶"。② 胡瑗以教授经义著称，蔡襄撰其《墓志》说："解经至有要意，恳恳为诸生言其所以治己而后治乎人者。学徒千数，日月刮劘为文章，皆传经义，必以理胜，信其师说，敦尚行实。"③ "必以理胜"，此之"理"就是义理，把握六经要旨，正是新儒的追求。强调《易》的主旨就是"变易之道"，是乃"天下之理"，说《易》是伏羲、文王、周公、孔子用以"垂万世之大法，三才变易之书也"。④ 他的弟子倪天隐记其所述，为《周易口义》一书，颇具影响，为宋时"义理说《易》之宗"。⑤ 程颐研究《易》，认为宜先"寻绎令熟"，只看王弼、胡瑗、王安石三家文字即可，⑥ 正是因为三家均以义理取胜的缘故。四库馆臣说："《易》本卜筮之书，故末派浸流于谶纬"，王弼撰《周易正义》，"排击汉儒，自标

---

① 《河南程氏外书》卷九《春秋录拾遗》，《二程集》，王孝鱼点校，北京，中华书局1984年，第401页。按，《二程集》为程颢（明道）、程颐（伊川）合集，内容或分或合，不能分者本文标为"二程"。
② 欧阳修《春秋论》中，《居士集》卷十八，《欧阳修全集》，第132页。
③ 蔡襄《蔡忠惠公文集》卷三三《胡瑗墓志》，《宋集珍本丛刊》第八册，第227页。
④ 倪天隐《周易口义发题》，载胡瑗《周易口义》之首，文渊阁《四库全书》本。
⑤ 永瑢等《四库全书总目》卷二《周易口义提要》，第5页。
⑥ 《河南程氏文集》卷九《与金堂谢君书》，《二程集》，第613页。

新学"，① 已开以义理说《易》之先河。前面提到过，博通六经的范仲淹对孙复、胡瑗、张载诸儒均有助掖引导之功，他自身又尤精于《易》。虽然他的经学著述不多，但却无疑是一位倡导新儒学的重要活动家。天圣八年（1030）他上时相议论"制举"，强调"宗经"，主张明悉六经大旨以"辅成王道"，批评那些读书而"不深其旨意"，并对"学非而博者"深致谴责，② 都显示出新儒的精神风度。

据一般的说法，秦火之后，典籍荡然，汉代收拾遗经，已经十分混乱。如苏轼说："自汉以来，道术不出于孔氏，而乱天下者多矣。"③ 南宋叶适论道："秦汉崛兴，天下荡然，不复尧、舜、三代之旧。其欲学者无所据依，于是始皆求之于书，而孔子之经遂行于天下。"但是，"自是以来，句断章解，补缉坏烂，历世数十而不能以相一。盖至今百有余年之间，豪杰之士相因而起，始能推明其说，务合尧、舜、三代之旧，以无失于孔氏之遗意"。④ 庆历前后大量涌现出来的新儒学家，莫不穷研经术，鄙弃旧解，力求新义。于是学统四起，百家争鸣，这与前代儒生谨守师说、亦步亦趋的状况迥然不同。时代稍后以至南宋的理学诸子，则更深进一层，所注重者，则由心性的精微到治平的宏图，认为均属学者分内之事。宋代儒者在唐末五代长期战乱之后，在社会剧变的新时代的影响下，怀自救图存之心，探求"孔氏之遗意"，只不过在以适合世用的新思维来代替残缺而僵化的旧知识。新儒们打出"义理"的旗帜，新旧

---

① 永瑢等《四库全书总目》卷一《周易正义提要》，第3页。
② 范仲淹《上时相议制举书》，《范文正公集》卷九，《四部丛刊》影印本，上海，商务印书馆1929年，第73页。
③ 苏轼《六一居士集叙》，《苏轼文集》卷十，第315页。
④ 叶适《水心别集》卷五《总义》，《叶适集》，第694页。

交锋，论争激烈，直到北宋中期的庆历时期，新儒学的胜局才基本确定下来。即如前引蒙文通言，宋仁宗庆历以后，新学才走向勃然兴盛的坦途。刘咸炘论说唐宋学风的变化时也说："考论宋学，当重东都，挈其关键，在于庆历。真宗以前，犹沿唐习，仁宗以后，乃成宋风。"① 皆为深中肯綮之论。

在此应说明，汉唐注疏之学也并非全然不讲义理。如东汉经古文学大师许慎在其《说文解字》的序文中就说："文字者，经义之本，王政之始。"不过从注疏中加以阐发和体现出来的"经义"，是适应当时的社会及政治要求的。时代变了，社会变了，已经显然不合乎需要，因此遭到新儒学家的摒弃，这是理所当然的。

第三，提倡经世致用

宋儒有"明体达用"之说。胡瑗学生刘彝解释说："君臣父子仁义礼乐，历世不可变者，其体也；举而措之天下，能润泽其民归于皇极者，其用也。"② 如果以阐明儒经义理为"明体"的话，那么以经世致用为治学目标便是"达用"。章句之学既不能"明体"，更不能"达用"，故而该在摒弃之列。韩愈《原道》说："古之所谓正心而诚意者，将以有为也。"已昭示出积极有为的入世精神，这点不但与"外天下国家"的佛老之教区别开来，也与旧儒学寻章摘句、脱离社会实际的学风不同。王令在一封答友人书中说道："自章句之学兴，天下之学者，忘所宜学而进身甚速。忘所宜学，则无闻知；进身甚速，则谋道之日浅，甚者不知诵经读书何以名学，徒日求入以仕。"③ 钱穆说："汉儒多尚专经讲习，纂辑训诂，只在书

---

① 刘咸炘《学史散篇》之二《宋学别述》，页二五。
② 朱熹《五朝名臣言行录》卷十之二，页三，《四部丛刊》初编景宋本，1929年。
③ 王令《答刘公著微之书》，《王令集》卷十七，第306页。

本文字上。所谓通经致用，亦仅是由于政事而牵引经义，初未能于大经大法有建树。"① 此之汉儒，更多指西汉末东汉初盛行的古文经学。继玄学和佛学盛行之后的唐代初期，儒家经典虽然又得到重视，但官方所定的《五经正义》却仍与社会实践相脱离。如冯友兰指出，唐代《五经正义》在当时不过是作为书本知识来传播的，"他们并没有把儒家的经典和当时政治、社会、人生各方面的问题结合起来，他们并不准备这样做，唐太宗也不要求他们这样做"。② 与古文经学颇为相通。

北宋中期的新儒们显然不愿意继续这种状态了。他们继承韩愈所昭示的有为精神，要以儒家所谓的三代社会"王道"政治作为理想，以六经义理为指导来治理和改造社会现实，经世致用成为新儒学者追求的目标。孙复就说，"舍六经而求虞夏商周之治，犹泳断潢污渎之中望属于海也"，要求对六经重为注解，认为可使学者"得其门而入"，"如是则虞夏商周之治可不日而复矣"，③ 是要用六经义理来指导国家的治理。胡瑗《周易口义》的主题，正是要借《周易》来鼓吹"变易之道"，均体现了以儒经义理指导现实的改造精神。胡瑗在湖州教授任上，创苏湖教学法，立"经义"和"治事"两斋，前者重理论，学习六经；后者研究致用之学，"如治民以安其生，讲武以御其寇，堰水以利田，算历以明数是也"。④ 其在太学时，也分类讲习，结合"当时政事"的实际，不放空言。弟子多及千人，其中"为政"者，"多适于世用"，为推动经世致用学风

---

① 钱穆《朱子学提纲》之四，《朱子新学案》，第8页。
② 冯友兰《中国哲学史新编》第五册，第47页。
③ 孙复《寄范天章书二》，《孙明复小集》，页二六至二八。
④ 黄宗羲、全祖望《宋元学案》卷一《安定学案》，第24、25页。

的流行做出重要贡献。其弟子刘彝讲圣人体用之说，进而批评了取士之弊并盛赞其师之功："国家累朝取士，不以体用为本，而尚其声律浮华之词，是以风俗媮薄。臣师当宝元、明道之间，尤病其失，遂明体用之学以授诸生。夙夜勤瘁二十余年，专切学校，始于苏、湖，终于太学，出其门者无虑一千余人。故今学者明夫圣人体用以为政教之本，皆臣师之功。"① 这就是为宋人盛称胡瑗的"明体达用"之学。欧阳修在谈到自己的经学观时说："六经之所载，皆人事之切于世者。"② 他被贬夷陵（今湖北宜昌）时，见案牍所载，"枉直乖错，不可胜数"，有感于现实政治之污乱，因此重视吏治，后来对人说："文章止于润身，政事可以及物。"③ 通经致用，投身现实，正是这位儒学运动主将的一贯态度。

新儒学不仅强调学理，更强调用之于社会，有所作为。《宋史·石介传》就说："石介尝患文章之弊、佛老为蠹，著《怪说》《中国论》，言去此三者，乃可以有为。"去除"异端"，才可能有所作为。儒家认定的经典是拿来做什么的？不同的人可能有不同的回答，陈舜俞（？—1076）撰《说用》，开篇就说："六经之旨不同，而其道同归于用。天下国家所以道其道而民由之，用其用而民从之，非以华言单辞、殊指奥义为无益之学也。"④ 李觏（1009—1059）著《周礼致太平论》五十一篇，托言《周礼》，阐述自己的社会政治思想，说："岂徒解经而已哉！唯圣人君子知其有为言之

---

① 朱熹《五朝名臣言行录》卷十之二，页三。
② 欧阳修《答李诩第二书》，《居士集》卷四七，《欧阳修全集》，第319页。
③ 吴曾《能改斋漫录》卷十三"欧阳公多谈吏事"条，第393页。
④ 陈舜俞《说用》，《都官集》卷六，页五，文渊阁《四库全书》本。

也。"① 他另有《易论》十三篇，也专明人事，鼓吹"适时之变"。通经致用，这是新儒的共同呼声和追求目标。庆历时范仲淹上《十事疏》、熙宁时王安石上《万言书》，都以儒经为指导，以改造社会现实为出发点。两次变法虽然失败，但都显示了追求"治国、平天下"理想的不懈努力，与寻章摘句及空谈性理者并不相同。叶适论云："先王之治不见于后世，德薄功浅而俗化陋。儒者为之感愤太息，思有以易之，而未能自信于必行，则皆求之于经。"② 可谓一语中的！借古以化民，要求以儒经为指导，变革现实，达成"先王之治"。在此意义上，北宋中期兴起的儒学复兴运动具有浓郁的针对现实的批判精神。

或者以"内圣外王"来评视宋儒追求的境界，自然不错，但是，在儒学复兴思潮处于高潮的宋代中期，新儒们的活动更多地表现了"外王"的要求，即要求实行"王道"政治，以解决当时的社会危机。欧阳修赞扬石介说："思与天下之士，皆为周孔之徒，以致其君为尧舜之君，民为尧舜之民，亦未尝一日少忘于心。"③ 正体现了这种旨趣。倡言道统，探研义理，经世致用，三位一体，互为依傍。谈心性者不是没有，但非此时期的焦点所在，此"内圣"的要求主要为后来的理学家一派所继承，并做了淋漓尽致的发挥。

---

① 李觏《周礼致太平论·序》，《李觏集》卷五，第67页。
② 叶适《水心别集》卷五《周礼》，《叶适集》，第702页。
③ 欧阳修《徂徕石先生墓志铭》，《居士集》卷三四，《欧阳修全集》，第240页。

第二章　排斥"异端"：反佛老思潮的高涨

自佛教传入中国和道教兴起，佛老思想逐渐不同程度地成为社会各阶层精神生活的组成部分。在北宋中期，士人多喜谈道德性命，可以窥见佛老的影子。儒家积极参与社会生活的态度与佛老二教的避世思想迥然两异，佛老对社会政治经济秩序的危害深为一些儒者所忧，被后者视为"异端"。宋儒继唐韩愈排佛之后，掀起了一场自佛老流行中国以来最广泛持久且最深入的反宗教的思想运动，体现了儒学复兴运动自身的客观要求，这是儒学复兴运动最主要的目标。对佛老二教的排斥大体可分为两类：以欧阳修等人为代表的外在型批判和以张载及稍后二程为代表的内在型批判。

第一节　佛老势力在唐末宋初的消长

佛教自西汉末、东汉初传入中国内地以后，几经兴衰，至唐代而大盛。随着政治斗争的起伏和皇帝喜好的变化，佛教、道教势力消长不定，又与政治搅和在一起，呈现复杂局面。总的说来，"道先释后"[①]为唐朝的长期国策，但在事实上，佛教的发展又往往出

[①] 武德八年（625），唐高祖规定：国家典礼，道先、儒次、释末。贞观十（转下页）

人意表。

史载唐高宗时,有僧尼六万余人,寺数四千;唐玄宗时僧尼达十二万六千余人,寺院五千多所。唐武宗会昌五年(845)灭佛,还俗僧尼竟至二十六万多人,拆毁大小寺院、佛堂近四万五千所。① 由此可见唐代佛教势力的发展,到后期达到顶点。统治者崇信佛教,如宪宗元和十四年(819)和懿宗咸通十四年(873),朝廷两迎佛骨,仪式备极华侈。虽有"会昌法难",然亦旋而再盛。有唐一代,西行求法的僧侣不绝于道,佛经翻译之盛,远过前朝。② 以是教派风起,讲习传会,倾动朝野。

道教之于李唐,也深受尊崇。皇室李姓,自认源出道教教主李老君,大事张扬,用以愚民。玄宗之时,道教臻于极盛,广建"圣祖"庙,不断加封追尊,以及弄神降仙,大演闹剧。据杜光庭于中和四年(884)上进所撰《历代崇道记》载,唐朝自开国以来,除开"亲王贵主及公卿士庶"私造宫观外,"所造官观约一千九百余所,度道士计一万五千余人"。③ 其数虽不及佛教,然尊崇却有过之。因此道书编撰和搜集亦日趋丰富。据陈国符研究,《隋朝道书

(接上页)一年(637),唐太宗下诏重申了崇道抑佛的政策。参见任继愈《中国道教史》,上海,上海人民出版社1990年,第272页。

① 《资治通鉴》卷二四八会昌五年五月、《旧唐书》卷四八《食货志》等典籍均有载会昌灭佛之事,但各书所记拆毁寺院及僧尼还俗数目不尽相同。汤用彤《隋唐佛教史稿》认为此"不能详考",第47页。

② 中国佛教史上,中国僧人西行求法,从三国魏时朱士行算起到北宋为止,人逾数百。晋代法显、唐代玄奘和义净是三位西行求法成就最大、影响最大的三位高僧,玄奘、义净又是译经最多的两位。参见王邦维《唐高僧义净生平及其著作论考》,重庆,重庆出版社1996年,第27页。

③ 杜光庭《历代崇道记》,罗争鸣辑校《杜光庭记传十种辑校》,北京,中华书局2013年,第373页。杜光庭(850?—933),前蜀赐号为"广成先生"等,《蜀梼杌》作"京兆杜陵人,寓居处州",见是辑校《前言》。

总目》仅记有一千二百一十六卷，唐高宗时高道尹文操（？—688）撰《玉纬经目》载藏经七千三百卷。①

五代之世，历朝君主与十国统治者在兵荒马乱之中，不忘奉祀佛道以求福祐。对释氏的"规绳"逐渐紊乱，"缁徒犯法，盖无科禁，遂至尤讳；私度僧尼，日增猥杂；创修寺院，渐至繁多，乡村之中，其弊转甚。漏网背军之辈，苟剃削以逃刑；行奸为盗之徒，托住持而隐恶"。②周世宗未能容忍，遂于显德二年（955）五月下诏："敕天下寺院，非敕额者悉废之，禁私度僧尼。"结果，"是岁，天下寺院存者二千六百九十四，废者三万三百三十六，见僧四万二千四百四十四、尼一万八千七百五十六"③，佛教势力受到沉重打击。道教在战乱中也被削弱，正如道书《三洞修道仪》所说："五季之衰，道教微弱。星弁霓襟，难逃解散。经籍亡逸，宫宇摧颓。"④

宋朝建立后，佛道二教逐渐恢复。北宋前期，统治者为了社会政治秩序稳定的需要，提倡儒释道"三教"并隆，佛道二教因此有了长足的发展。但发展也非一帆风顺，太祖、太宗两朝对二教尚有所抑制，真宗时放弃了约束政策。

宋太祖对佛教采取保护和加强控制的政策。建隆初虽然解除了

---

① 陈国符《历代道书目及道藏之纂修与镂板》，氏著《道藏源流考》，北京，中华书局1963年，第112页。
② 薛居正等《旧五代史》卷一一五《周世宗本纪》二，北京，中华书局1976年标点本，第1529页。
③ 司马光《资治通鉴》卷二九二周世宗显德二年五月戊辰朔，所记数与《旧五代史》卷一一五同，唯《新五代史》卷十二载当年"废天下佛寺三千三百三十六"，北京，中华书局1986年点校本，第125页。
④ 刘若拙《三洞修道仪》，载明《正统道藏·正乙部》。

后周显德毁佛之令,但诏令已废佛寺不得复兴。建隆二年(961)闰三月,以未曾出迎太祖还都且"携妇人酣饮传舍"的罪名集众杖杀建院僧辉文,并决杖配流僧录十七人。① 乾德四年(966)四月,河南府进士李霭著《灭邪集》,又辑佛书缀为衾裯为僧人所诉,结果"坐毁释氏",被决杖并配沙门岛。② 乾德年间(963—968),太祖曾两遣求经使团西游。开宝四年(971),又派张从信往益州(今四川成都)雕刻大藏经板,同时下令出家求度须试"经业",限制诸州度僧名额。这一系列措施,均显示了保护和限制、整顿并重的意向。对于道教,太祖也采取了类似的政策。一方面,他对道教极表尊崇,仅建隆三年(962)一年,即亲诣崇祀道教教主老子的太清观五次。③ 同时还多次采访道士,予以厚赐,寻求治国之方,对于以"无为无欲"或"爱民寡欲"作为"治世养身之术"的进言皆深表赞赏。④ 另一方面,也要求"肃正道流",严禁私度,试其学业,对"窃服冠裳,寓家宫观"要加以惩革,禁断"寄褐"。⑤ 大体对佛道二教的态度是一致的。欧阳修《归田录》载:"太祖皇帝初幸相国寺,至佛像前烧香,问当拜与不拜。僧录赞宁奏曰:'不拜。'问其何故,对曰:'见在佛不拜过去佛。'赞宁者,颇知书,

---

① 李焘《长编》卷二,建隆二年闰三月庚午。
② 李焘《长编》卷七,乾德四年四月丁巳。李霭,《宋史》卷二《太祖本纪》作"李蔼"。
③ 太祖"幸太清观"事,分别见《长编》卷三,建隆三年三月丁卯、四月戊戌、五月甲申、六月丁酉、十月丙戌。
④ 宋太祖曾问真定道士苏澄(隐)"养生之术",又问处士王昭素"治世养身之术",分别见李焘《长编》卷十开宝二年闰五月戊辰、卷十一开宝三年二月辛亥。
⑤ 李攸《宋朝事实》卷七《道释》,开宝五年闰二月诏,北京,中华书局1957年,第107页。"寄褐"指那些"不奉其教不诵经,惟假其冠服者",见王栐《燕翼诒谋录》卷二,诚刚点校,北京,中华书局1981年,第19页。王栐,安徽庐江人,该录自序写于宝庆丁亥(1227)。

有口辩,其语虽类俳优,然适会上意。故微笑而颔之,遂以为定制。"① 这件事情是否真发生过是另一件事,宋政权与佛教之间达成了某种默契则不诬,也就是,释氏承认皇权的至高无上,在这个前提下,佛教自身也得到了发展的空间。

太宗一朝,佛教势力膨胀迅速。宋太宗自言对于此道"微究宗旨",声称"浮屠氏之教有裨政治",对佛教经典的翻译也颇为热心。太平兴国七年(982)六月建成"译经院",改变了"唐自元和以后不复译经"的状况。② 章如愚谓:"自是释经之盛,近世无比。"③ 太宗两次普度特放僧众,数量达十七万至二十四万之多。④ 又大造佛寺佛塔,如开封宝寺塔,历时八年,耗费亿万,巨丽精巧,其时无比。佛教的发展以东南为盛,以致太宗本人晚年也发出了惊骇之声:"东南之俗,连村跨邑去为僧者,盖慵稼穑而避徭役耳。泉州奏,未剃僧尼系籍者四千余人,其已剃者数万人,尤可惊骇。"⑤

宋初,凤翔府盩厔县(治今陕西周至终南镇)民张守真"自言天之尊神,号黑杀大将军,玉帝之辅,帝命乘龙降世,卫护宋

---

① 欧阳修《归田录》卷一,李伟国点校,北京,中华书局 1981 年,第 1 页。释志磐《佛祖统纪》卷四五辨此事说:"赞宁于太宗朝随吴越王初归京师,未尝及见太祖,欧阳氏所录妄也。"《佛祖统纪》,释道法校注本,上海,上海古籍出版社 2012 年,第 1059 页。
② 李焘《长编》卷二三,太平兴国七年六月丙子;卷二四,太平兴国八年十月甲申。
③ 章如愚《山堂考索后集》卷六三,页四,文渊阁《四库全书》本。
④ 李焘《长编》卷二七,雍熙三年十一月"是月"附注说:"太宗普度特放凡两次,太平兴国七年及此年也。"太平兴国元年数据《佛祖统纪》引《国朝会要》,释志磐《佛祖统纪》卷四四,第 1024 页。
⑤ 江少虞《宋朝事实类苑》卷二《祖宗圣训》,上海,上海古籍出版社 1981 年,第 23 页。

朝"，① 度为道士。太宗为之修建上清太平宫，专门供奉黑煞神，作为朝廷祭祀对象。太宗在"烛影斧声"一幕中继位，尊崇道教胜过太祖。在此期间，宫观栉比鳞次地兴建起来，京师太一宫、上清宫，规模都在千区以上，殿塔排空，金碧照耀，壮观一时。太平兴国七年诏舒州（今安徽潜山一带）修司命真君祠，总成六百三十区，号曰"灵仙观"，有趣的是，此观之建，传说是舒州老僧率民取宝得刻石，上刻有"敬醮潜山九天司命真君，社稷永安"字样。②借僧而扬道，显示了太宗对佛道二教态度的微妙变化。太宗也注重道教典籍的搜集，得七千余卷，命官校正。他也频频召见道士，陈抟以"协心同德，兴化致治"为言，甚得太宗的欢心。③

宋真宗对佛老二教的倡导均极有力，二教势力此时也臻至极盛。景德三年（1006），针对"减修寺度僧"之请，真宗说："道释二门，有助世教，人或偏见，往往毁訾，假使时僧、道士时有不检，安可废其教耶？"④所谓世教指"儒教"，合道、佛则为三教。又于大中祥符六年（1013）针对玉清昭应宫有"舍利出"，真宗对宰相说："三教之设，其旨一也，大抵皆劝人为善，惟达识者能总贯之。滞情偏见，触目分别，则于道远矣。"⑤在自觉利用二教来为政治教化服务方面，远过前两朝。在法律上，朝廷给予僧道以特殊待遇，不仅明令禁止毁辱僧尼，还下诏"僧尼、道士、女冠、文武

---

① 李攸《宋朝事实》卷七《道释》，第115页。参见韦兵《赵宋"家神"：黑煞神源流及与宋代政治文化关系》，载《社会科学研究》2020年第3期。
② 李焘《长编》卷二三，太平兴国七年六月。
③ 脱脱等《宋史》卷四五七《陈抟传》，第13421页。
④ 李焘《长编》卷六三，景德三年八月乙酉。
⑤ 李焘《长编》卷八一，大中祥符六年十一月庚戌。

七品以上者，有罪许减赎"。① 多次大会沙门道士，多赐钱银，扶持不已。

真宗对于佛经道藏的编校很上心，曾撰《释氏论》，认为释氏戒律之书，与周、孔、荀、孟"迹异道同"，咸平二年（999）任命了新的传法院译经润文官。② 天禧五年（1021），命宰相丁谓为译经使兼润文官，表现出对译经工作的高度重视。自此而后，元宰继领此职，对于佛法的传播，可谓有功。在朝廷的尊崇下，佛教徒大量增加。真宗数放"特度"，仅天禧三年（1019）一岁便度僧尼二十四万之多，至于天禧五年，宋朝全境僧尼总数已达四十五万八千九百余人，成为宋代僧尼数量最多的时期。③ 三教之中，真宗于道教尤为沉溺。大中祥符（1008—1016）年间，倾国之力，大搞所谓"降天书""圣祖天尊降临"等闹剧，企图用神道设教的这套愚民把戏来求得赵家江山的世祚延永。此期间道教宫观修筑之盛，远过前朝。尤为精丽者如历时七年建成的玉清昭应宫，宫宇总达二千六百一十区。大中祥符二年，真宗下诏诸路州、府、军、监、关、县择官地修建道观，或崇葺旧宫观，并以"天庆"为额。经真宗的全面推广，道教一时似乎有了"国教"的地位，此举对道教的传播有重要影响。史载："先是，道教之行，时习尚，惟江西、剑南人素崇重。及是，天下始遍有道像矣。"④ 八年（1015）正月，又要求诸州皆建道场，臣庶之家悉置香台，奉祀玉皇。天禧五年，道士计有

---

① 李焘《长编》卷九七，天禧五年十一月乙未。
② 李焘《长编》卷四五，咸平二年八月丙子。
③ 释志磐《佛祖统纪》卷四五，第1064页；章如愚《山堂考索后集》卷六三，页六。
④ 李焘《长编》卷七二，大中祥符二年十月甲午。

一万九千六百零六人，女冠七百三十一人，① 亦达宋初以来的最高水平。

上有所好，下必甚之。在佛老二教活动日益昌炽的唐代，王公士庶往往陷于其说而不能自拔。但同时，对二教持否定态度者也大有其人。《旧唐书》载，唐德宗（780—804）时，剑南东川观察使李叔明上言，"佛、道二教无益于时，请粗加澄汰"，得到德宗赞同。都官员外郎彭偃献议时说："今天下僧道，不耕而食，不织而衣，广作危言险语，以惑愚者。"还说因为道士"时俗鲜重，乱政犹轻。唯有僧尼，颇为秽杂"，② 故时论所指，重在排佛，且又多有从道家立场上为言。如果说，德宗时官员还从耕织实用的角度来排斥二教的话，那么中唐以后，随着儒学思潮的抬头，反佛老的活动出现了新的面貌。韩愈捍卫儒家之道，"酷排佛氏"（唐李汉语），成为同时代的突出代表。

唐宪宗元和十四年正月，迎凤翔法门寺佛骨至京师，"留禁中三日，乃送诸寺，王公士庶，奔走舍施，唯恐在后"。时任刑部侍郎韩愈上《论佛骨表》，痛斥佛法，震动朝野。其文中心在于明华夷之防，捍卫先王之道。表云："佛本夷狄之人，与中国言语不通，衣服殊制。口不道先王之法言，身不服先王之法服，不知君臣之义、父子之情。"③ 韩愈撰有《原道》一文，试图追寻"道"的本原，是从根本上否定佛老之道，这是儒学运动的关键性文字。《原道》指出，古代为民者四（士农工贾），如今加佛老为六，这便是

---

① 徐松《宋会要辑稿·道释》一之十三，《山堂考索后集》卷六三记此年道士数有小异，页六。
② 刘昫等《旧唐书》卷一二七《彭偃传》，第 3579、3580 页。
③ 刘昫等《旧唐书》卷一六〇《韩愈传》，第 4198、4200 页。

百姓"穷且盗"的原因。又指出,儒家的道德说,是"合仁与义言之",异于杨墨老佛。又引《礼记·大学》篇指出:"古以所谓正心诚意者,将以有为也。"佛老的出世哲学是与儒家倡导的"将以有为"为目的的道德修养截然两分的。韩愈痛斥其乱了纲常:"今也欲治其心而外天下国家,灭其天常,子焉而不父其父,臣焉而不君其君,民焉而不事其事。"《原道》篇还指出了儒家"先王之教"的内容是:"其文《诗》《书》《易》《春秋》,其法礼乐刑政,其民士农工贾,其位君臣父子师友宾主昆弟夫妇,其服麻丝,其居宫室,其食粟米果蔬鱼肉。"并提出了与佛老之道对立的儒家道统说,要"人其人,火其书,庐其居",表达了与佛老势不两立的决心,但实际成效甚微。咸通十四年(873),懿宗再迎佛骨,"采棚夹道,念佛之音震地。……士女云合,威仪盛饰,古无其比"①,侈丽更甚。但韩愈倡导复兴儒学,影响至宋,才得到更为光大的发扬。一般认为韩愈缺乏理论上的建树,如南宋朱熹所论:"盖韩公之学,见于《原道》者,虽有以识夫大用之流行,而于本然之全体则疑其有所未睹。且于日用之间,亦未见其有以存养省察而体之于身也。是以虽其所以自任者不为不重,而其平生用力深处终不离乎文字言语之工。"②虽然不必完全赞同此语,但这也许是韩愈领导的排佛老运动未能取得持续性成效的重要原因之一。

宋初柳开以韩愈的继承者自居,立志要开辟"圣道之途"。他

---

① 刘昫等《旧唐书》卷十九上《懿宗本纪》,第683页。按,自唐太宗贞观五年(631)始,将法门寺所藏的佛指骨舍利迎至皇宫中顶礼膜拜在唐代成为政治传统,前后有七次之多,时间长达二百多年。
② 朱熹《〈与孟尚书书〉考异》,王伯大《别本韩文考异》卷十八,页十,文渊阁《四库全书》本。

在《上大名府王祐学士书》中说，人生有幸与不幸的区别，那些生在中国却"溺为佛老之徒，淫于诞妄之说"者，属于不幸之类。那些"笃道而育德，怀仁而含义"的儒者，方属于"生而幸者"。① 柳开的幸福观，切然以儒家的"道德仁义"为其分野，不愧为一位笃守儒义之士。同时期的王禹偁（954—1001）也是抨击佛老的代表人物，端拱二年（989）正月，他上疏纵论"外任其人，内修其德"之道，揭指"僧道蠹人"的现实，建议朝廷"少度僧尼，少崇寺观"，以厚民力。至道三年（997）五月，他又上疏新即位的真宗，建议"沙汰僧尼，使民无耗"，进而分析了佛教耗费民力的严重后果，斥之为"民蠹"。② 叶梦得《石林燕语》也载："王元之（禹偁）素不喜释氏"，甚至"有伪为元之《请汰释氏疏》"者③。真宗朝大搞"奉祀天书"，群臣多不敢言，"五鬼"之流，推波助澜，喧嚣一时。唯大臣孙奭直言告诫真宗"明皇祸败之迹有足为深戒者"，指出唐明皇时，"今日见老君于阁上，明日见老君于山中。大臣尸禄以将迎，端士畏威而缄默。既惑左道，即紊政经，民心用离，变起仓卒。当是之时，老君宁肯御兵，宝符安能排难邪？"。孙奭"又尝请减修寺度僧"，亦未被采用。④

值得注意的是，不同于前朝或以道反佛，柳开、王禹偁、孙奭

---

① 柳开《上大名府王祐学士书》，《柳开文集》卷五，《宋集珍本丛刊》第一册，第461页。王祐，王旦之父，标点本《宋史》卷二六九本传底本作"王祜"。校勘据《太宗实录》卷四二、《东都事略》卷三十本传等改。
② 王禹偁两疏分别见《长编》卷三十，端拱二年正月乙未；卷四二，至道三年十二月甲寅。
③ 叶梦得《石林燕语》卷十，侯忠义点校，北京，中华书局1984年，第145页。
④ 脱脱等《宋史》卷四三一《孙奭传》，第12804、12805页。按，所谓"五鬼"，是时人对"钦若与丁谓、林特、陈彭年、刘承珪"等五人的浑号，见《宋史·王钦若传》。又，浑号"五鬼"在宋时不止此例。

都是站在儒家立场上立言,以佛老为异端的。三人所论,偏重不同。柳开揭示佛老与儒学思想本质的不同,王禹偁以"厚民力"为出发点,孙奭则以"既惑左道,即紊政经"为用心。他们继承了韩愈的思想,成为北宋持续而阔大的反佛老运动的先声。

第二节　北宋中期反佛老思潮及其特点

唐代排斥佛老二教的议论不少,但如韩愈自觉站在儒家立场上立论者,为数不多,韩愈势孤难支,其复兴儒学的努力终而未果。北宋前期柳开、王禹偁、孙奭等人之议,也属微弱之音。宋仁宗即位以后,抨斥佛老的呼声再度大作,势若倒海,远为唐代以来所未及,同时也是自佛老流行中国以来最深入、最持久的一场反宗教的思想运动。这场运动是北宋中期儒学思潮的重要表现,可以说是自中唐以来儒学运动的自身要求和逻辑发展,也可以说是北宋前期特别是真宗一朝佛老二教昌炽的反响。儒士们或上疏进言于朝廷,或著论立说于私舍,朝野唱和,形成了时代的大合唱。大体说来,对佛老二教的抨斥可以分为外在和内在两种类型。在儒学复兴思潮高涨的宋仁宗时期,前者是主要的表现形式。那些为数众多的复兴儒学的倡导者,也正是这场思想斗争中的活跃人物,如范仲淹、孙复、宋祁、石介、欧阳修、李觏、蔡襄、王令、曾巩、司马光等"新儒",都有攘斥佛老的文字留世。这种外在批判的内容特点,主要表现在如下五个方面:

第一,举儒家道统之旗对抗佛老"异端"

韩愈的道统实质上是他提出的儒学史大纲,宋儒继承此说,倡言儒学而莫不斥及"异端",正是由此立论。孙复《儒辱》篇云:

> 儒者之辱始于战国，杨朱、墨翟乱之于前，申不害、韩非杂之于后，汉魏而下则又甚焉！佛老之徒横乎中国，彼以死生祸福虚无报应为事，千万其端，绐我生民。
>
> 观其相与为群，纷纷扰扰，周乎天下，于是其教与儒齐驱并驾，峙而为三，吁可怪也！
>
> 圣人不生，怪乱不平，故杨墨起而孟子辟之，申韩出而扬雄距之，佛老盛而韩文公排之。

孙复另有《无为指》篇指出造成佛老与儒并驾的原因在于后世帝王"不思虞帝之大德"，"枉引佛老虚无清净、报应因果之说"，且"历代诸儒不能扬孔子之言，辅而明之，俾其炳炳如也。故佛老之徒得以肆其怪乱之说厕于其间，为千古害"。① 石介在捍卫儒家道统以对抗佛老方面说得最为直截了当，他在《上刘工部书》中批责对方佛老与儒"三教皆可尊"的论调，驳议云：

> 夫自伏羲、神农、黄帝、尧、舜、禹、汤、文、武、周公、孔子至于今，天下一君也，中国一教也，无他道也。今谓吾圣人与佛老为三教，谓佛老与伏羲、神农、黄帝、尧、舜俱为圣人，斯不亦骇矣！

如前述，宋真宗就曾赞赏过"三教"劝人为善之旨，则石介此语也就不单针对刘某而言。石介又有《怪说》三篇，指斥"三怪"，佛、老占其二。对于圣人不生，他深为痛惜，不避祸之将至的警告，

---

① 孙复《儒辱》《无为指》，《孙明复小集》页三七、二一。

"跃起身数尺,瞋目作色应之曰:孔子,大圣人也,手取唐、虞、禹、汤、文王、武王、周公之道,定以为经,垂于万世",呵斥"三怪"坏乱破碎了"圣人之道"。① 石介去世后,欧阳修还作诗称赞石介"大论叱佛老,高声诵虞唐"②,予以很高评价。王令《书墨后》一文比较了佛、老与杨、墨的异同,认为杨朱近老,墨翟近佛,二者之害,老轻于佛。又云:"道之不行,自文、武而来,其已远矣!然仲尼之后,数十年而墨,墨数年而秦,秦数十年而老,老数百年而佛,佛今千有余年矣!而其间特力独抗,拨邪说而自正者,财孟与韩二人尔。然又身立无由,道不及天下,财空言以待后世。"③ 是把孟子和韩愈当成儒家道统的传承人。

平心而论,数子反佛老之论,并无太多的新意。追述儒学与"异端"斗争的历史,早有《孟子·滕文公下》篇云:"天下之言不归杨则归墨。"扬雄《法言·吾子》篇也说过:"古者杨墨塞路,孟子辞而辟之。"韩愈《与孟尚书书》亦有云:"释老之害,过于杨墨。"但是,北宋中期的新儒们不再"特力独抗",也非"空言以待后世",而是群力奋争,针对现实,大声疾呼,皆抱振兴儒学、继承孟韩的雄心。

第二,以儒家的入世抱负来对抗佛老逃避现实的出世思想

孙复《儒辱》说:"仁义不行,礼乐不作,儒者之辱欤!夫仁义礼乐,治世之本也,王道之所由兴,人伦之所由正,舍其本则何

---

① 石介《上刘工部书》《怪说》,《徂徕石先生文集》卷十三、五,第153、63页。按,刘工部,当指刘隋,大中祥符元年曾任工部员外郎。
② 欧阳修《古诗·镇阳读书》,《居士集》卷二,《欧阳修全集》,第14页。
③ 王令《书墨后》,《王令集》卷十三,第246页。文中说:"杨氏为我,拔一毛利天下不为,岂老之谓邪?墨氏明鬼,尚同,摩顶放踵而为之,则佛矣。"有强解意味。

所为哉?"儒家以"助人君顺阴阳,明教化"为本分,是与治道紧密结合的,也就是韩愈所说的"将以有为也",这与逃避社会的佛老有着本质的区别。范仲淹于天圣五年上书执政,指缁黄之徒为"天下之大蠹",要求限制佛老二教的发展,以成"养茕独,助孝悌之风",并揭露说:

> 释道之书,以真常为性,以清净为宗,神而明之,存乎其人,智者尚难于言,而况于民乎?君子弗论者,非今理天下之道也。其徒繁秽,不可不约。①

"非今理天下之道",佛老本来就不是用来治理天下的。王令曾撰文驳斥柳宗元(773—819)所说的浮图"往往与《易》《论语》合,其于情性,奭然不与孔子异道"的观点:

> 夫《易》自乾、坤以及未济,皆人道之始终,圣贤君子之出处事业,至于次第配类,莫不伦理。故孔子原圣人设卦之因而《系辞》之。……而皆不若浮图氏弃绝君臣、拂灭父子、断除夫妇之说。若《论语》二十篇,大率不过弟子问仁、问政、问为邦、问患盗之类尔。②

王令认为,圣人之道,存在于"人道"的纲常之中。李觏有《潜书》《富国策》等,均极言佛老之弊。《潜书》有云:

---

① 范仲淹《上执政书》,《范文正公集》卷八,第62页。
② 王令《代韩退之答柳子厚示浩初序书》,《王令集》卷十六,第282页。

> 事亲以孝，事君以礼，圣人以是师天下也。佛之法曰：必绝而亲，去而君，剔发而胡衣，捐生以事我，其获福不知所尽。此独何欤？受亲之体而不养于其侧，食君之田而无一拜之谒，家有叛子而族人爱之，邦有傲民而吏不肯诛，以佛之主其上也。纣为诸侯逋逃主，而诸侯伐之；佛为天子逋逃主，而天子未尝怒。哀哉！

对于容忍佛法违反人伦和有损国家的行为，李觏深感痛惜。该文还揭露了"浮屠之仁"的虚伪，他说，鸡豚狗彘，为人所养，为人所用。人若不养，则无遗种，这就等于"不杀其身而务绝其类"。他又续撰《广潜书》，指斥浮屠法"有功于惰，有功于恶，有功于末作且宠奇货"，"宜乎其排之而不见听也"。①李觏在《富国策》中，批驳有人认为释老"修心养真，化人以善，或有益于世"的论调说："所谓修心化人者，舍吾尧舜之道，将安之乎？彼修心化人而不由于体，苟简自恣而已矣。……无父无君，不忠不孝，况其弗及者，则罪可知矣。"②又说："儒失其守，教化坠于地。凡所以修身正心，养生送死，举无其柄。天下之人若饥渴之于饮食，苟得而已。当是时也，释之徒以其道鼓而行之，焉往而不利？"③让尧舜之道充盈内心，守住儒家的教化，才可抵挡住释家的鼓行。

欧阳修所撰《本论》是北宋中期最富战斗性的辟佛著作之一，中心在于为儒家礼义之说张帜。是论着力分析了佛法传入中国以及"扑而愈炽"的原因，提出了"修其本以胜之"的方法。《本论》上

---

① 李觏《潜书》第十、《广潜书》第五，《李觏集》卷二十，第218、223页。
② 李觏《富国策》第五，《李觏集》卷十六，第140页。
③ 李觏《建昌军景德寺重修大殿并造弥陀阁记》，《李觏集》卷二四，第260页。

篇云：

> 尧舜三代之际，王政修明，礼义之教充于天下，于此之时，虽有佛，无由而入。及三代衰，王政缺，礼义废，后二百余年而佛至乎中国。由是言之，佛所以为吾患者，乘其缺废之时而来，此其受患之本也。补其缺，修其废，使王政明而礼义充，则虽有佛，无所施于吾民矣。

《本论》述三代之政，井田之法，礼义之教，莫不具备，进而据儒家经典做了详尽的理想描述。论中指出，"王道中绝"之后，佛教乘隙而入，以致"民之沉酣入于骨髓，非口舌之可胜"，于是提出"莫若修其本以胜之"。这个"本"就是内心强大的思想力量，"礼义者，胜佛之本也"。他比喻说，一个被甲荷戟、勇盖三军的八尺之夫，见佛则拜，闻佛之说则有畏慕之诚，原因正在于"中心茫然无所守而然也"。相反，一个眇然柔懦、进趋畏法之士，闻佛则义形于色，并欲驱而绝之，原因是"学问明而礼义熟，中心有所守以胜之也"，所以欧阳修得出结论说："使天下皆知礼义，则胜之也。"① 欧阳修的《本论》是继韩愈《原道》之后的反佛名篇，意思更深一层。

第三，揭露佛老二教对社会生活的严重危害

韩愈抨斥佛老危害社会，是造成人民"穷且盗"的原因，宋儒对此做了更为有力和全面的揭露。范仲淹天圣五年在《上执政书》

---

① 欧阳修《本论》上篇，《居士集》卷十七，《欧阳修全集》，第121—124页。《本论》共两篇，上篇述"其患之所自来"，下篇述"修其本以胜之"之法。

中揭露:"其天下寺观,每建殿塔,蠹民之费动逾数万。"李觏著《富国策》,总结了佛老二教种种危害说"缁黄存则其害有十,缁黄去则其利有十":

> 男不知耕而农夫食之,女不知蚕而织妇衣之,其害一也;男则旷,女则怨,上感阴阳,下长淫滥,其害二也;幼不为黄,长不为丁,坐逃徭役,弗给公上,其害三也;俗不患贫而患不施,不患恶而患不斋,民则以殚,国用以耗,其害四也;诱人子弟,以披以削,亲老莫养,家贫莫救,其害五也;不易之田,树艺之圃,大山泽薮,跨据略尽,其害六也;营缮之功,岁月弗已,驱我贫民,夺我农时,其害七也;材木瓦石,兼收并采,市价腾踊,民无室庐,其害八也;门堂之侈,器用之华,刻画丹漆,末作以炽,其害九也;惰农之子,避吏之猾,以佣以役,所至如归,其害十也。

所列十害,囊括了社会的各个方面,正常的社会生活和人伦关系均遭到全面的破坏,所以需要"去十害而取十利,民人乐业,国家富强,万世之策也"。① 对于佛老"蚕食虫蠹之弊"(欧阳修语),曾巩也忿忿以为言,撰《兜率院记》斥佛:"百里之县,为其徒者,少几千人,多至万以上。宫庐百十,大抵穹埠奥屋,文衣精食,舆马之华,封君不如也。"又撰《仙都观三门记》揭道宫之侈过度:"老子之教行天下,其宫视天子或过焉。"② 他在《上欧阳舍人书》中指

---

① 李觏《富国策》第五,《李觏集》卷十六,第141页。
② 曾巩《兜率院记》《仙都观三门记》,《曾巩集》卷十八、十七,陈杏珍、晁继周点校,北京,中华书局1981年,第289、274页。

出:"裕民"为"当世之急",而立国八九十年,"靡靡然食民之食者,兵、佛、老也",① 佛老占其二,进而提出了解决问题的方法。

第四,申明华夷大防,所谓"内诸夏而外夷狄"

"华夷之辨"是先秦时期就已存在的命题,儒家历来都十分看重。或以地域分,所谓"内诸夏而外夷狄";② 或以文化分,诸夏(中国)是"礼义"之邦,如《论语·八佾》篇记孔子所言:"夷狄之有君,不如诸夏之无也。"宋儒更多是从文化的角度来阐释这点的,即便是讲地域,也是说华夏所居的"天地之中"是文化的中心。

申言儒家"内诸夏而外夷狄"的华夏中心说,斥论佛、老坏乱了中国的礼法文化,石介名篇《中国论》最有代表性,其文云:

> 居天地之中者曰中国,居天地之偏者曰四夷。
>
> 仰观于天,则二十八舍在焉;俯观于地,则九州分野在焉;中观于人,则君臣、父子、夫妇、兄弟、宾客、朋友之位在焉。非二十八舍、九州分野之内,非君臣、父子、夫妇、宾客、朋友之位,皆夷狄也。……苟天常乱于上,地理易于下,人道悖于中,国不为中国矣。
>
> 闻乃有巨人名曰"佛",自西来入我中国;有庞眉名曰"聃",自胡来入我中国。各以其人易中国之人,以其道易中国之道,以其俗易中国之俗,以其书易中国之书,以其教易中国

---

① 曾巩《上欧阳舍人书》,《曾巩集》卷十五,第 235 页。
② 《春秋公羊传·成公十五年》:"《春秋》内其国而外诸夏,内诸夏而外夷狄。王者欲一乎天下,曷为以外内之词言之,言自近者始也。"《十三经注疏》下册,北京,中华书局 1980 年影印,总第 2297 页。

之教。①

接下还列举了其居庐、其礼乐、其文章、其衣服、其饮食、其祭祀皆与中国不同。这是一篇典型的申明华夷大防的文章,有意思的是,道教教主老聃(老子)也被认作自"胡"而来了。欧阳修《本论》也强调了"佛为夷狄,去中国最远"这一观点。曾巩撰《说非异》亦斥佛教说:"浮屠崛起西陲荒忽枭乱之地,假汉魏之衰世,基僭迹,文诡辩,奋丑行。至晋梁,破正擅邪,鼓行中国。……妄然使天下混然不知是非治乱之所存,为言动居处皆变诸夷狄。"② 将佛老视为夷狄,主要就是站在捍卫诸夏礼义文化的立场上而言的。凡此诸言,都可以说是袭韩愈之意又从而深论,不是简单地"人其人,火其书,庐其居"了。

宋祁认为,"佛"为西方之达人,"与中国老聃、庄周、列御寇之言相出入",属于"诸子"一类。他在《庭戒诸儿》中论儒、佛、道三家短长,自谓"世为儒",认为儒家可以吸纳道家所尚如"清净柔弱"而无害,特别批评"自远方流入中国"的佛家是"其言荒茫夸大"。③ 他在《新唐书》中,指斥佛家攘庄、列之说:

> 若佛者,特西域一槁人耳。……其言荒茫漫靡,夷幻变现,善推不验无实之事,以鬼神死生贯为一条,据之不疑。掊嗜欲,弃亲属,大抵与黄老相出入。至汉十四叶,书入中国。

---

① 石介《中国论》,《徂徕石先生文集》卷十,第116页。
② 曾巩《说非异》,《曾巩集》卷五一,第697页。
③ 宋祁《宋景文公笔记》中、下,上海师大古籍所编《全宋笔记》第一编第五册,第61、70页。

迹夫生人之情，以耳目不际为奇，以不可知为神，以物理之外为畏，以变化无方为圣，以生而死、死复生，回复赏报，歆艳其间为或然，以贱近贵远为喜。鞮译差殊，不可研诘。华人之谲诞者，又攘庄周、列御寇之说佐其高。层累架腾，直出其表。以无上不可加为胜，妄相夸胁而倡其风。于是，自天子逮庶人，皆震动而祠奉之。①

宋祁此说，受到朱熹的赞赏。朱子说："宋景文《唐书·赞》，说佛多是'华人之谲诞者，又攘庄周、列御寇之说佐其高'，此说甚好。如欧阳公只说个礼法，程子又只说自家义理，皆不见他正赃，却是宋景文捉得他正赃。"佛家攘取庄、列之说，方得以流行中国，正是宋祁（谥号景文）见解的独到之处，朱子意颇同此，所以他说"佛书分明是中国人附益"，"剽窃老庄，取列子为多"②，认为是抓住了佛教的要害。

第五，以"奉佛无效"之验证排击奉佛

奉佛本为求福，然而并无明验。庆历四年六月，开宝寺灵宝塔焚毁，朝廷遣人发掘塔基，取旧瘗舍利入宫，或言"舍利能出光怪，必有神灵所凭"，谏官余靖上言斥之为"妄言"："佛为外方之教，理天下者所不取也。……塔不能自卫，为火所毁，又何福可庇于民哉？……昔梁武帝造长干塔时，舍利亦常有光，及台城之败，何能致福？视此可以监矣！"③ 这就是俗言"泥菩萨过河——自身难

---

① 欧阳修、宋祁《新唐书》卷一八一《李蔚传·赞》，第5355页。
② 黎靖德编《朱子语类》卷一二六《释氏》，王星贤点校，北京，中华书局1986年，第3008、3038页。
③ 李焘《长编》卷一五〇，庆历四年六月丁未。按，台城之败，南朝梁武（转下页）

保"了。蔡襄也上《乞置迎舍利疏》，极言奉佛无效史有明证：

> 奉佛无效，前世甚多。臣窃见唐文宗时，常令僧百人于宫中念诵，谓之内道场。每有西蕃入寇，令讲《仁王经》，以至人事不修，羌戎犯阙。至今言人历纪纲弛坏，皆由事佛之致也。①

前引宋祁《新唐书·李蔚传·赞》中也举史为例，极言事佛非但无效，且为大弊，说：唐代宗时"始作内道场，昼夜梵呗，冀禳寇戎"，反而"为贼臣嗤笑"。宪宗迎佛骨于凤翔，韩愈指言其弊被放逐，结果宪宗本人亦"弗获天年"。懿宗"精爽夺迷，复陷前车而覆之"，再迎佛骨，然而却"不三月而徂"。虽论唐事，但对现实不无所指，反佛的态度十分明确。

上继韩愈之反佛老，宋仁宗时期反佛老思潮声势浩大，诸儒从不同的角度抨斥佛老，以上五个方面实际上是连为一体的。唐代排佛老之议至韩愈振臂一呼，形成高潮。又依皇帝的喜好，反复不定。唐人之排佛老者，多为朝廷官僚，以佛老害政耗民为主要出发点。其中又多有以道排佛者，唐武宗（841—846）信道毁佛，时执政者李德裕也偏爱道教而不喜释氏便是一个突出例子。② 宋仁宗时

（接上页）帝萧衍笃信佛教，不理朝政，结果引起侯景之乱。太清三年（549）三月，侯景攻入京城，围萧衍于台城（宫城），萧衍郁死。
① 蔡襄《乞置迎舍利》之二，《端明集》卷一六，页六，文渊阁《四库全书》本。按，《仁王经》，又叫《仁王护国般若波罗蜜多经》《仁王般若经》，晋以来多次翻译，唐僧人不空（705—774）有新译。该经讲述"仁王护国"之道，唐代有过多次讲诵《仁王经》的法会，为国祈福祛灾。
② 陈善说："会昌之政，德裕内之，其深信道家之说，恐非但武宗之意。"（转下页）

期，反佛老的声浪高涨，所持论更多是从捍卫儒家"圣道"的立场出发，弘扬儒学精神，千万舆论声势，非如韩愈之孤军作战。这个时期攘斥佛老者，既有朝廷显要，又有"羁栖山岩"之士，形成朝野唱和的新局面。一方面固然不乏上表进谏之事，但更多则是撰文论著，表现出儒士们沉静深刻的思考。可以说，复兴儒学、排斥"异端"已成为广大朝野士人具有自觉和信心的时代思潮。

韩愈有"人其人，火其书，庐其居"的激烈之辞，宋儒在研讨"胜佛之法"中表现得更加成熟。范仲淹天圣五年《上执政书》提出限制佛老发展的措施："苟有罪戾或父母在鲜人供养者"不许受度，寺观殿塔"止可完旧勿许创新"，对"度人"设定严格限制。李觏提出更为严厉的措施："欲驱缁黄，则莫若止度人而禁修寺观。止度人，则未度者无所待而皆罢归矣。禁修寺观，则已度者不安其居而或罢归矣。其不归者，后数十年物故尽矣。"[①] 曾巩同样认为："佛老也，止今之为者，旧徒之尽也不日矣，是不召怨与戾而易行者也。"[②] 停止剃度，只是一种"物理"方法，欧阳修则提出了从思想根源上战胜佛老的方法，这就是前引《本论》下篇所提出的"修其本以胜之"：

> 今将号于众曰：禁汝之佛而为吾礼义，则民将骇而走矣。莫若为之以渐，使其不知而趣焉可也。

（接上页）见《扪虱新话》卷十《唐武宗、李德裕深信道家之说》，上海师大古籍所编《全宋笔记》第五编第十册，第80页。李德裕是否"深信"道家之说可以研究，但会昌毁佛是在时任宰相的他的支持下进行的。
① 李觏《富国策》第四，《李觏集》卷十六，第138页。
② 曾巩《上欧阳舍人书》，《曾巩集》卷十五，第235页。

> 今尧舜三代之政,其说尚传,其具皆在,诚能讲而修之,行之以勤而浸之以渐,使民皆乐而趣焉,则充行乎天下,而佛无所施矣!《传》曰"物莫能两大",自然之势也。奚必曰"火其书而庐其居"哉!

强调不能简单对待佛老问题,要"为之以渐"而非断然毁禁佛老,这大概是宋儒所认为的更为可取的方式。

与此同时,宋朝政府的宗教政策发生了若干变化,虽然礼敬二教的形式仍基本保持,但却采取了一系列的限制措施。与前三朝不同,仁宗朝少特恩普度之举,且多次下令裁减度僧道人数。据《续资治通鉴长编》载:天圣三年(1025)正月乙未,开封府请长宁节度僧道三百八十人,诏止度三百人;天圣五年九月,依枢密直学士李及言"比岁天下滥度僧",遂命出家者"须亲属诣在所召保官"方可;天圣九年(1031)五月己未,诏长宁节度僧道,旧制三百人放一人者增至四百人,一百人放一人者增至二百人;明道二年(1033)十月甲辰,因有僧集徒为盗,"且比岁变度僧道皆游惰之人",乃命"详定裁减天下岁度僧道人数";景祐元年闰六月乙亥,下令"毁天下无各额寺院"。凡此种种,使滥度僧道有所收敛。又,旧例岁遣中使往道教名山洞府投"金龙玉简",颇为州郡之扰。天圣中下令裁减,仅保留二十处,"所罢处不可悉记"。[①] 仁宗时期新创或修复寺观的情况也大为减少,更无北宋前期的侈丽崇饰活动。毁于雷电的前期所修玉清昭应宫、上清宫等规模宏大的道观和开宝寺佛塔等均未修葺。据李焘《长编》所载,抑制佛老势力的措施还

---

① 范镇《东斋记事》卷一,汝沛点校,北京,中华书局1980年,第4页。

有如：天圣元年（1023）二月，礼仪院裁定减损了真宗时所定各类节日庆典规模，又于三月减少玉清昭应宫、景灵宫、会灵观、祥源观等宫观的清卫卒；天圣二年（1024）六月壬申，罢天庆、天祺、天贶、先天、降圣节宫观燃灯；① 天圣七年（1029）六月，宫灾频发，"以不复修宫之意谕天下"，接着"罢辅臣所领诸宫观使名"；② 康定元年（1040）八月戊戌，宣布"罢天下寺观用金箔佛像"。如此种种，固然有减少财政支出的考虑，但仁宗时期对佛老如此广泛的限制，是北宋以来所没有的。

应该指出，限制佛老二教发展的措施多半是仁宗在位的前期所采取的，庆历之后限制似有放松，仁宗本人始终没有放弃崇祀佛老的态度。与真宗时群臣附和君上有所不同，宫廷的崇祀活动也始终受到朝廷重臣的反对：天圣七年六月，真宗时"竭天下之力"修成的玉清昭应宫被雷电摧毁，三千六百一十楹"一夕延燔殆尽"，太后有意重建，枢密副使范雍和宰相王曾、吕夷简等皆上言，反对再造；天圣八年三月，仁宗批准了赴陕西购材木九万四千余条以修太一宫、洪福院等的计划，时任通判河中府的范仲淹立即上言，要求"罢修寺观"；③ 景祐三年（1036）七月，刘太后以私房钱新作延庆观，违反了罢修寺观的禁令，谏官、御史提出异议，仁宗以"奁中物"为太后辩解，参知政事宋绶进言，坚持主张应该遵守已颁行的法令。④ 前面所言宋仁宗时期对佛老采取的广泛限制措施，正是在

---

① 李焘《长编》卷一百，天圣元年二月庚申、三月甲申；卷一百二，天圣二年六月壬申。
② 李焘《长编》卷一百八，天圣七年六月丁未、七月乙丑、七月乙酉。
③ 李焘《长编》卷一百八，天圣七年六月丁未；卷一百九，天圣八年三月庚辰。
④ 李焘《长编》卷一一九，景祐三年七月己卯。

儒臣们的群起反对下制订的政策。仁宗末年，陈襄指出"儒学虽盛而释老二氏源流益炽"的事实，要求限制寺观人数的膨胀说："乞自今以后在京诸州军寺观及每年试经拨放人数，只以旧额为定，一依庆历编敕。"① 司马光也上《论寺额札子》，对于仁宗特赐"自来未有名额"的寺观名额之举深表不满，指出"释老之教，无益治世"为人们所共识，"国家明著法令，有创造寺观一间以上者，听人陈告，科违制之罪，仍即时毁撤"，如今反而"锡上宠名，是劝之也"。②

可以认为，仁宗朝特别是仁宗前期对佛老采取的限制措施与排斥佛老的儒学思潮关系甚大。这样一个事实不容忽视：僧道人数于真宗天禧五年总数为四十七万多，神宗元丰年间总数为二十四万，③一直处于下降趋势，这当然不是偶然的。儒士们与佛老势力之间展开了长久的较量，张载、二程等理学家的登场，使儒、释、道"三教"的关系出现了新的格局。

第三节 理学家之辟佛老

被朱熹等推为理学正宗的北宋五子周敦颐、邵雍、张载、程

---

① 陈襄《乞止绝臣僚乞创造寺观度僧道状》，《古灵集》卷五，页十九，文渊阁《四库全书》本。
② 司马光《论寺额札子》，原载《司马公文集》卷二四，据曾枣庄、刘琳主编《全宋文》第1183卷，第54册，第292页。
③ 部分数据如下：真宗天禧五年僧道总数计近四十六万（《山堂考索后集》卷六三）；宋仁宗景祐元年总数为四十四万多（同上）；庆历二年（1042）总数为四十一万多（同上）；嘉祐三年（1058）总数为三十一万多（陈襄《乞止绝臣僚乞创造寺观度僧道状》）；宋神宗熙宁元年（1068）僧尼为二十五万多，道士女冠未计（《佛祖统纪》卷四六）；熙宁十年（1077）总数为二十五万多（《宋会要辑稿·道释》一之十四）；元丰（1078—1085）时总数为二十四万（庞元英《文昌杂录》卷一）。以上数据，或据原书数，或据原书统计。

颢、程颐主要活动于北宋英宗、神宗、哲宗时期。理学是儒学复兴运动的产物，它作为一独立的学术流派的形成，最早也是北宋中叶以后的事。在北宋儒学复兴思潮的百家争鸣中，各人的见解不尽相同，甚至有很大的差异，然而试图使儒家学说重新成为社会生活的最高准则，却又是儒学复兴运动各派包括后起的理学的共同目标。对于佛老二教的态度，理学家与其他新儒者之间有着微妙的区别。朱熹早说过："本朝欧阳公排佛，就礼法上论，二程就理上论。"①钱穆说："北宋诸儒乃外于释老而求发扬孔子之大道与儒学之正统，理学诸儒则针对释老而求发扬孔子之大道与儒学之正统。"② 大体是相同的意思。礼法与义理的区别，一是外在，一是深入其中，也就是前面所说的外在批判与内在批判。欧阳修、李觏等人虽然从根本上来说是站在捍卫儒家圣道的立场，但难免多着眼于政治经济之社会效用，未能从理论上击溃佛老二教，如程先生所谓"攻之者执理反出其下"，朱子认同这点说："吾儒执理既自卑污，宜乎攻之而不胜也。"③ 以致出现了如陈襄所说"国家承平百年，儒学虽盛而释老二氏源流益炽"④ 的局面。这一点，曾巩就曾有所发现，揭示说："佛之徒，自以为吾之所得者内，而世之论佛者皆外也，故不可诎。"⑤ 这个"内"，是指内省所得之学理，曾巩竭力证明，"圣人之内"早就存在了，只是没有被认识到。南宋叶适总结北宋儒释彼消此长的过程时说："本朝承平时，禅说尤炽，儒释共驾，异端会同。

---

① 黎靖德编《朱子语类》卷一二六《释氏》，第3038页。
② 钱穆《朱子学提纲》之五，《朱子新学案》，第14页。
③ 黎靖德编《朱子语类》卷一二六《释氏》，第3010页。
④ 陈襄《策题六道》之四，《古灵集》卷十三，页六。
⑤ 曾巩《梁书目录序》，《曾巩集》卷十一，第177页。

其间豪杰之士,有欲修明吾说以胜之者,而周、张、二程出焉,自谓出入于佛老甚久,已而曰'吾道固有之矣'。……大抵欲抑浮屠之锋锐,而示吾所有之道若此。"① 李泽厚曾论此说:"真能入室操戈,吸收改造释道哲理,进行内在批判的,则要等到宋明理学了。"② 北宋理学五子对佛老的态度各有特点,但是对于佛老二教,理学家在本质上是排斥的。其中以张载和二程的抨斥最为有力,下面以他们为代表,揭示理学家们对佛老进行的"内在批判"亦即朱熹说的"就理上论"的特色。

张载(1020—1077)是郿县(今陕西眉县)横渠镇人,被称为横渠先生。讲学关中,其学称为"关学",为理学的重要学派。张载著有《正蒙》十七篇,其门人范育在《正蒙序》中,论述了《正蒙》写作的思想背景:

> 自孔孟没,学绝道丧千有余年,处士横议,异端间作,若浮屠、老子之书,天下共传,与六经并行。而其徒侈其说,以为大道精微之理,儒家之所不能谈,必取吾书为正。世之儒者亦自许曰:"吾之六经未尝语也,孔孟未尝及也",从而信其书,宗其道,天下靡然同风,无敢置疑于其间,况能奋一朝之辩,而与之较是非曲直乎哉!子张子……闵乎道之不明,斯人之迷且病,天下之理泯然其将灭也,故为此言与浮屠、老子辩。③

---

① 叶适《习学记言序目》卷四九,北京,中华书局 1977 年标点本,第 740 页。
② 李泽厚《宋明理学片论》,《中国古代思想史论》,北京,人民出版社 1986 年,第 221 页。
③ 范育《正蒙序》,《张载集》,章锡琛点校,北京,中华书局 1985 年,第(转下页)

六经未语、孔孟未及，儒学在理论上的"欠缺"使得佛老之书流行天下。张载在《正蒙·乾称篇》中也指出这种存在已久的儒学危机说："自其（按，指佛教）说炽传中国，儒者未容窥圣学门墙，已为引取，沦胥其间，指为大道。……上无礼以防其伪，下无学以稽其弊。自古诐、淫、邪、遁之词，翕然并兴，一出于佛氏之门者千五百年。"① 张载与佛老针锋相对，申明"大道精微之理"，阐发儒义，写下了《正蒙》等力辟"异端"的覃思之作。

道教追求长生，认为有生于无，以无为本；佛教以万物为空幻，生死轮回，陷溺苦海，臆想涅槃，企求解脱。二者都是对现实人生和客观社会的否定。对待生死，《论语》第十一篇《先进》载孔子语："未知生，焉知死？"事实上是对盲目崇祀未知世界的否定。张载《西铭》说：

> 存，吾顺事；没，吾宁也。

表现出了儒家对宇宙人生的坦然态度，与二教截然不同。《正蒙·太和篇》批斥二教说：

> 彼语寂灭者往而不反，徇生执有者物而不化，二者虽有间矣，以言乎失道则均焉。

前者指佛教，后者指道教，二者教义虽有差异，但与儒家重视"人

（接上页）4、5页。原载吕祖谦编《宋文鉴》卷九一，第1284页。
① 张载《正蒙》第十七《乾称篇》，《张载集》，第64页。

道"、献身社会的学说却都是格格不入的,"失道",失儒家之道也。

佛老否定现实生活,追求人事之外的"彼岸",此即佛老"天人二本"的理论基础。张载抬出《周易》作为哲学批判的武器,撰《横渠易说》,其中说:"天人不须强分,《易》言天道,则与人事一滚论之。"① 他在《正蒙·诚明篇》也强调说"性与天道合一",性即人性,简言就是"天人合一"。② 《正蒙·乾称篇》进而驳斥释氏说:

> 释氏语实际,乃知道者所谓诚也,天德也。其语到实际,则以人生为幻妄,以有为为疣赘,以世界为荫浊,遂厌而不有,遗而弗存。就使得之,乃诚而恶明者也。儒者则因明致诚,因明致诚,故天人合一,致学而可以成圣,得天而未始遗人,《易》所谓不遗、不流、不过者也。彼语虽似是,观其发本要归,与吾儒二本殊归矣。道一而已,此是则彼非,此非则彼是,固不当同日而语。③

释家将人生看作本不存在的"幻妄",与"吾儒"(即"知道者")所追求的成圣之道全然不同。在《正蒙·太和篇》中,张载又斥老氏道教崇尚的"有生于无"自然之论为非穷理之学:

---

① 张载《横渠易说·系辞下》,《张载集》,第232页。
② 张载《正蒙》第六《诚明篇》,《张载集》,第20页。参见陈俊民《张载哲学思想及关学学派》本论一"张载关学主题论",北京,人民出版社1986年,第52—66页;李泽厚《宋明理学片论》之一,《中国古代思想史论》,第223—226页。
③ 张载《正蒙》第十七《乾称篇》,《张载集》,第65页。《中庸》说:"诚者,天之道也;诚之者,人之道也。诚者,不勉而中,不思而得,从容中道,圣人也。"诚是天地人之本原、终极之意。

> 若谓虚能生气，则虚无穷，气有限，体用殊绝，入老氏"有生于无"自然之论，不识所谓有无混一之常。
>
> 气之聚散于太虚，犹冰凝释于水，知太虚即气，则无无。故圣人语性与天道之极，尽于参伍之神变易而已。诸子浅妄，有有无之分，非穷理之学也。

《正蒙·大易篇》指称："《大易》不言有无，言有无，诸子之陋也。"所谓"有无混一"即乃"天人合一"，此与佛老"天人二本"论截然划分开来，这是张载辟斥佛老之"理"的核心。其辟斥之言尚多，此未能尽列，姑引范育《正蒙序》所举要点说明之：

> 浮屠以心为法，以空为真，故《正蒙》辟之以天理之大，又曰："知虚空即气，则有无、隐显、神化、性命通一无二。"
>
> 《老子》以"无为"为道，故《正蒙》辟之曰："不有两则无一。"
>
> 至于谈死生之际，曰"轮转不息，能脱是者，则无生灭"，或曰"久生不死"，故《正蒙》辟之曰："太虚不能无气，气不能不聚而为万物，万物不能不散而为太虚。"

太虚即气，聚散乃常，范育是言，揭其要害。张载是主张"气一元论"者，"气"为宇宙之本原，衍化万物，这是唯物论的观点，与佛老唯心论相对立，哲学史家对此论述甚为精详，不庸赘言。

程颢（1032—1085）、程颐（1033—1107）兄弟对佛老二教的排斥态度也是十分明确的。明道言儒学史说："杨、墨之害甚于申、韩，佛、老之害甚于杨、墨。杨氏为我，疑于仁；墨氏兼爱，疑于义。申、韩则浅陋易见，故孟子只辟杨、墨，为其惑世之甚也。佛、老，其言近理，又非杨、墨之比，此所以害尤甚。"① 在二程看来，佛、老之教"近理"，故而"惑世"更甚，为害也就更甚。二教中，"浮屠之术，最善化诱，故人多向之"，"异教之害，道家之说则更没可辟，唯释氏之说衍蔓迷恋溺至深，今日释氏盛而道家萧索"，"道家之说，其害终小。惟佛学今则人人说之，弥漫滔天，其害无涯"。② 故其矛头主要对准佛教。

二程视"理"为宇宙万物的本原，发明"天理"，认为"万物皆只是一个天理"，它是一个"不为尧存，不为桀亡"③ 的永恒存在，释氏自然昧此，故程氏说："圣人致公，心尽天地万物之理，各当其分。佛氏总为一己之私，是安得同乎？圣人循理，故平直而易行。异端造作，大小大费力，非自然也，故失之远。"④ 在二程看来，佛氏离"天地万物之理"是太远了。针对释氏"理障"之说，二程驳云："天下只有一个理，既明此理，夫复何障？若以理为障，则是己与理为二。"⑤ 天人同合于一理之中，本是二程思想的核心，认为"释氏说道，譬之以管窥天，只务直上去，惟见一偏，不见四旁，故皆不能处事"。⑥ 佛家讲"成、住、坏、空"，二程驳之：

> 释氏言成、住、坏、空，便是不知道。只有成、坏，无住、空。且如草木初生既成，生尽便枯坏也。他以谓如木之

---

① 《河南程氏遗书》卷十三，《二程集》，第138页。
② 《河南程氏遗书》卷二下、二上、一，《二程集》，第50、38、3页。
③ 《河南程氏遗书》卷二上，《二程集》，第30、31页。
④ 《河南程氏遗书》卷十四，《二程集》，第142页。
⑤ 《河南程氏遗书》卷十八，《二程集》，第196页。
⑥ 《河南程氏遗书》卷十三，《二程集》，第138页。

生，生长既足却自住，然后却渐渐毁坏。天下之物，无有住者。婴儿一生，长一日便是减一日，何尝得住？①

佛家以"成住坏空"为人事要经历的四个阶段（劫难），程氏以为事物总是处在消长盈亏之中，没有停止之时（住），更不认为宇宙万物会归于寂灭（空），故而指出："曰成、坏则可，住与空则非也。……是它本理只是一个消长盈亏耳，更没别事。"②与释氏所说之"道"自然有很大不同。

以上皆是从"理"上说，当然还有很多。二程驳斥释氏的论点，有两个重要内容：一是揭其毁弃人伦的"出世"说，二是揭其畏怖生死的"轮回"说。二程首先肯定现实生活中既有的社会秩序，从而与否定现实世界的宗教理论截然对立。二程固守儒家学说本分，以君臣、父子、兄弟、朋友之道"不可须臾离"，认为佛氏"毁人伦，去四大，其分于道也远矣。……吾道则不然，率性而已。斯理也，圣人于《易》备言之"，把《周易》作为批判佛氏的理论武器。

佛氏的"出世"说，是要离开这个有形的世界，跳出三界和六道轮回的循环，到达永生涅槃的境界，就要出家到远离凡间的寺院中去修炼。二程揭斥云：

其术，大概且是绝伦类，世上不容有此理。又其言待要出世，出那里去？又其迹需要出家，然则家者，不过君臣、父

---

① 《河南程氏遗书》卷十八，《二程集》，第195页。
② 《河南程氏遗书》卷二，《二程集》，第35页。本段内容，承蒙王邦维、段玉明二先生指点，致谢！

子、夫妇、兄弟,处此等事,皆以为寄寓,故其为忠孝仁义者,皆以为不得已尔。又要得脱世网,至愚迷者也。①

又说:"释氏自己不为君臣、父子、夫妇之道,而谓他人不能如是,容人为之而己不为,别做一等人,若以此率人,是绝类也。"逃父出家,这就是"绝人伦"。率人走向"绝类"的境地,在二程看来,人世间如何"容有此物"?② 二程语云:

> 问:"恶外物,如何?"曰:"是不知道者也。物安可恶?释氏之学便如此,释氏要屏事不问。这事是合有邪?合无邪?若是合有,又安可屏?若是合无,自然无了,更屏什么?彼方外者苟且务静,乃远迹山林之间,盖非明理者也。"
> 释氏有出家出世之说。家本不可出,却为他不父其父,不母其母,自逃去固可也。至于世,则怎生出得?既道出世,除是不戴皇天,不履后土始得,然又却渴饮而饥食,戴天而履地。
> 禅家出世之说,如闭目不见鼻,然鼻自在。③

释氏自相矛盾和逻辑上混乱而不能自圆其说,程氏辨之以明其谬。

二程又对佛氏以"生死恐动人"大加鞭挞,指出"生死为本分事",这与张载"存,吾顺事;没,吾宁也"的观念相契。程氏说:

---

① 《河南程氏遗书》卷二,《二程集》,第24页。
② 《河南程氏遗书》卷十五,《二程集》,第149页。
③ 《河南程氏遗书》卷十八、三,《二程集》,第195、64页。

> 佛学只是以生死恐动人，可怪二千年来，无一人觉此，是被他恐动也。圣贤以生死为本分事，无可惧，故不论死生。佛之学为怕死生，故只管说不休。下俗之人固多惧，易以利动。①

程氏认为，佛教以死生恐动人，是一种"利"的驱动，这就不可能"化人"。他说："释氏本怖死生，为利岂是公道？"或为释氏辩说："释氏地狱之类，皆是为下根之人设此，怖令为善。"明道说："至诚贯天地，人尚有不化，岂有立伪教而人可化乎？"② 二程斥释氏的生死说，多以"自私"相斥，以常人对生死的恐惧为"大利"诱之，与将死生看作本分事的"吾儒"不同。程氏又言，余锋及于老氏：

> 释氏之学，又不可道他不知，亦尽极乎高深，然要之卒归乎自私自利之规模。何以言之？天地之间，有生便有死，有乐便有哀。释氏所在便须觅一个纤奸打讹处，言免死生，齐烦恼，卒归乎自私。老氏之学，更挟些权诈，若言与之乃意在取之，张之乃意在翕之，又大意在愚其民而自智。③

对于道教，也斥责有加。如二程说："释氏与道家说鬼神甚可笑，道家狂妄尤甚，以至说人身上耳目口鼻皆有神。"又如斥道教"白日飞升之类"的神仙之说为"天地间一贼"。④

---

① 《河南程氏遗书》卷一，《二程集》，第3页。
② 《河南程氏遗书》卷十三，《二程集》，第139页。
③ 《河南程氏遗书》卷十五，《二程集》，第152页。
④ 《河南程氏遗书》卷二二上、十八，《二程集》，第289、195页。

排斥佛老"异端"是复兴儒学的需要,明道之言说得再明白不过了:

> 道之不明,异端害之也。……自道之不明也,邪诞妖妄之说竞起,涂生民之耳目,溺天下于污浊。虽高才明智,胶于见闻,醉生梦死,不自觉也。是皆正路之蓁芜,圣门之蔽塞,辟之而后可以入道。①

北宋五子除张、二程外,邵雍也颇非佛氏,但文字不多。邵雍斥说:"佛氏弃君臣、父子、夫妇之道,岂自然之理哉!"② 又有诗作云:"求名少日投宣圣,怕死老年亲释迦。妄欲断缘缘愈重,徼求去病病还多。"③ 对释氏表示了不屑。五子中,唯周敦颐未对佛老置留何辞,可以不论。

清代以来,颇有人以"儒表佛里"指斥理学,如顾炎武、颜元、戴东原等,多出于反理学的立场,海外学者也不乏持此观点者。在佛老思想盛行的北宋时期,理学家们受到佛教或道教的影响这是无可置疑的,但二者之间毕竟有着本质上的区别,影响有直接承受的一面,也有受刺激而引起反作用的一面。周敦颐引道家《太极图》,与儒经《周易》结合,创造了"无极而太极"的宇宙本体论。邵雍也引道教《先天图》与《周易》相结合,创造了烦琐的象数学体系,用以推寻宇宙的本原和自然、社会与人事的变化。二程

---

① 脱脱等《宋史》卷四二七《程颢传》,第12717页。
② 邵雍《观物外篇》下之下,郭彧整理《邵雍集》,北京,中华书局2010年,第176页。
③ 邵雍《伊川击壤集》卷十四《学佛吟》,《邵雍集》,第407页。

援佛老精义，达乎六经，发明了"天理"本原论。隋唐佛教宗派如天台宗、华严宗和禅宗都注重"修心"，注重关于身心性命的内省修养工夫，道教内丹派亦大讲"修心"这一套理论，中唐至北宋的儒学家也发生了这种转变，难以说没有受到佛学的影响。韩愈提出《大学》篇中的"正心""诚意"之说，予以特别强调，但如冯友兰所说："儒佛虽同一'治心'而用意不同，结果亦异。"① 李翱《复性书》提出要"忘嗜欲而归性命之道"，认为后世学者不能理解这个精髓，"是故皆入于庄、列、老、释"，与前引明道之语如出一辙，辟除异端，才可能重归"性命之道"，也就是新儒说的"正路"。理学家们宗韩、李之说，莫不强调"正心"的重要性。周敦颐著《通书》，大谈"纯其心""诚心""养心"。② 邵雍《观物外篇》有云："无思无为者，神妙致一之地也。圣人以此洗心，退藏于密。"③ 此句是对庄子"齐物"论的感想，洗心以达到修养的崇高境界。张载《正蒙》也强调要"不以嗜欲累其心"，要如孔子那样，做到"绝四"——意（有思）、必（有待）、固（不化）、我（有方），"四者尽去，则直养而无害矣"。④ 二程则进一步发挥了"心性义理之学"，发明"天理"，将儒学复兴运动中的再创活动推向了新的高潮。值得注意的是，程颐为了与释氏的修养区别开来，特别指出："才说静，便入于释氏之说也。不用静字，只用敬字。"⑤ 说"静"，容易与释氏修炼工夫相混，故而不用而用"敬"字，怀着对

---

① 冯友兰《中国哲学史》第二编第十章，北京，商务印书馆2006年，第336页。
② 二程甚至说周敦颐（周茂叔）是"穷禅客"，《河南程氏遗书》卷六，《二程集》，第85页。
③ 邵雍《观物外篇》下之下，《邵雍集》，第175页。
④ 张载《正蒙》第六《诚明篇》、第八《中正篇》，《张载集》，第22、29页。
⑤ 程颐《河南程氏遗书》卷十八，《二程集》，第189页。

先圣的诚敬,使心灵得到升华。

韩愈在佛教内部宗派注重传授法统的刺激下,提出了与佛老争锋的儒家道统说。道统说虽为北宋的新儒者包括理学家所共同秉持,然而仅确立道统或者修礼义为本等均不能战胜佛老"异端",因为如前引范育《正蒙序》之言,儒者昧于"大道精微之理",才致使天下靡然与佛老同风。于是寻绎"理"之精微者应运而生,其著者,有周敦颐"明天理之根源,究万物之终始","发明太极之蕴";有程颢"得不传之学于遗经,以兴起斯文为己任,辨异端,辟邪说,使圣人之道复明于世";有程颐"得孔孟不传之学,以为诸儒倡";有张载"发明圣人之遗旨";有邵雍"探赜索隐,妙悟神契,洞彻蕴奥"。① 史载理学诸子博学力行,于书无所不读,泛滥于诸家,出入于老释,返求之于六经。先求旁通,后归于一。大凡一种理论的创造,都不会拒绝借鉴或吸取其他思想中可以为我所用的成分。理学家们吸取了佛老中的哪些成分来充实自己,前辈和时贤所论既多,且又不属于本书设定的讨论范围了。但无论是援老入儒或窃佛精义,本质上都在于充实孔孟思想体系,使之光大发扬,其思想动机,与韩愈、李翱无异。南宋叶适说:

> 本朝承平时,禅学尤炽,儒释共驾,异端会同。其间豪杰之士,有欲修明吾说以胜之者,而周、张、二程出焉。自谓出入于佛老甚久,已而曰:"吾道固有之矣。"……于子思、孟子之新说奇论,特皆发明之。大抵欲抑浮屠之锋锐,而示吾所有

---

① 分别见《宋史》卷四二七《道学传一》程颢、程颐、张载、邵雍各传,第12709—12728页。

之道若此。①

虽然叶适对理学家所言孟子之后其道不传的观点持批评态度,但他的这个观察还是大体符合事实的。

---

① 叶适《习学记言》卷四九,上海师大古籍所编《全宋笔记》第九编第十册,第332页。

第三章 古文运动的再兴与儒学复兴思潮

北宋中叶,古文运动继中唐之后再次掀起高潮,奔腾跳跃,蔚为大观。倡导古文,复兴儒学,一身而二任。其以复古为创新,完成了文学史上的一次重要变革。从另一方面来说,从韩愈到欧阳修,古文运动事实上是儒学复兴运动的重要组成部分,围绕着文与道的问题,新儒们展开了激烈的讨论,儒家文学的教化中心论也随之复苏。在文学史上,关于古文运动的成果真可以说是汗牛充栋,不尽枚举。本章从梳理古文运动的发展脉络入手,对古文运动与儒学复兴的关系再考察,特别对儒家文学的教化功能的复苏进行剖析。

第一节 宋初文坛的两种风向

如果要对北宋古文运动的发展脉络有一个比较完整的认识,对唐五代的文坛状况做一点回顾就显得很有必要。

唐初文学,正如宋初王禹偁所说:"有六朝淫风,有四子艳格。"[①] 然而有唐一代,文坛发生了三次大的震荡:"初则广汉陈子

---

① 王禹偁《再答张扶书》,《小畜集》卷十八,页十八,文渊阁《四库全书》本。

昂以风雅革浮侈，次则燕国张公说以宏茂广波澜。天宝以还，则李员外（华）、萧功曹（颖士）、贾常侍（至）、独孤常州（及）比肩而出，故其道益炽。"① 天宝以还的这种变化，就是中唐蓬勃兴起的古文运动。李华（715—766）等人可谓前驱，至韩愈等人出，古文运动便益发勃兴了。宋祁在《新唐书·文艺传序》中对此论道：

> 大历、贞元间，美才辈出，擩哜道真，涵泳圣涯。于是韩愈倡之，柳宗元、李翱、皇甫湜等和之，排逐百家，法度森严，抵轹晋、魏，上轧汉、周，唐之文完然为一王法，此其极也。②

唐代的古文运动，勃兴时期在代宗大历（766—779）、德宗贞元（785—804）年间，与疑经思潮、反佛老运动同步。韩愈倡导古文，从文体上说是恢复古代的散文，但这不是韩愈的目的。韩愈在《争臣论》一文中，说自己是"修其辞以明其道"，又在《题欧阳生哀辞后》一文中说："愈之为古文，岂独取其句读不类于今者邪？思古人而不得见，学古道则欲兼通其辞。通其辞者，本志乎古道者也。"③ 十分明确地说他之为古文，目的在于恢复"古道"。当时流行的骈俪文由于阻碍了"学古道"的途径，自然应该在摒弃之列了。韩愈所谓"古道"，就是他在《原道》一文中提出的从尧舜到孔孟这一脉相传的儒家之道，内容是仁义道德。韩愈是要借古文来

---

① 梁肃《补阙李君前集序》，董诰等编《全唐文》卷五一八，第 2329 页。
② 欧阳修、宋祁《新唐书》卷二〇一《文艺传序》，第 5725、5726 页。
③ 韩愈《争臣论》《题欧阳生哀辞后》，《全唐文》卷五五七、五六八，第 2497、2543 页。

传播古道，使衰微不振的儒学重新活跃起来，是有强烈的现实针对性的。唐代古文运动的另一名主将柳宗元也肯定了"文者以明道"①这一观点。

韩、柳之后，古文运动转向低潮，虽然生机未绝，但是与之对立的文学流派和思想意识仍然反映了这种倾向。唐韦庄编《又玄集》、韦縠编《才调集》，均掇清词丽句而无关"美刺"宏旨。韩偓序《香奁集》和欧阳炯序《花间集》，所欣赏者不外艳情丽色。②李商隐不承认周、孔的独尊地位，他说："夫所谓道者，岂古所谓周公、孔子者独能耶？"③后晋刘昫在《旧唐书·文苑传序》开篇说："前代秉笔论文者，莫不宪章《谟》《诰》，祖述《诗》《骚》，远宗毛、郑之训论，近鄙班、扬之述作。谓'采采苯苢'，独高比兴之源；'湛湛江枫'，长擅咏歌之体。"④这个描述，也合于当时的文风。前蜀牛希济就一针见血地指出，当时文章"忘于教化之道，以妖艳为务"。⑤凡此种种，表明韩愈倡导的古文运动宗旨远未深入人心，正如南宋吕中所说，唐代的古文运动，"乃韩、柳自变于下耳，故当时惟韩、柳之徒与之俱变，而天下之文体不为之变"。⑥唐代的古文运动只是少数人的事，无法长久维系下去。

---

① 柳宗元《答韦中立论师道书》，董诰等编《全唐文》卷五七五，第 2572 页。
② 《香奁集》有二，作者一为韩偓（844—914?），一为和凝（898—955），皆专收香艳诗曲；《花间集》是后蜀赵崇祚编的词选，词风香艳秾丽，皆为时人所欣赏。参见成复旺等《中国文学理论史》（二），北京，北京出版社 1987 年，第 274—278 页。二书的审美情趣自然与今人不同，对它们的评价则因时因人而异，不一而足。此不论。
③ 李商隐《上崔华州书》，《李义山文集》卷四，页一，《四部丛刊》初编。
④ 刘昫等《旧唐书》卷一九○《文苑传上》，第 4981 页。
⑤ 牛希济《文章论》，董诰等编《全唐文》卷八四五，第 3935 页。
⑥ 吕中《类编皇朝大事记讲义》卷十《仁宗皇帝·变文体》，张其凡、白晓霞整理，上海，上海人民出版社，2014 年，第 210 页。

宋初仍循晚唐五代的文风,范仲淹在天圣四年撰写的《唐异诗序》中做了深入剖析:

> 五代以还,斯文大剥,悲哀为主,风流不归。皇朝龙兴,颂声来复。大雅君子,当抗心于三代。然九州之广,庠序未振,四始之奥,讲议盖寡。其或不知而作,影响前辈。因人之尚,忘己之实。吟咏性情而不顾其分,风赋比兴不观其时。故有非穷途而悲,非乱世而怨。华车有寒苦之述,白社为骄奢之语。学步不至,效颦则多。以至靡靡增华,愔愔相滥。仰不主乎规谏,俯不主乎劝诫。抱郑卫之奏,责夔旷之赏,游西北之流,望江海之宗者有矣!①

那种无病呻吟的、脱离社会实际的文风是所谓"五代体"的延续。宋代继承此风的,是真宗时期风靡一时的"西昆体"或"时文"。②虽然此时不再以"悲哀为主",然而一味追求文采华美、无关社会痛痒的风格却是一脉相承的。宋朝旧史云:"国朝接唐五代末流,文章专以声病对偶为工,剽剥故事,雕刻破碎,甚者若俳优之辞。如杨亿、刘筠辈,其学博矣,然其文不能自拔于流俗,反吹波扬澜,助其气势,一时慕效,谓其文为昆体。"③ 欧阳修也曾经谈到其时的文坛情况说:"是时,天下学者,杨刘之作,号为时文,

---

① 范仲淹《唐异诗序》,《范文正公集》卷六,第54页。
② 真宗大中祥符年间,杨亿、刘筠等唱和诗集《西昆酬唱集》问世,一时风采耸动天下,流行大约三四十年,影响很大,是谓"西昆体"。虽然受到批评,在古代文学史上,自有一席之地。参见杨牧之《〈西昆酬唱集〉刍议》,《读书》1982年第3期。
③ 佚名《神宗旧史·欧阳修传》,《欧阳修全集》附录卷四,第1365页。

能者取科第擅名声，以夸荣当世，未尝有道韩文者。"① 韩愈文章受到如此冷遇，很能说明当时的文风了。古文不振和北宋初期思想界的消沉局面是一致的，统治者提倡儒释道"三教"并隆，对儒学并不特别推重。在新儒者看来就是，举世人心安于故常，缺乏一种精神力量的激励和引导。表现在文学方面的就是只有浮荡肤浅，言之无物，如范仲淹《尹师鲁河南集序》说，"其甚者专事藻饰，破碎大雅，反谓古道不适于用"，② 是北宋前期文坛的主要风向。

另一方面，自然也不应忽略韩愈倡导的古文运动给后世带来的影响。宋初出现了如柳开、王禹偁等力图重振古文雄风的代表人物。范仲淹在尹序中还说："唐贞元、元和间，韩退之主盟于文而古道最盛。懿、僖以降，浸及五代，其体薄弱。皇朝柳仲涂起而麾之，髦俊率从焉。"柳开字仲涂，是北宋古文运动的一面旗帜和先行者。宋初古文运动的另一位旗手是王禹偁，他在《送孙何序》中云："咸通以来，斯文不竞，革弊复古，宜其有闻。"他之所谓"复古"，也就是在他《答张扶书》中表明的，为文应该"远师《六经》，近师吏部"，③ 表现了继承韩愈事业的基本立场。王禹偁主张"句易道，义易晓"，④ 与柳开所说的"古文者，非在辞涩言苦，使人难诵读之"⑤ 的主张是一致的。较之柳开，王禹偁更多地注意语

---

① 欧阳修《记旧本韩文后》，《居士外集》卷二三，《欧阳修全集》，第536页。"杨刘"指杨亿、刘筠，杨刘文风虽被指为旧派，但新旧之间并不是完全可以分割的，朱熹就说"杨刘之徒，作四六骈俪之文"，"然数人者皆天资高，知尊王黜霸，明义去利"（黎靖德编《朱子语类》卷一二九《自国初至熙宁人物》，第3090页）。
② 范仲淹《尹师鲁河南集序》，《范文正公集》卷六，第53页。
③ 王禹偁《送孙何序》，《小畜集》卷十九，页十二。
④ 王禹偁《答张扶书》《再答张扶书》，《小畜集》卷十八，页十八。
⑤ 柳开《应责》，《柳开文集》卷一，《宋集珍本丛刊》第一册，第444页。

言的流畅平实，文学上的建树更令人瞩目。宋初崇尚古文者，还有与柳开并称的高锡、梁周翰、范杲三人，①影响或不及柳开。另有张咏（946—1015）、赵湘（959—993）、孙何（961—1004）、丁谓（966—1037）等人，倡复古道，与柳、王桴鼓相应。又有穆修（973? —1032）者，著有《穆参军集》，或认为，"宋之古文，实柳开与修为倡"，尹洙、欧阳修皆其传人。②应该说，宋初的文坛已形成了不小的"复古"浪潮。

宋真宗时，杨亿、刘筠一辈人起，古文又多隐伏。虽然西崑体风靡一时，不过欧阳修所说的"未尝有道韩文者"也是极而言之，其实姚铉在大中祥符四年（1011）编成《唐文粹》百卷，文赋惟取古体，而四六之文不录，在其《唐文粹序》中称颂韩愈使"孔子之道，炳然悬日月"，以韩文为唐代的典范之作。姚铉对唐古文运动的这种鲜明立场，颇受石介的称道。③四库馆臣甚至认为："于欧、梅未出前，毅然矫五代之弊，与穆修、柳开相应者，实自铉始。"④此外，还有一位自号"中庸子"的僧人智圆也力倡古文，宗周孔之道，著有《闲居编》，曾指斥当时的文弊说："风雅道息，雕篆丛起，变其声偶其字，逮于今亦已极矣。"⑤乃释而儒者，是一个时期

---

① 脱脱等《宋史》卷四三九《梁周翰传》载："五代以来，文体卑弱，周翰与高锡、柳开、范杲习尚淳古，齐名友善，当时有'高、梁、柳、范'之称。"第13003页。又，《渑水燕谈录》卷七："（范）杲，鲁公质之侄，好学有文，时称'高、梁、柳、范'，谓高弁、梁周翰、柳开与杲也。"《全宋笔记》第二编第四册，第71页。按，高弁学古文于柳开，《宋史》卷四三二有传，《宋史·梁周翰传》所言"高锡"，当为高弁之误。
② 永瑢等《四库全书总目》卷一五二《集部·穆参军集》，第1308页。
③ 石介说："近得姚铉《唐文粹》及《昌黎集》，观其述作，有三代制度、两汉遗风，殊不类今之文。"《徂徕石先生文集》卷十二《上赵先生书》，第135页。
④ 永瑢等《四库全书总目》卷一八六《集部·唐文粹》，第1692页。
⑤ 智圆《钱唐闻聪师诗集序》，原载《闲居编》卷二九，据曾枣庄、刘琳（转下页）

以来所没有的现象。

第二节 古文运动的再起与儒学的复兴

北宋的诗文革新是唐宋文学史上的一个重要现象,① 古文运动是其中的主要内容。北宋中叶,古文运动再次勃然兴起,真宗时期风行的西崑体或时文,晚唐五代至宋初的文风,乃至盛行数百年来的《文选》之学,均在古文家的扫荡之列,古文运动的倡导者对前代的"文章"做了近于否定的评价。

前引范仲淹《尹师鲁河南集序》说:"予观《尧典·舜歌》而下,文章之作,醇醨迭变,代无穷乎?惟抑末扬本,去郑复雅,左右圣人之道者难之。"直斥了杨亿一流"破碎大雅"的文风。孙复《答张洞书》论前代的文章说:

> 斯文之难至也久矣!自西汉至李唐,其间鸿生硕儒,摩肩而起,以文章垂世者众矣。然多杨、墨、佛、老虚无报应之事,沈、谢、徐、庾妖艳邪侈之言杂乎其中。至有盈编满集,发而视之,无一言及于教化者。此非无用瞽言,徒污简策者乎?至于终始仁义,不叛不杂者,惟董仲舒、扬雄、王通、韩愈而已。②

这个评价具有代表性,认为周秦以来圣道衰息是新儒的一致看法,

(接上页)主编《全宋文》第310卷,第15册,第233页。
① 参见葛晓音《北宋诗文革新的曲折历程》,《中国社会科学》1989年第2期。
② 孙复《答张洞书》,《孙明复小集》,页三一。张洞,孙复的学生,或写作"张泂"。

这反映了文学复古与儒学复兴之间相互倚重的内在联系。正如曾巩的自白,他"努力于文字间",乃是基于"扶衰救缺之心",并说:"仲尼既没,析辨诡词,骈驾塞路。观圣人之道者,宜莫如于孟、荀、扬、韩四君子之书也。"① 所谓"骈驾",就是指流行数百年的骈俪文,这种文体蔽塞了"圣人之道",所以提倡古文,是要打开通往圣域之道。新儒认为,没有儒家之道这个核心内涵,文章是没有生命力的。如欧阳修在送得高第的东阳徐生南归时,谆谆告诫他说,自三代秦汉以来,著书之士不可胜数,然而文章流传下来的却百不一二,原因在于单纯追求文丽言工,"方其用心与力之劳,亦何异众人之汲汲营营"?言之不可恃,终如草木之荣枯,"勤一世以尽心于文字间者,皆可悲也"。② 在新儒看来,文章复古的核心在于兴复古道——儒家之道的复兴,反过来借助容易表达古意的"古文"形式,才可能达到目的。因此,儒学复兴的鼓吹者莫不倡导古文,古文运动随之而大盛。

推动古文运动再次兴盛是新儒者的共同努力,其间穆修的大声疾呼产生了重要影响。穆修严词指斥在"章句、声偶"笼罩下的文风说:"古道息绝,不行于时已久。今世士子习尚浅近,非章句、声偶之辞不置耳目,浮轨滥辙,相迹而奔,靡有异途焉。其间敢以古文语者,则与语怪者同也。"③ 这与前引欧阳修所说"未尝有道韩文者"的时风相印证。穆修曾得韩愈、柳宗元文集善本,于是自行镂版兜售,以图引起世人的注意,扩大古文的影响。时有张景、石曼卿等人,与之往还唱和。这位活动于真、仁两朝的古文家受到宋

---

① 曾巩《上欧阳学士第一书》,《曾巩集》卷十五,第 231 页。
② 欧阳修《送徐无党南归序》,《居士集》卷四三,《欧阳修全集》,第 297 页。
③ 穆修《答乔适书》,《河南穆公集》卷二,页一,《四部丛刊》初编本。

人的推重,魏泰指出:"咸通以后,文力衰弱,无复气格。穆修首倡古道,学者稍稍向之。"①《宋史·穆修传》也这样评述他的文学活动:

> 自五代文弊,国初,柳开始为古文。其后杨亿、刘筠尚声偶之辞,天下学者靡然从之。修于是时独以古文称,苏舜钦兄弟多从之游。②

充分肯定了穆修的先导作用,从之游者,也相继脱颖而出。

苏舜钦(1008—1048),字子美,学为古文而不屑于世俗的嘲笑,欧阳修曾序其文集称赞说:"子美之齿少于予,而予学古文反在其后。天圣之间,予举进士于有司,见时学者务以言语声偶摘裂,号为'时文'以相夸尚。而子美独与其兄才翁及穆参军伯长,作为古歌诗杂文,时人颇共非笑之,而子美不顾也。"③此亦可见古文运动再兴之初的艰难处境了。《宋史·苏舜钦传》亦载:"当天圣中,学者为文多病偶对,独舜钦与河南穆修好为古文、歌诗,一时豪俊多从之游。"④苏、穆的活动在当时营造了一种新气氛,富有成效。豪俊之中,又有尹洙(1001—1047)其人崭露头角。后来韩琦曾这样论及尹氏:

---

① 魏泰《东轩笔录》卷三,李裕民点校,北京,中华书局1983年,第30页。魏泰,字道辅,湖北襄阳人,生活于北宋中后期,与上层交往甚多,终身未仕。
② 脱脱等《宋史》卷四四二《穆修传》,第13070页。
③ 欧阳修《苏氏文集序》,《居士集》卷四一,《欧阳修全集》,第288页。
④ 脱脱等《宋史》卷四四二《苏舜钦传》,第13073页。

> 天圣初，公独与穆参军伯长矫时所尚，力以古文为主，次得欧阳永叔以雄词鼓动之。于是后学大悟，文风一变，使我宋文章，将逾唐汉而追三代者，公之功为最多。①

欧阳修曾从尹洙学古文，认为他的文章"简而有法"，"惟《春秋》可当之"，还说其学、其议论，也非孔孟不可当之，而且，"其大节乃笃于仁义，穷达祸福，不愧古人"。② 可谓推崇备至了。

在文学革新活动中与古文运动相配合的诗歌革新，有开创之功的是梅尧臣（1002—1060），世称宛陵先生者。南宋刘克庄云："本朝诗，惟宛陵为开山祖师。宛陵出，然后桑濮之淫哇稍息，风雅之气脉复续，其功不在欧、尹下。"③ 诗歌以复《风》《雅》为高，是文学复古活动的另一翼，此不多论。

庆历新政的领导者范仲淹在倡导古文运动方面亦功不可没。新政运动与古文运动二者之间本来就存在着内在的联系，范仲淹是兼二者于一身的领袖人物。他对前一时期的文风深为不满，这在前引其《唐异诗序》中已有充分的表露。天圣三年，范仲淹上万言书，要求进行政治改革，其中特别提出，要求改变文风，以适应政治改革的需要：

> 国之文章应于风化，风化厚薄见乎文章。是故观虞夏之

---

① 韩琦《尹洙墓表》，杜大珪《名臣碑传琬琰集》中卷三六，宋刻元明递修本，爱如生数据库。
② 欧阳修《论尹师鲁墓志》，《居士外集》卷二三，《欧阳修全集》，第533页。
③ 刘克庄《后村诗话·前集》卷二，王秀梅点校，北京，中华书局1983年，第22页。刘克庄（1186—1269），福建莆田人，官至工部尚书。

书，足以明帝王之道；览南朝之文，足以知衰靡之化。

伏望圣慈与大臣议文章之道，师虞夏之风。况我圣朝千载而会，惜乎不追三代之高而尚六朝之细。然文章之列何代无人，羞时之所尚，何能独变，大君有命，孰不风从。可敦谕词臣，兴复古道，更延博雅之士，布于台阁，以救斯文之薄而厚其风化也。①

当时皇太后刘娥当政，万言书是上奏给这位"圣慈"的。"斯文"是文章和儒学合而为一的代称，"救斯文之薄"，振救以古文为代表的文风，是"兴复古道"的必然途径。天圣七年五月，礼部贡举，仁宗下诏，指斥说"比来流风之敝，至于会萃小说，碟裂前言，竞为浮夸靡曼之文，无益治道"，要求学者"务明先圣之道"，②不能不说是文学复古潮流的影响使然，反过来又对文风的变化起到了积极的促进作用。欧阳修在《与荆南乐秀才书》中说："天圣中，天子下诏书，敕学者去浮华，其后风俗大变。今时之士大夫所为，彬彬有两汉之风矣。"③此书写于景祐四年（1037），短短数年，不足以使"风俗大变"，所以，与其说是"诏书"的作用，不如说是新儒群体长期努力的结果。范仲淹于天圣八年上《议制举书》，再次阐述了时代盛衰"与文消息"的见解，要通过改变文弊以正时政。改革文风，实已为大势所趋，构成了儒学复兴不可分割的组成部分。

曾受到范仲淹提携的孙复及其弟子石介是儒学复兴思潮中的活

---

① 范仲淹《奏上时务书》，《范文正公集》卷七，第58页。
② 李焘《长编》卷一百八，天圣七年五月己未。
③ 欧阳修《与荆南乐秀才书》，《居士集》卷四七，《欧阳修全集》，第320页。

跃人物，对于文学革新同样如此。孙复对汉唐以来的文章持批评态度，他认为，《昭明文选》"多晋、宋、齐、梁间文人靡薄之作，虽李善注之，何足贵也"，岂可"置诸太学"？宋初自柳开、王禹偁等人之后，亦"鲜克有议于斯文者"。① 他在《谕学》诗中大声疾呼：

> 既学便当穷远大，勿事声病淫哇辞。斯文下衰吁已久，勉思驾说扶颠危。击暗驰声明大道，身与姬孔为藩篱。②

与孙复师友之间的石介，论文言辞更为激烈。其《寄明复、熙道》诗表达了对斯文不振而痛心疾首的心境："四五十年来，斯文何屯蹇！雅正遂雕缺，浮薄竞相扇。在上无宗主，淫哇千万变。后生益纂组，少年事雕篆。仁义仅消亡，圣经亦离散。……患大恐不救，有时泪如霰。"其《怪说》中篇斥"杨亿之道"云：

> 今杨亿穷研极态，缀风月，弄花草，淫巧侈丽，浮华纂组，刓镂圣人之经，破碎圣人之言，离析圣人之意，蠹伤圣人之道，……其为怪大矣！③

直言不讳，在抨击杨亿及崑体的言论中最为激烈。他推尊韩愈，又以柳开为韩愈之后"能霸斯文"者。同样受到过范仲淹提携荐引的李觏批评韩柳之后的文坛"颓风未绝"，新进之士"不求经术而摭

---

① 孙复《寄范天章书二》《上孔给事书》，《孙明复小集》页二八、三十。
② 孙复《谕学》，《孙明复小集》页四一。
③ 石介《寄明复、熙道》、《怪说》卷中，《徂徕石先生文集》卷三、五，第27、62页。

小说以为新，不思理道而专雕锼以为丽"。他认为，文教的盛衰与治乱息息相关，说"欲观国者，观文而可矣"。自言："生而嗜学，诵古书，为古文，不敢稍逗挠。"① 其实孙、石、李诸人都算不上是"真正"的古文家，但他们却都在确确实实地为"古文"复苏而呐喊，实也就是在为儒学复兴呐喊。可知在时人看来，文学的复古与儒学的复兴从来就不是分离的两件事，从时间上来讲，二者基本上是同时发生和发展的；以代表人物来看，要截然分开为两种不同的类型，事实上也是困难的。

北宋古文运动的主将是欧阳修，他也是兼倡导政治改革和文学革新数者于一身的领袖人物。在政治上，他的地位不及范仲淹，但在文学上的影响却有过之。欧阳修在世时已被公认为文学改革的旗手，如前引韩琦撰《尹洙墓表》所说，欧阳修出后，方有"文风一变"。范仲淹也指出，尹洙之后，"遽得欧阳永叔从而大振之，由是天下之文一变"。② 这个评价得到了广泛的肯定。欧阳修死后，苏辙为之撰神道碑，就将之比肩韩愈说："自孔子至今千数百年，文章废而复兴，惟得二人焉。"即指韩、欧而言。欧阳修少时即奉韩愈文为楷模，立下了"尽力于斯文"的志向。天圣末在洛阳与尹洙等共倡古文，"其后天下学者亦渐趋于古"，三十余年后，"学者非韩不学也，可谓盛矣"!③ 非韩不学，表明古文运动取得了普遍的胜利。古文大家相继而出，儒学更新也成就显著而走向鼎盛。嘉祐二年（1057），欧阳修知贡举，对于险怪奇涩的"太学体"④ 痛加排

---

① 李觏《上宋舍人书》《上李舍人书》，《李觏集》卷二七，第290、288页。
② 范仲淹《尹师鲁河南集序》，《范文正公集》卷六，第53页。
③ 欧阳修《记旧本韩文后》，《居士外集》卷二三，《欧阳修全集》，第536页。
④ "太学体"流行于宋仁宗后期太学，故称，以苦涩奇邪为能事。苏辙《祭（转下页）

抑,终于使古文运动走上健康的坦途。古文家曾巩、苏轼、苏辙并出此榜,理学家张载、程颢也于是届出身,成为中国文化史上的一大盛事。这时苏洵出游中原,其文章为欧阳修所喜而显名。王安石也早因友人曾巩的推荐而为欧阳修所知并得到赏识。不能不注意到,明人所定"古文八大家",宋得六人,不特出现在一个相同的时期,而且曾、王、三苏都和欧阳修有着关联。这个事实正可充分说明欧阳修在北宋古文运动中作为核心人物的重要意义。

古文运动有两大目标,从思想内容来讲,是要排斥"异端",从文学形式来讲,是要摒弃骈体,而且,如上引石介之言,追求骈辞巧语的骈体本身就被视为异端,因此,古文运动是文道合一的。经过数十年的较量,"古文"终于战胜了"骈文",不但把风靡一世的西崑体和时文一扫而空,也使晚唐以来卑弱饰丽的文风得以改观。盛行了约五个世纪的《文选》,提倡"以能文为本",专门讲究文章技巧,趋向浮艳,导致内容空虚,缺乏义理,经这一度古文运动澎湃浪潮的洗刷,声光大敛,顿失其存在的基础。[①] 陆游说:"国初尚《文选》,当时文人专意此书,故草必称王孙,梅必称驿使,月必称望舒,山水必称清晖。至庆历后,恶其陈腐,诸作者始一洗之。方其盛时,士子至为之语曰:《文选》烂,秀才半。"[②] 此后古

(接上页)欧阳少师文》揭此"古文"文风:"嗟维此时,文律颓毁,奇邪谲怪,不可告止。剽剥珠贝,缀饰耳鼻,调和椒姜,毒病唇齿,咀嚼荆棘,斥弃羹胾,号为古文。"载《栾城集》卷二六,《四部备要》本,上海,中华书局1936年,第229页。参见葛晓音《欧阳修排抑太学体新探》,《北京大学学报》1983年第5期。

① 萧统《文选序》说其编选标准是"以能文为本"。"《文选》学"在唐代大盛,参见赵翼《廿二史札记》卷二十"唐初三礼、汉书、文选之学"条,王树民校证,北京,中华书局1984年,第440页。
② 陆游《老学庵笔记》卷八,《陆放翁全集》上册,北京,中国书店1986年影印本,第49页。

文作家便继继绳绳，纷纷出场了，长时期地主宰着中国的文坛。与此同时，儒学也走向复兴，且以新的面貌出现。应该注意，从韩愈到欧阳修，韩愈是古文运动的旗帜，也是儒学运动的旗帜，被认作结合二者为一体的典范。关于此，欧阳修在《记旧本韩文后》一文中做了有代表性的总结，其云："韩氏之文之道，万世所共尊，天下所共传而有也。"然而在欧阳修之后，也就是古文运动取得了根本胜利之后，韩愈受到了包括王安石、苏轼、程颐等人不同角度的批评。[①] 归根到底，是由于对"儒家之道"的内涵理解不同，也表明古文运动和儒学运动的发展都在向更高层次和不同方向发展，视野更加阔大，造诣更加益精，在观念上又有新的突破了。

第三节 以儒家之道为中心的古文运动

由前述可以明白，古文运动的胜利不仅仅是新文体取代旧文体的胜利，还蕴含着丰富的思想内涵。简而言之，它是儒学复兴这个时代的思想潮流在文学领域中的体现。范仲淹《尹师鲁河南集序》总结古文运动从韩愈到欧阳修的发展历程说："由是天下之文一变，而其深有功于道欤！"这个"道"，就是韩愈《原道》中构拟的从尧舜禹到孔孟一脉相传的儒家之道。无论是唐，抑或是宋，在古文运动倡导者心中，"古文"从来就是与儒家之道联系在一起的，文学复古与儒学复兴密不可分。韩愈曾说"为文志乎古道"，柳宗元提

---

① 王安石《上人书》怀疑韩愈、柳宗元"徒语人以其辞耳"，见《临川集》卷七七，第501页。苏轼《韩愈论》说韩愈对于圣人之道，"盖亦知好其名矣，而未能乐其实"，见《苏轼文集》卷四，第114页；程颐批评韩愈由文及道是"倒学"，见《河南程氏遗书》卷十八，《二程集》，第232页。

出"文以明道",文道关系这个古代文论讨论的中心议题在北宋古文运动中得到了充分的展现。

在古文运动和儒学运动的兴起与发展过程中,尽管对文道关系的提法有这样那样的不同,但变来变去,未能逃脱以"道"为中心的观点。柳开最早对"古文"的定义做出明确的解释,他在《应责》篇答人责难说:

> 古文者,非在辞涩言苦,使人难读诵之,在于古其理,高其意,随言短长,应变作制,同古人之行事,是谓古文也。①

是篇还说:"吾之道,孔子、孟轲、扬雄、韩愈之道;吾之文,孔子、孟轲、扬雄、韩愈之文。"可见他是文道合一的。然而这种主张却是以他在《上王学士第三书》中所说的为注脚:"文章为道之筌也。……文恶辞之华于理,不恶理之华于辞也。"② 意思清楚,在他心中,"文"的表现形式是居于次要地位的。智圆这位释而儒者对"古文"的解释,更是将是否符合"古道"作为主要标准:

> 所谓古文者,宗古道而立言,言必明乎古道也。古道者何? 圣师仲尼所行之道也。
> 今其辞而宗于儒,谓之古文可也;古其辞而倍于儒,谓之古文不可也。虽然,辞意俱古,吾有取焉尔。③

---

① 柳开《应责》,《柳开文集》卷一,《宋集珍本丛刊》第一册,第 444 页。
② 柳开《上王学士第三书》,《柳开文集》卷五,《宋集珍本丛刊》第一册,第 462 页。
③ 智圆《送庶几序》,《闲居编》卷二九,《全宋文》第 308 卷,第 15 册,第 190 页。

在他看来，形式是无足轻重的，古文几乎成为古道的同义语。

北宋中叶，论者辈出。然而新儒诸家之论文道，大体都未出柳开、智圆二人的窠臼。孙复说："文者，道之用也；道者，教之本也。"① 石介说："文之时义大矣哉"，而"道德，文之本也"。② 蔡襄说："所谓由道而学文，道至焉，文亦至焉；由文而之道，困于道者多矣！是故道为文之本，文为道之用。"③ 刘敞也说："道者，文之本也。循本以求末易，循末以求本难。"④ 陈襄亦云："文者，载道之舟。事之在文，如舟之载物，必将以利乎济也。"⑤ 文只是道的工具，道才是古文的根本，诸人所言，意思竟是如此相近，这就是所谓异曲同工了。

古文运动的主将欧阳修等人同样也是主张以"道"为中心的。欧阳修曾对苏轼说："我所谓文，必与道俱。见利而迁，则非我徒。"⑥ 他于皇祐元年所撰《论尹师鲁墓志》中甚至说"偶俪之文，苟合于理，未必为非"，⑦ 相当明确地表明了对思想内容高度重视的态度，反而对文体不那么看重了。其《与张秀才第二书》又云：

> 君子之于学也，务为道。为道必求知古，知古明道，而后履之以身，施之于事，而又见于文章而发之，以信后世。其

---

① 孙复《答张洞书》，《孙明复小集》，页三一。
② 石介《上蔡副枢书》，《徂徕石先生文集》卷十三，第144页。
③ 蔡襄《答谢景山书》，《端明集》卷二七，页七。
④ 刘敞《公是先生弟子记》卷一，《丛书集成》初编（补印本），上海，商务印书馆1960年，第1页。
⑤ 陈襄《答刘太博启》，《古灵集》卷十六，页六。
⑥ 苏轼《祭欧阳文忠公夫人文（颍州）》，《苏轼文集》卷六三，第1956页。
⑦ 欧阳修《论尹师鲁墓志》，《居士外集》卷二三，《欧阳修全集》，第534页。

道，周公、孔子、孟轲之徒常履而行之者是也。其文章，则六经所载，至今而取信者是也。①

文道合一，然其中心又在"为道""知古明道"。这与他在《答吴充秀才书》中所说的"圣人之文，虽不可及，然大抵道胜者文不难而自至也"②的一贯立场是一致的，这也就是孔子《论语·宪问》中说的"有德者必有言"之意！曾巩在《上欧阳学士第一书》中提出"大贤"的标准是："明圣人之心"，口讲身行，"以其余者又书存之，三者必为表里"。事实上是以道为首，文章为末。在《寄欧阳舍人书》中说，"非畜道德而能文章者"不能担当好铭志之作。在《答李沿书》中又说："夫道之大归非他，欲其得诸心，充诸身，扩而被之国家天下而已，非汲汲乎辞也。"③ 在这里，"辞"已被置于更加微不足道的地位。司马光对离道之文深表厌恶，其《迂书·斥庄》说："夫唯文胜而道不至者，君子恶诸！是犹朽屋而涂丹臒，不可处也。"《迂书·文害》又说："君子有文以明道，小人有文以发身。"并对以文发身者进行了斥责。王安石也提倡"明道"，在答吴子经的信中说道："子经诚欲以文辞高世，则无为见问矣。诚欲以明道，则所欲为子经道者，非可以一言而尽也。"④ 似乎无意于文辞的交流，而于"明道"一题却有无尽的话题。

周敦颐（1017—1073）的"文以载道"说常被作为理学家最具

---

① 欧阳修《与张秀才第二书》，《居士外集》卷十六，《欧阳修全集》，第481页。
② 欧阳修《答吴充秀才书》，《居士集》卷四七，《欧阳修全集》，第321页。
③ 曾巩《上欧阳学士第一书》《寄欧阳舍人书》《答李沿书》，《曾巩集》卷十五、十六，第231、253、258页。
④ 王安石《答吴孝宗书》，《临川集》卷七四，第488页。吴孝宗，字子经，抚州金溪人，熙宁三年进士。

代表性的观点而引用,其实却难以与以上诸家之说区别开来。其《通书·文辞》是这样说的:

> 文所以载道也,轮辕饰而人弗用,徒饰也,况虚车乎?文辞,艺也;道德,实也。笃其实,而艺者书之,美则爱,爱则传焉!贤者得以学而至之,是为教。故曰:"言之无文,行而不远。"……不知务道德而第以文辞为能者,艺焉而已。噫,弊也久矣!

这体现了北宋古文运动的一般看法,并不比前列诸贤更重道德或更轻文辞。再如梅尧臣有诗答三韩云:

> 迩来道颇丧,有作皆言空。烟云写形象,葩卉咏青红。人事极诙诡,引古称辨雄。经营唯切偶,荣利因被蒙。遂使世上人,只曰一艺充。以巧比戏弈,以声喻鸣桐。嗟嗟一何陋,甘用无言终。①

对"艺"的看法,与周敦颐颇近,前引石介抨击"杨亿之道"与此同调。欧阳修《送徐无党南归序》同样抨击醉心于"艺"者云:"予窃悲其人,文章丽矣,言语工矣,无异草木荣华之飘风,鸟兽好音之过也。"② 忽视儒家道德的倾向在古文运动中或者说是在儒学复兴思潮中是被同声谴责的。

---

① 梅尧臣《答韩三子华、韩五持国、韩六玉汝见赠述诗》,《宛陵先生文集》卷二七,页二,《四部丛刊》续编景明万历本。
② 欧阳修《送徐无党南归序》,《居士集》卷四三,《欧阳修全集》,第297页。

周敦颐后来虽然被推尊为理学的开山祖师，但其"文以载道"之说不应作为理学家的通论。当然，新儒们所言之"道"，其内涵因人因时或有一些差异，这是无须多说的。二程说："学者先学文，鲜有能至道。至如博观泛览，亦自为害。"又说："以博闻强记、巧文丽辞为工，荣华其言，鲜有至于道者。"① 这些话与前面提到的诸家所论差距甚微，一定要在周氏"载道"之论中觅出新意来，实乃落入朱熹建构的道统陷阱之中。然而程颐有极言之语，这便是所谓"作文害道"之说，他将专意为文视为"玩物丧志"一类，② 又以"溺于文章"为学者三弊之一，认为去之方能"趋于道矣"③，意与"作文害道"同。但此说并非始于二程，古文运动的倡导者苏舜钦就说过类似的话。苏氏曾自谓："每属文不敢雕琢以害正"，又云："昔者，道之消，德生焉；德之薄，文生焉；文之弊，词生焉；词之削，诡辩生焉。辩之生也害词，词之生也害文，文之生也害道德。"④ 几乎将"文"与"道德"置于对立的地位。重道德而轻文辞，本为儒家学者的一般看法，然而说文辞害道德，已为"作文害道"说之先声。理学家否定文学的独立性，则是另一个极端。程颐言"作文害道"，是"玩物"。杜甫有诗"穿花蛱蝶深深见，点水蜻蜓款款飞"，程颐说"如此闲言道出做甚"，他还说"有高才能文

---

① 《河南程氏外书》卷十二、程颐《河南程氏文集》卷八《颜子所好何学论》，《二程集》，第 427、578 页。
② 《河南程氏遗书》卷十八，《二程集》，第 239 页；《河南程氏文集》卷九《答朱长文书》也有一段类似的文字，可参考。
③ 《河南程氏遗书》卷十八，《二程集》，第 187 页。
④ 苏舜钦《上三司副使段公书》《上孙冲谏议书》，《苏学士文集》卷九，页一、八，《四部丛刊》初编。

章"是人的三不幸之一。① 南宋理学集大成者朱熹论文有自己的见解，对周敦颐或二程的说法都未表示过特别的赞同。对"道"或"文"的具体认识、对文学如何为政治教化服务，古文运动的倡导者的观点存在着分歧，但要求与社会教化密切结合却是诸家的共同特征。它是如此深入文学思想领域，给予后世以深刻而长远的影响。

既以尊奉儒道为其核心，儒家经典于是成为北宋古文运动的最高典范，成为道德文章取之不竭的泉源，又是是非得失的价值标准。柳开将儒经比喻为掌控万物变化的"神"，说："龙翔乎天，变化其神哉！需甘泽利下土，春夏无之则万物槁，阴阳是赖之者也。观宇宙，则知其域中之大矣！诵其经，则知其百子之说乱矣。"② 王禹偁《答张扶书》谓："为文而舍六经，又何法焉？"孙何说："周作孔述，炳星焕日，是曰六经，为世权衡。"③ 六经成为人世社会的压仓石、唯一的标准。范仲淹批评"为学者不根乎经籍"而使"文章柔靡"。④ 欧阳修对为什么要"根乎经籍"说得很直白："世无师矣，学者当师经。师经必先求其意，意得则心定，心定则道纯，道纯则充于中者实，中充实则发为文者辉光，施于世者果致。"⑤ 王安石也说："若欲以明道，则离圣人之经，皆不足以有明也。"⑥ 宗经之论，在当时可以说是俯拾即是的。在疑经思潮大盛的背景下，鄙

---

① 《河南程氏遗书》卷十八、《河南程氏外书》卷十二，《二程集》，第239、443页。
② 柳开《答陈昭华书》，《柳开文集》卷六，《宋集珍本丛刊》第一册，第468页。
③ 孙何《文箴》，吕祖谦编《宋文鉴》卷七二，第1043页。
④ 范仲淹《上时相议制举书》，《范文正公集》卷九，第73页。
⑤ 欧阳修《答祖择之书》，《居士外集》卷十八，《欧阳修全集》，第499页。
⑥ 王安石《答吴孝宗书》，《临川集》卷七四，第486页。

视章句义疏之学,强调直追儒经本义,乃新儒的共同心声。

郭绍虞说:"韩愈重视儒家之道,正是他古文运动能完成而且能延续的主要原因。"① 姑不论韩愈的古文运动是否完成,复兴儒家之道无疑是古文运动的思想支柱。不管说法怎样,但确是万变不离其宗的。这是儒家文学观的核心问题,也正是古文运动思想主流的最大特点。对文道关系的提法或有不同,然而过于强调其间的差别则并不可取。韩愈提出道统说,宋人有文统道统之论,如石介《与裴员外书》中说,孙复辈出,"斯文之弊吾不复以为忧,斯道之塞吾不复以为惧也",② 就是其中的一种说法。然而从韩愈到欧阳修,古道与古文一般被认作相与而存的,离道之文不被承认为"古文",如果仅仅是"古其辞"的话,如前叙智圆所说。更多的时候,"斯文"一词本身就包含了古道与古文的双重含义,如前引孙复《谕学》诗、石介《寄明复、熙道》所言即是。斯文久衰,要振兴儒学,自然也就必以六经为指归了。如此方可战胜"百子之说",不但要古其文,更要儒其理,这是北宋古文运动倡导者的共同认识,岂有他哉!

第四节　儒家文学政教中心论的复苏

强调文学的教化功能是儒家文学观的精髓,正如《诗大序》早已阐明的那样:

---

① 郭绍虞《中国文学批评理论中的"道"的问题》,《照隅室古典文学论集》下编,上海,上海古籍出版社1983年。
② 石介《与裴员外书》,《徂徕石先生文集》卷十六,第192页。

> 诗者，志之所之也。——故正得失，动天地，感鬼神，莫近于诗。先王以是经夫妇，成孝敬，厚人伦，美教化，移风俗。

"诗"代表了今天说的文学，而文学应该具有强大的社会干预功能，这段话表达了儒家基本的文学观念。用文学来辅佐政治、裨益社会，以达成《易经·贲卦》所谓"化成天下"的宏远目的，北宋的古文运动正是在这种无形律令的支配下蓬勃开展起来的。儒家以"政治教化"为中心的文学观随之再起，数百年以来，提倡"以能文为本"而与社会实际相脱离的文风为之一变。例如柳开《昌黎集后序》说："圣人不以好广于辞而为事也，在乎化天下，传来世，用道德而已。"同时称赞韩愈的诗文"皆用于世者也"。在《答臧丙第一书》中，他自己也表示决心要将圣人之道"执而行之，用化天下"。① 其《应责》篇又云：

> 吾若从世之文也，安可垂教于民哉？亦自愧于心矣。欲行古人之道，反类今人之文，譬乎游于海者，乘之以骥，可乎哉？苟不可，则吾从于古文，吾以此道化于民，若鸣金石于宫中，众岂曰丝竹之音也，则以金石而听之矣。②

圣人之道不是空谈，行古道，从古文，目的在于更好地"垂教于民"，道出了古文运动的基本宗旨，古文的工具性质也说得很直白，

---

① 柳开《昌黎集后序》《答臧丙第一书》，《柳开文集》卷十一、六，《宋集珍本丛刊》第一册，第501、469页。
② 柳开《应责》，《柳开文集》卷一，《宋集珍本丛刊》第一册，第444页。

它是载道之具。

值得注意的是,"文"的内涵也不经意地发生了某种变化,它不仅仅指文学意义上的"古文",也指广义的文章。而且,如果说以儒家之道为中心的文道观和强调文学的教化经世功能在古文运动中有大体一致看法的话,那么在对"道"或"文"的具体认识以及文道关系上,对"文"如何为教化经世服务上,新儒们的观点却是存在着很大差别的,这就值得进一步研讨。

柳开《应责》中对"圣人之道"的解释为:"尊君敬长,孝乎父,慈乎子。"又在《上王学士第三书》中说:"刻削伤于朴,声律薄于德,无朴与德,于仁义礼智信者何?"他之所谓圣道,就是指儒家三纲五常之道,儒家的伦理道德,这本来就是儒家的核心观念。与柳开同时的赵湘撰《本文》,认为儒家之道是文的本源,文由此"道"而出,圣人"发其要为仁义、孝悌、礼乐、忠信,俾生民知君臣、父子、夫妇之业"。认为"其心仁焉、礼焉、智焉、信焉、孝悌焉,则圣贤矣。以其心之道,发为文章,教人于万世,万世不泯,则因本也"。① 仍然是在阐述《论语·宪问》孔子"有德者必有言"之古训。以儒家三纲五常为道之本,以此成文,垂教万世而不泯灭。其对"道"的认识与柳开是一致的。新儒强调儒家之道,是要与其他各家之"道"区别开来,穆修承韩愈"仁与义为定名"之说云:学古是"为道","道者,仁义之谓也"。② 直截了当,

---

① 赵湘《南阳集》卷四《本文》,页十五,文渊阁《四库全书》本。赵湘(958—994),衢州西安(今浙江衢县)人,淳化三年进士。按,另有韩维(1017—1098)也著有《南阳集》。
② 穆修《答乔适书》,《河南穆公集》卷二。韩愈《原道》说:"仁与义为定名,道与德为虚位。"他指责说:"老子之所谓道德云者,去仁与义言之也,一人之私言也。"

毋庸解释。

钱大昕《孙明复小集序》云,孙复"立言,主乎明道",明儒家之道,是孙复论文的要旨所在。在此总原则下,孙复对"文"的理解比较宽泛,其《答张洞书》云:

> 或则列圣人之微旨,或则名诸子之异端,或则发千古之未寤,或则正一时所失,或则陈仁政之大经,或则斥功利之末术,或则扬贤人之声烈,或则写下民之愤叹,或则陈天人之去就,或则述国家之安危,必皆临事摭实,有感而作。为论,为议,为书、疏、歌、诗、赞、颂、箴、解、铭、说之类。虽其目甚多,同归于道,皆谓之文也。

既要传经明道,又要经世致用,与政治教化密切结合,不作无用之空言,承认文体与题材的多样性。"同归于道"是总原则,同归于"治天下经国家大中之道也"。① 在北宋古文运动中,这种观点比柳开的更具有代表性,并不止限于三纲五常这种教条。石介强调文的教化作用,在《上赵先生书》中称赞《唐文粹》和《昌黎集》,认为它们"必本于教化仁义,根于礼乐刑政,而后为之辞。大者驱引帝皇王之道,施于国家,教于人民,以佐神灵,以浸虫鱼;次者正百度,叙百官,和阴阳,平四时,以舒畅元元,缉安四方"。同时批评"今之为文","于教化、仁义、礼乐、刑政,则缺然无仿佛者"。② 文,必与治道相结合,此与孙复所言相近。在《上蔡副枢

---

① 孙复《答张洞书》,《孙明复小集》,页三一。
② 石介《上赵先生书》,《徂徕石先生文集》卷十二,第135页。《唐文粹》是宋姚铉(968—1020)编辑的唐代诗文集。姚铉,《宋史》有传。《四库提要》(转下页)

书》中,他认为"文"具有强大的社会作用,说:"文之时义大矣哉","灿然其君臣之道也,昭然其父子之义也,和然其夫妇之顺也。尊卑有法,上下有纪,贵贱不乱,内外不卖,风俗归厚,人伦既正,而王道成矣"。进而批评"浮薄相扇,风流忘返"的"时弊"。① 儒家的纲常秩序就是"王道",这与柳开的观点相同。石介是主张道德为文之本的,他在《送龚鼎臣序》中回答龚氏"文之旨"之问时说:"性厚则诚明矣,诚明则识粹矣,识粹则其文典以正矣。然则,文本诸识矣。圣人不思而得,识之至也。贤人思之而至,识之几也。"一般人则要"厚乃性,明乃诚,粹乃识,……一焉于圣人之道,妖惑邪乱之气无隙而入焉。于斯文也,其庶几矣"。② 将"识"分作三品,实际上是韩愈"性三品说"的翻版,要求一般人加强内心修养,是一种"复性"工夫,这又与其后的理学家的思想颇相接近。

范仲淹特别强调文风与政风密不可分的关系,表现了作为古文家和政治改革家二者兼一的特色。他在倡导改革的活动中,是把社会生活包括政治、教育、思想、文章、风俗、人才等各方面当作整体来看待的,表现出宏大的气魄。他在《上时相议制举书》中说:"今文庠不振,师道久缺,为学者不根乎经籍,从政者罕议乎教化,故文章柔靡,风俗巧伪,选用之际,常患才难。"为国家选用人才,其实主要就是官员的选拔,"文章柔靡"是指"弄花草"一类的文

（接上页）云:"是编文赋取古体,而四六之文不录。诗歌亦惟取古体,而五七言近体不录。……曾诗文俪偶,皆莫盛于唐,盛极而衰,流为俗体,亦莫杂于唐。铉欲力挽其末流,故其体例如是。欧梅未出以前,毅然矫五代之弊,与穆修、柳开相应者,实自铉始。"《四库全书总目》卷一八六,第1692页。
① 石介《上蔡副枢书》,《徂徕石先生文集》卷十三,第143页。
② 石介《送龚鼎臣序》,《徂徕石先生文集》卷十八,第213页。

风，脱离社会，自然无益于治道。但是，如果把文章之用强调到极端，则有取消"文学"独立性之嫌，如李觏就明确表示，文章应该成为治理国家的工具，这在他的《上李舍人书》中说得最为直截：

> 贤人之业，莫先乎文。文者，岂徒笔札章句而已，诚治物之器焉。其大则核礼之序，宣乐之和，缮政典，饰刑书。上之为史，则怙乱者惧；下之为诗，则失德者戒。发而为诏诰，则国体明而官守备；列而为奏议，则阙政修而民隐露。周还委曲，非文曷济？禹、益、稷、皋陶之谟，虺之诰，尹之训，周公之制作，咸曰兴国家，靖生民矣。①

这是典型的政教工具论，把文章作为"治物之器"与孙复的"文为道用"从思想方法上来说是有较大差别的，然而考察他们所讲的具体内容，与政治教化的密切结合却是其共同的本质特征。李觏的这种观点在古文大家王安石那里得到进一步发挥，王安石《与祖择之书》就说：

> 治教政令，圣人之所谓文也，书之策，引而被之天下之民，一也。圣人之于道也，盖心得之，作而为治教政令也，则有本末先后，权势制义而一之于极。其书之策也，则道其然而已矣。②

---

① 李觏《上李舍人书》，《李觏集》卷二七，第288页。
② 王安石《与祖择之书》，《临川集》卷七七，第502页。

王安石《上人书》中探寻"圣人作文之本意",将"文"释为"礼教治政",并说:

> 所谓文者,务为有补于世而已矣;所谓辞者,犹器之有刻镂绘画也。……要之,以适用为本,以刻镂绘画为之容而已。

这里之文,几成为政治教化的同义语,这是强调文学为现实政教服务至于极端的反映。这种几乎取消文学独立性的观点与二程等理学家相似,不过后者强调的,不是"治教政令"之类具体的东西,而是"心性义理"等抽象的思维。与此相对立,苏洵、苏轼父子论文,较少儒学气,对文学的独立性有较多认识,这是古文运动发展的另一途。南宋末周密就说:"宋之文治虽盛,然诸老率崇性理,卑艺文。朱氏主程而抑苏,吕氏《文鉴》去取多朱意,故文字多遗落者,极可惜。水心叶氏云:'洛学兴而文字坏。'至哉言乎。"① 后来苏氏受到朱熹的指责,② 也是可以理解的了。

欧阳修同样认为,圣人之道不是虚无之理,他在《答李诩第二书》中批评空谈"性说"者是"执后儒之偏说,事无用之空言"。他之学古,也是在于为今之用的,如其《武成王庙问进士策》云:

---

① 周密《浩然斋雅谈》卷上,孔凡礼点校,北京,中华书局 2010 年,第 15 页。
② 罗大经《鹤林玉露》甲编卷二"二苏"条:"(朱)文公每与其徒言,苏氏之学坏人心术,学校尤宜禁绝。编《楚辞后语》,坡公诸赋皆不取,惟收《胡麻赋》,以其文类《橘颂》。编《名臣言行录》,于坡公议论,所取甚少。"上海师大古籍所编《全宋笔记》第八编第三册,第 161 页。关于朱熹对苏学的批评,以下二文论之甚详:谢桃坊《关于苏学之辩——回顾朱熹对苏轼的批评》(载氏著《国学论集》,北京,社会科学文献出版社 2011 年。原刊台湾《孔孟月刊》第 36 卷第 2 期,1997 年 10 月)、曾枣庄《论宋人对苏轼的批评》(《中华文史论丛》2003 年第 74 期)。

"儒者之于礼乐，不徒诵其文，必能通其用。不独学于古，必可施于今。"① 他之所谓"知古明道"，内涵丰富。其《与张秀才第二书》例举史实证明：

> 凡此所谓道者，乃圣人之道也。此履之于身、施之于事而可得者也。
> 凡此所谓古者，其事乃君臣、上下、礼乐、刑法之事。
> 唐虞之道，为百王首。……然其事不过于亲九族，平百姓，忧水患，问臣下谁可任，以女妻舜，及祀山川，见诸侯，齐律度，谨权衡，使臣下诛放四罪而已。孔子之后，惟孟轲最知道，然其言，不过于教人树桑麻，畜鸡豚，以谓养生送死，为王道之本。②

可见欧阳修所说的古道，既有纲常伦理的一面，又有关切治理好人民生活的一面，而且对后者更加强调。他在《答吴充秀才书》中，探寻了"为道"而不至的原因：

> 夫学者未始不为道，而至者鲜焉。非道之于人远也，学者有所溺焉尔。盖文之为言，难工而可喜，易悦而自足。世之学者往往溺之，一有工焉，则曰吾学足矣！甚者，至弃百事不关于心，曰吾文士也，职于文而已，此其所以至之鲜也。③

---

① 欧阳修《答李诩第二书》《武成王庙问进士策》，《居士集》卷四七、四八，《欧阳修全集》，第319、325页。
② 欧阳修《与张秀才第二书》，《居士外集》卷十六，《欧阳修全集》，第481页。
③ 欧阳修《答吴充秀才书》，《居士集》卷四七，《欧阳修全集》，第321页。

以"文士"自居，不仅溺于文之工，更甚者乃弃百事不关于心，放弃了对"道"的追求。可见他之为道，同样是与现实政治和社会生活密切联系的。欧阳修门人曾巩是儒学复兴的积极鼓动者，他对上古所谓"道德同而风俗一"的世态深切向往，而痛惜于后世"先王之道"的不复存在。其《战国策目录序》云："周之先，明教化，修法度，所以大治；及其后，谋诈用而仁义之路塞，所以大乱。"他在《上欧阳学士第一书》中，批评近世学士"饰藻缋，增刑法，析财利"而不识圣人"仁义礼乐之道"。其《南齐书目录序》中论作为"良史"的条件是："其明必足以周万事之理，其道必足以适天下之用。"① 其实这也是他对执简操笔者的一般要求，表明了为文应与社会政治密切结合的基本立场。朱熹曾多次称赞欧阳修、曾巩、王安石等人的文章，如说："江西欧阳永叔、王介甫、曾子固文章如此好。"又说："人要会作文章，须取一部西汉文，与韩文、欧阳文、南丰文。"② 虽然在"理道"上对他们都不无批评。朱熹的见解，在一定程度上也说明了韩、欧、曾、王在古文运动中的承继关系和代表性，儒家文学的政教中心论也随之复苏。

---

① 曾巩《战国策目录序》《上欧阳学士第一书》《南齐书目录序》，《曾巩集》卷十一、十五、十一，第 183、231、187 页。
② 黎靖德编《朱子语类》卷一三九《论文》上，第 3315、3321 页。

第四章 史学更新与儒学复兴思潮

唐代大史学家刘知几于《史通》开篇言:"古往今来,质文递变,诸史之作,不恒厥体。"① 此言深明史学变通之理,一个时代有一个时代的史学,又不止史体而言了。北宋中叶,史学领域受到儒学复兴思潮的强烈影响,在史著中贯注儒学义旨成为风尚。卑视汉唐,争言正统,论者辈出。纪传体的唐史、五代史的改撰,编年体的《唐史记》《资治通鉴》《唐鉴》的产生,均表现出鲜明的时代特征。

第一节 史以明道:史学风气的变化

唐宋时期,史学风气发生了很大的变化,其变肇端于中唐而大变于北宋中期。

试观唐初修史,以"取鉴"为其要务。唐太宗贞观三年(629)之后的三十年间,陆续撰有八部前代"正史",特别是魏徵(580—643)监修和主持的《梁书》《陈书》《北齐书》《周书》《隋书》等

---

① 刘知几撰、浦起龙释《史通通释》卷一,上海,上海古籍出版社1982年,第1页。

各史，集中地体现了唐太宗要求的"览前王之得失，为在身之龟镜"① 的修史宗旨。魏徵对各家学说采取兼收并容的态度，并反映在这几部史著之中。他在总结"子部"各家时说："儒、道、小说，圣人之教也，而有所偏。兵及医方，圣人之政也，所施各异。……若使总而不遗，折之中道，亦可以兴化致治者矣。"其论"杂者"兼及史官之职："杂者，兼儒、墨之道，通众家之意，以见王者之化，无所不冠者也。古者，司史历记前言往行，祸福存亡之道。然而杂者，尽出史官之职也。"② 这种"通众家之意"在史坛上有悠久的传统，司马迁为"究天人之际，通古今之变"而修成的《史记》，便取各家之长而去其短，不专主一家之学。

唐末而后，后晋官修《旧唐书》③ 和宋初开宝年间所修的《旧五代史》④，承魏徵修史传统，都注重总结前代的成败兴衰，为统治者提供借鉴，以避免重蹈失祚之覆辙。但是，《旧唐书》和《旧五代史》的编撰者但以纂辑史料为能事，同样没有把儒家思想作为评判是非的最高标准。此外，宋太宗时所修《太平御览》、真宗时所修《册府元龟》两部大类书，都以史料浩博见称，虽然也云资诫，但仍属"杂者"之学。例如真宗指令《历代君臣事迹》（即《册府元龟》）的编修者："今所修君臣事迹尤宜区别善恶，有前代褒贬

---

① 王钦若《册府元龟》卷五五四《国史部》，第三十四页，文渊阁《四库全书》本。
② 魏徵等《隋书》卷三四《经籍志》三，北京，中华书局1973年点校本，第1051、1010页。
③ 《旧唐书》为五代后晋官修，二百卷，天福六年（941）始撰，开运二年（945）完稿，宰相刘昫监修，初名《唐书》，后因有欧阳修等所修《唐书》，故两书冠以新旧以示区别。
④ 《旧五代史》原名《五代史》，北宋薛居正监修，开宝六年（973）至七年间修成，后因欧阳修所撰《五代史记》被称为《新五代史》，薛史遂被称为《旧五代史》。

不当如此类者，宜析是论之，以资世教。"① 后来又重申"区别善恶，垂之后世"的修撰宗旨。真宗说："（儒释道）三教之设，其旨一也，大抵皆劝人为善，唯达识者能总贯之。"② 其善恶观是通贯儒释道三教的，标榜不主一家。

北宋中叶，儒学继中唐而后再次掀起复兴思潮，史学受到了强烈的影响。具有新儒思想的史家认为，不应该把史书当作史料或史事的单纯记载，也不仅仅要通过史实来考察和揭示其治乱与兴衰的轨迹，而且要把儒家思想作为评判是非得失的最高和唯一的标准。这种史学思想的变化早在中唐时期已经出现。其时儒者惩矫政弊，喜言《春秋》，啖助等人舍传求经，颇出新意，《春秋》之学显于一时。萧颖士等人引为史法，吹起了一阵盛赞编年体的史学"新"风，萧氏《赠韦司业书》云：

> （孔子）因鲁史记而作《春秋》，托微词以示褒贬。全身远害之道博，惩恶劝善之功大。……有汉之兴，旧章顿革。马迁唱其始，班固扬其风，纪传平分，表志区别，其文复而杂，其体漫而陈。事同举措，言殊卷帙。首末不足以振纲维，支条适足以助繁乱，于是圣明之笔削褒贬之文废矣。

对《史》《汉》"纪传体"表达了强烈不满和批评，于是他依《春秋》义例，作编年史书，自谓"扶孔、左而中兴，黜迁、固为

---

① 李焘《长编》卷六五，景德四年四月丁丑；卷六七，同年十二月乙未。
② 李焘《长编》卷八一，大中祥符六年十一月丁未。

放命"。① 有趣的是，与古文家认为只有古文才能"载道"类似，一些"新史家"认为只有《春秋》这种形式才能"惩恶劝善"。柳冕认为，"有其道必有其文，道及文则德胜，文不及道则气衰"，在《评史官书》一文中则直接指责司马迁违背了圣人之意：

六经之作，圣人所以明天道、正人伦。

（司马）迁之过，在不本于儒教以一王法，使杨朱、墨子得非圣人，此迁之罪也。……圣人之于《春秋》，所以教人善恶也。修经以志之，书法以劝之，立例以明之。恐人之不至也，恐人之不学也。苟不以其道示人，则圣人不复修《春秋》矣。不以其法教人，则后世不复师圣人矣。故夫求圣人之道，在求圣人之心，求圣人之心，在书圣人之法。法者，凡例褒贬是也，而迁舍之。《春秋》尚古，而迁变古，由不本于经也。②

这个指责是相当严厉的，表现了中唐史学风气变化之一端。一时间，有刘轲"常欲以《春秋》条贯，删冗补缺，掇拾众美，成一家之尽善"；③有陆长源撰《唐春秋》，亦宗《春秋》之法。④ 韩愈认为："史氏褒贬大法，《春秋》已备之矣。"⑤ 认为褒贬大法不易仿

---

① 萧颖士《赠韦司业书》，董诰等编《全唐文》卷三二三，第1449页。
② 柳冕《答荆南裴尚书论文书》《答孟判官论宇文生评史官书》，董诰等编《全唐文》卷五二七，第2372、2371页。
③ 刘轲《与马植书》，董诰等编《全唐文》卷七四二，第3401页。
④ 陆长源（？—799），吴人，字泳之，曾任汝州刺史，并拜司马。两《唐史》有传，新史记他"赡于学"，旧史称其"淑书史"。
⑤ 韩愈《答刘秀才论史书》，董诰等编《全唐文》卷五五四，第2484页。

效，主张据实录以明善恶。这种崇尚《春秋》而贬低司马迁、推尊编年而贬斥纪传的史学观，与唐初已大为不同。

要求在史学领域中贯注儒学精神的风气影响流行，到北宋中期得到了更加深刻的体现，此时《春秋》学再度大盛，孙复、刘敞、孙觉等人起，后之继者更不计其数。① 诸儒争发《春秋》要旨，或论其"尊王"之微意，或论其褒贬之大法，或论其修身治国及君臣父子之道。沿唐萧颖士、柳冕余波，以经为体，史为之用，师法《春秋》之意的史著大量出现。正如清初王鸣盛评述说："宋人略通文义，便想著作传世，一涉史事，便欲法圣人笔削。此一时习气，有名公大儒为之渠帅，而此风益盛。"② 喜欢法圣人笔削，成为"史学新风"，虽然或有反对一依《春秋》义例，但承认儒家经典对史学的指导意义。苏洵认为，经、史是互补的，但经是用来衡量史的价值的："经不得史无以证其褒贬，史不得经无以酌其轻重。经非一代之实录，史非万世之常法，体不相沿而用实相资焉。"③ 王、苏二人所说，正好互补，也就是儒家经典特别是《春秋》对北宋中期史学影响的两个方面：前者偏重撰写形式上，如编年、凡例、笔削褒贬、属辞比事之类；后者偏重于思想内容上，即史著应该体现儒家思想的指导原则。二者又是相互依存的。史学新风是儒学运动的

---

① 牟润孙撰《两宋春秋学之主流》说："统《宋史·艺文志》计之，宋人所著经部书，《春秋》类最多。"牟著《注史斋丛稿》，北京，中华书局 1987 年，第 140 页。据统计，宋代的各类《春秋》学专著有 600 余种，占历代《春秋》学著作的近五分之一，参见张尚英著《宋代〈春秋〉学专题研究》，长春，吉林人民出版社 2011 年，第 20、21 页。
② 王鸣盛《十七史商榷》卷九二"唐史论断"条，北京，北京市中国书店 1987 年影印本，页十二、十三。
③ 苏洵《嘉祐集》卷九《史论》上，曾枣庄、金成礼《嘉祐集笺注》，第 229 页。

重要表现形式，与时代思潮密切相关。如果说中唐新儒学的影响在史学领域内尚未取得重要成就，那么到北宋中期已经是硕果累累了。例如纪传体的《新唐书》《新五代史》和编年体的《唐史记》《资治通鉴》《唐鉴》等，体现史学新风的代表著作都涌现在这一变革的时代，我们将在后面再对它们进行讨论。

阐发六经之意，探寻为史之道，逐渐为史家所尚。仁宗时期以论唐史闻名的孙甫把《尚书》《春秋》看作古史的典范，认为为史之道在于"明治乱之本，谨戒劝之道"，颇具代表性。他在《唐史论断序》中说："史以纪事，莫大乎治乱。"又说：

> 古之史，《尚书》《春秋》是也，二经体不同而意同。……《尚书》记治世之事，使圣贤之所为传之不朽。为君者，为臣者，见为善之效，安得不说而行之？此劝之之道也。其间固见恶事致乱之端，此又所以为戒也。《春秋》记乱世之事，以褒贬代王者之赏罚。时之为恶者众，率辨其心迹而贬之，使恶名不朽。为君者，为臣者，见为恶之效，安得不惧而防之，此戒之之道也。其间有善事者，明其心迹而褒之，使光辉于世，此又所以为劝也。是《尚书》《春秋》记治乱虽异，其于劝戒，则大意同也。①

从上可见，孙甫认为史家的最大任务，就是揭示"治乱"的根本原因，以儒家的标准进行"戒劝"。以"史学见称士类"的曾巩以

---

① 孙甫《唐史论断序》，吕祖谦编《宋文鉴》卷八七，第 1238 页。孙甫（998—1057），许州阳翟（今河南禹县）人，字之翰，天圣进士。

"明理""明道"为史之要务,其《南齐书目录序》首先揭明作史的目的:"将以是非、得失、兴坏、理乱之故而为法戒,则必得其所托,而后能传于久,此史之所以作也。"序文以"二典"推明唐虞之治为例,提出了对"良史"的要求:

> 古之所谓良史者,其明必足以周万事之理,其道必足以适天下之用,其智必足以通难知之意,其文必足以发难显之情,然后其任可得而称也。
>
> 盖史者所以明夫治天下之道也。①

曾巩在《寄欧阳舍人书》中说,千百年来铭志之作无数,然而少有流传下来。这是因为铭志之作"一欲褒扬其亲而不本乎理","书之非公与是故也",而铭志"义近于史","非畜道德而能文章者无以为也"。② 他在《梁书目录序》中,力辟佛氏之失,强调以儒家"先王之道"为"天下之通道",结语是"学史者将以明一代之得失也"。③ 这个"明",就是用儒家之道来衡量历史。

以儒家之道来揭示治乱的根本原因并以之作为进行劝诫的标准,实际上已把史学当作了儒学的工具,甚者则取消了史学的独立性。司马光对此说得更加直白,他在评南朝宋文帝立玄、史、文、儒四学时说道:

---

① 曾巩《南齐书目录序》,《曾巩集》卷十一,第187、188页。文中"二典",指《尚书》中《尧典》《舜典》。
② 曾巩《寄欧阳舍人书》,《曾巩集》卷十六,第253页。
③ 曾巩《梁书目录序》,《曾巩集》卷十一,第177页。

> 史者,儒之一端;文者,儒之余事。至于老庄虚无,固非所以为教也。夫学者所以求道,天下无二道,安有四学哉!①

如此,史学只是附在儒学身上的一技而已,这与理学家的史学观是一致的。在经史关系问题上,"以史附经"有着长久的传统。②

北宋理学家除邵雍创造了一套历史循环理论而外,余皆不以史学为意。周敦颐极少论及,张载偶有言之,却说"观书且勿观史,……不如游心经籍义理之间"。③ 二程则要读史识"理",谢上蔡(良佐)"举史书成文",明道指为"玩物丧志",说得良佐发汗。④ 伊川言:"凡读史,不徒要记事迹,需要识治乱安危兴废存亡之理。""读史须见圣贤所存治乱之机,贤人君子出处进退,便是格物。""看史必观治乱之由,及圣贤修己处事之美。"⑤ 由外在的要求,及于内在的修养,表现了理学家对史学的要求。将史学置于儒学义理之下则是理学家的共同特征,如理学集大成者朱熹就说:

---

① 司马光《资治通鉴》卷一二三,宋文帝元嘉十五年十二月,司马光"论",北京,中华书局1982年点校本,第3868页。《宋书》卷九三《雷次宗传》载,宋文帝元嘉十五年(438),雷氏在京师开馆聚徒教授,置生百余人,"会稽朱膺之、颍川庾蔚之并以儒学,监总诸生。时国子学未立,上留心艺术,使丹杨尹何尚之立玄学,太子率更令何承天立史学,司徒参军谢元立文学,凡四学并建"。北京,中华书局1974年点校本,第2293页。
② 周予同说:"两汉以前,还是'史附于经'的阶段,史学似无独立地位。魏晋到隋唐,史部开始独立了。"《周予同经学史论》,第482页。朱维铮指出,即便是提出"六经皆史"的章学诚,"仍然坚持史学应为经学的附庸",可见这个"传统"之深厚。饶宗颐著《中国史学上之正统论》,朱维铮《序》,上海,上海远东出版社1996年,第2、3页。
③ 张载《理学经窟·义理》,《张载集》,第276页。
④ 黎靖德编《朱子语类》卷一一八《训门人六》,第2841页。
⑤ 以上三则,分别见《河南程氏遗书》卷十八、十九、二四,《二程集》,第232、258、313页。

"读书须是以经为本，而后读史。"① 实即要以经带史，要以儒家经典的视角来读史。

以史明道、明理，或劝或诫，必以儒经之旨为归，这在北宋中期成为史家普遍接受的信条。司马迁及其《史记》在此时受到了更多的责难，正是这种史学风气变化的集中反映。对司马迁的异议，早有《汉书·司马迁传》所论："其是非颇谬于圣人，论大道则先黄老而后六经，序游侠则退处士而进奸雄，述货殖则崇势利而羞贱贫。"司马迁推重黄老，本不为诬，然后世常引此语，以之责难司马迁，甚者则作为司马迁的一大罪状，从前述中唐萧、柳等人对司马迁的批评可见一斑。宋初柳开论云："司马氏疏略核辨，泛乱而宏远。"② 已开宋人斥迁"不醇"之先河。北宋中叶对司马迁的批评，可用"甚嚣尘上"来形容，其内容大体集中在如下密切联系的三个方面：

第一，指责司马迁破编年而创纪传。孙甫之论最富代表性，他在前引《唐史论断序》中言"史之体"时说，纪传"不若编年体正而文简"，指称：

> 司马迁修《史记》，破编年体，创为纪传，盖务便于记事也。记事便，则所取博，故奇异细碎之事皆载焉。虽贯穿群书，才力雄俊，于治乱之本，劝戒之道，则乱杂而不明矣。……迁以人臣谋议功勋，与其家行细事，杂载于传中，其体便乎？复有过差邪恶之事以召危乱，不于当年书之以为深

---

① 黎靖德编《朱子语类》卷一二二《吕伯恭》，第2950页。
② 柳开《东郊野夫传》，《柳开文集》卷二，《宋集珍本丛刊》第一册，第446页。

戒，岂非失之大者？

吊诡的是，孙甫责司马迁博取"奇异细碎"，与太史公评儒家"博而寡要"颇为同趣。司马光撰《资治通鉴》，自谓"每患迁、固以来，文字繁多"，故而"欲删削冗长，举撮机要，专取关国家盛衰，系生民休戚，善可为法，恶可为戒者，为编年一书，使先后有伦，精粗不杂"。① 显然对迁、固以来的以纪传史为主体的史学颇有微词。北宋中期以来，编年史盛行，受儒学思潮的影响是显而易见的。

第二，指责司马迁书杂乱而是非不明。前引孙甫《唐史论断序》即言《史记》"于治乱之本，劝戒之道，则乱离而不明矣"。与之同时的孙复《文王论》也说：司马迁"叙太公之迹也，不能实录善事，乃散取杂乱不经之说以广异闻尔"。曾巩《南齐书目录序》对两汉以来的史学极尽贬低，认为司马迁于秦火之余，掇拾"善恶之迹、兴废之端"创纪传之文，虽可称奇，但指责迁说：

> 然而蔽害天下之圣法，是非颠倒而采摭谬乱者，亦岂少哉？是岂可不谓明不足以周万事之理，道不足以适天下之用，智不足以通难知之意，文不足以发难显之情者乎？②

这自然不属曾巩所谓的"良史"之列了。欧阳修以孔子述史"止于尧舜，著其大略而不道其前"为标准，批评司马迁"远出孔子之后

---

① 司马光《资治通鉴》附《进书表》，第 20 册，第 9607 页。
② 曾巩《南齐书目录序》，《曾巩集》卷十一，第 188 页。

而乃上述黄帝以来,又详悉其世次,其不量力而务胜,宜其失之多也"。① 徐积认为,司马迁"所养、所学皆不能醇,其所师所友亦或如之,故其言多驳杂,无足怪也"。② 苏辙指责司马迁作《史记》记五帝三代事,"不务推本《诗》《书》《春秋》,而以世俗杂说乱之",著《古史》,言迁"浅陋而不学,疏略而轻信",朱熹以为最中其失。③

第三,在指责司马迁是非不明之中,又特别斥其"先黄老而后六经"为大疵。李觏《读史》诗云:

> 子长汉良史,笔锋颇雄刚。惜哉闻道寡,气志苦不常。心如虫丝轻,随风东西扬。一事若可喜,不顾道所长。公言绌原宪,侠贼乃为良。仁义谓足羞,货殖比君王。黄老先六经,斯言固猖狂。吁嗟夫子没,两观无刑章。予怀班孟坚,驳议何洋洋。④

李觏看来,司马迁(子长)先黄老是"闻道寡",他是喜欢班固(孟坚)的。宋人喜论"班马异同",⑤ 北宋中期开其端,背后有

---

① 欧阳修《帝王世次图序》,《居士集》卷四三,《欧阳修全集》,第 300、301 页。
② 徐积《节孝集》卷三十一,《节孝先生语》第二十页,文渊阁《四库全书》补配文津阁《四库全书》本。
③ 苏辙《栾城后集》卷十二《颍滨遗老传》上,上海中华书局,《四部备要》本,第 514 页。朱熹肯定《古史·序》对司马迁的批评,见黎靖德编《朱子语类》卷一二二《吕伯恭》,第 2951 页。
④ 李觏《读史》,《李觏集》卷三五,第 392 页。按,诗中"原宪",字子思,孔子弟子。
⑤ 倪思撰《班马异同》三十五卷,比较《史记》《汉书》优劣。倪思,湖州人,乾道二年进士,《宋史》有传。

着深刻的思想动因。苏轼说："吾尝以为司马迁有大罪二,其先黄老后六经,退处士进奸雄,盖其小小者耳。所谓大罪二,则论商鞅、桑弘羊之功也。"认为所谓商鞅"变法定令"使秦人富强,"此皆战国之游士邪说诡论,而司马迁暗于大道,取以为史"。还说:"自汉以来,学者耻言商鞅、桑弘羊,而世主独甘心焉,皆阳讳其名而阴用其实,甚者则名实皆宗之,庶几其成功,此则司马迁之罪也。"特别指责桑氏乃"斗筲之才,穿窬之智,无足言者",而司马迁却称桑氏"不加赋而上用足",① 苏轼赞成司马光对王安石变法经济思想的批评。这里也可看出,在熙丰变法期间,史学思想并不纯粹是"学术"的,它深刻地卷入了政治旋涡之中。

对司马迁的责难如此众口一词,是北宋儒学复兴思潮的重要表现。王珪作考官,甚至以班固讥迁"是非颇谬于圣人"为题策问,要考生就《史记》异于儒经之处而"著其得失","以信班氏之议"。② 根本原因,是认为司马迁等学者舍去了"正道",如程颐所说:"墨子之德至矣,而君子弗学也,以其舍正道而之他也。相如、太史迁之才至矣,而君子弗贵也,以所谓学者非学也。"③ 综上可见,司马迁及其《史记》在此期间受到普遍的苛责,绝非偶然,正是时风所趋,是要把史学变为儒学的纯正工具的表现。

---

① 苏轼《东坡志林》卷五"司马迁二大罪"条,王松龄点校,北京,中华书局1981年,第107页。司马迁说由于桑弘羊"入粟补官"等措施,"民不益赋而天下用饶",见《史记·平准书》。
② 王珪《华阳集》卷三三《策问》,《丛书集成》初编,上海,商务印书馆1935年,第424页。
③《河南程氏遗书》卷二五,《二程集》,第319页。

第二节　宋人重议论：史论新特点

近世史家刘咸炘谓，宋人之于史"重议论而轻考索"。[①] 此风之盛，始于仁宗时期。思想的禁锢已打开了缺口，复兴儒学思潮更为高涨。新儒诸公高举儒帜，大倡风节，论史论政，各抒己见，是北宋中期疑经思潮影响下破除了人云亦云而养成的新学风。社会危机的加深，政治风潮的涌涨，激励新儒者们去探寻历史上治乱兴衰的道理，于是论者辈出。虽云论史，往往有现实的针对性，并不空发议论，史论出现了以下新特点。

圣人制作说这一古老话题再度流行，古代的纲常伦理被奉为永垂万世的根本大法。或复古，或借复古以创新，本来就是儒学复兴运动的思想特点，儒学复兴的激进鼓吹者石介《复古制》一文充分体现了这种精神旨趣。其云：

> 厥初生人，……同乎禽兽之道也。伏羲氏、神农氏、黄帝氏、陶唐氏、有虞氏、夏后氏、商人、周人作，然后有君臣，有父子，有夫妇，有男女，有衣服，有饮食，有田土，有宫室，有师友，有尊卑，有冠婚，有丧祭。噫，圣人之作皆有制也，非特救一时之乱，必将垂万世之法。
>
> 夫礼乐、刑政、制度，难备也久矣。始伏羲氏历于神农、黄帝、尧、舜、禹、汤、文、武、周公、孔子十有一圣人，然

---

① 刘咸炘《宋史学论》（1926），《推十书》第二册，第1488页。

后大备矣。①

"圣人之作"已经很完美了，如今只要"复古之制"就可以了。又如李觏《礼论》篇对从三皇到孔子的所谓"先圣遗制"的形成、作用、内涵等都做了详尽的阐述，将先王之礼奉为"人道之准，世教之主"，治理天下在于"崇先圣之遗制，攻后世之乖缺"。②三代以后出现的变乱，是由于古制或古道被破坏了的缘故。石介《原乱》篇追溯"乱"的本原："周秦而下，乱世纷纷，何为则然也？原其来有由矣，由乱古之制也。"他又说圣人之制是"垂万世而不可易"之法，"不反其始，其乱不止"。③曾巩认为成康之后先王之制便不复存在了："成、康殁而民生不见先王之制，日入于乱，以至于秦，尽除前圣数千载之法。"④所以恢复先王之制是十分要紧的大事。"祖述尧舜，宪章文武"本为儒家所尚，宋代的新儒者大体都说过类似的话。在美化三代之治的背后，寄托着儒家学者的政治理想，同时也针对现实社会问题而大发议论，所以这期间对三代历史的论述充满着复古主义的浓郁气味，而又深寓不满现实的批判精神。这一点，颇类秦汉间学者言三代事，"其颂述三古之隆，正其想望后来之盛。必曰古固如此，则诬，若曰后当如是，则其思深、其意远也"。⑤

---

① 石介《复古制》，《徂徕石先生文集》卷六，第69页。
② 李觏《礼论》第一，《李觏集》，第5页。
③ 石介《原乱》，《徂徕石先生文集》卷五，第64—66页。
④ 曾巩《唐论》，《曾巩集》卷九，第140页。西周文王、武王之后的成王、康王时代被认为是"刑措四十年"的治世，称为"成康之治"。
⑤ 蒙文通《儒家政治思想之发展》(1940)，《蒙文通全集》第一集，第56页。

李觏著《礼论》七篇，主旨是"推其本以见其末，正其名以责其实，崇先圣之遗制，攻后世之乖缺"。又撰《周礼》五十一篇，分《内治》《国用》《军卫》《刑禁》《官人》《教道》诸目，总篇名命为《周礼致太平论》，明确宣称："岂徒解经而已哉！唯圣人君子知其为言之也。"二论都对三代政治进行了许多美化，并提出了自己对改造现实的主张。又撰有《平土书》二十条，详言周朝"平土之法"，称："古之行王政必自此始，儒有欲谈三王，可不尽心哉？抑焉知其不复用也？"[①] "复古"意味厚烈。欧阳修在一篇策问中，盛赞三代之治繁简得当，上下安和，认为"今一切悖古"是"仁政未成"的原因[②]，要求在这个"结论"下阐发自己的想法，由古及今，针对现实，不发空论。"有为言之"表现了儒家"切于人事"的态度，与其说是论史，不如说是论政。

"祖述尧舜，宪章文武"的结果，必然要以"先王之道"来作为权衡成败得失的标准，这与"史以明道"的精神一致。用此标准来剖析汉唐历史，于是出现了一种较为普遍的"卑视汉唐"的历史观，石介、李觏、曾巩以及范祖禹的论述具有代表性。

石介撰《汉论》三篇，以三代"王道"政治为标帜，认为汉代"不能尽循周之道，王道于斯驳焉"，论云：

> 周衰，王道息，秦并天下，遂尽灭三王之道，汉革秦之祚已矣，不能革秦之弊，犹袭秦之政。
> 噫！汉顺天应人，以仁易暴，以治易乱，三王之举也，其

[①] 李觏《礼论序》《周礼致太平论序》《平土书序》，《李觏集》卷二、五、十九，第5、67、183页。
[②] 欧阳修《问进士策》，《居士集》卷四八，《欧阳修全集》，第326页。

始何如此其盛哉！其终何如此其卑哉？三王大中之道，置而不行，区区袭秦之余，立汉之法，可惜矣！①

在石介眼中，唐朝"龌龊十八帝、局促三百年"，"女后乱之于前，奸臣坏之于中，宦官覆之于后"，"采摭唐史中女后、宦官、奸臣事迹，各类集作五卷，谓之《唐鉴》"，希望宋王朝的统治者效法"汤以桀为鉴，周以纣为鉴"的榜样，"以唐为鉴"。② 李觏论汉唐立意与石介近似，内容侧重点不同。其著《常语》以汉唐为"王而驳者"，其道不纯。著《礼论》七篇，极言"先王之遗制"，推尊周孔，认为圣人之治，"无他，一于礼而已矣"。论之第七有"议者以三代之后，汉、唐为盛，如之何可比隆于古昔也"这一设问，他答曰：

> 汉唐其卑矣！高帝起于陇亩，草创天下，法制未修。文、景继立，龊龊守成，公卿多武人，而黄老刑名之学，炽于其间。
>
> 武帝……黩兵好胜，竭天下之财，以事四夷，延方士，筑宫馆，以求神仙，用不经之言，以东封泰山，禅梁父。
>
> 光武忧勤民事，而不务大体，专求俗吏之课。不师经籍，而听用图谶之书，以疑天下耳目。
>
> 唐高祖凡庸之材，乘运而起。太宗有非常之度，而残杀长嫡，以取其位，不能纯用先王之制。

---

① 石介《汉论》上，《徂徕石先生文集》卷十，第111、112页。
② 石介《唐鉴序》，《徂徕石先生文集》卷十八，第210页。按，石介《唐鉴》已佚。

> 明皇亲见祸乱，心思矫正，而兴起老子、庄周之说，以害教化。

李觏对汉唐"盛世"做了很低的评价，批评甚多，最后说："汉唐之盛，犹不足观，汉唐之衰，万世之鉴也。"①

曾巩指斥汉代"多用秦法"，对唐也颇多批评，撰《唐论》，论唐太宗为政的"得失"云：

> 夫有天下之志，有天下之材，又有治天下之效，然而不得与先王并者，法度之行，拟之先王未备也；礼乐之具，田畴之制，庠序之教，拟之先王未备也；躬亲行阵之间，战必胜，攻必克，天下莫不以为武，而非先王之所尚也；四夷万里，古所未及以政者，莫不服从，天下莫不以为盛，而非先王之所务也。太宗之为政于天下者，得失如此。②

这些史论，已经不是单纯地总结前朝成败兴衰了。新儒学者对历代政治提出了一个更高的评价标准，这就是看其是否符合所谓"先王之道"。

对前代人物，新儒史家也设置了新的评价标准，即是否符合纲常的道德要求，以对五代冯道的评价最有代表性。冯道（882—954）在后唐庄宗世始贵显，自是累朝不离将、相、三公、三师之位，后周显德元年（954）四月去世。对于这位"道之为相，历五

---
① 李觏《礼论》之一，第5页；《礼论》之七，第20—23页。
② 曾巩《唐论》，《曾巩集》卷九，第140页。

朝、八姓"的政坛不倒翁，薛居正《旧五代史》的评论是："道之履行，郁有古人之风；道之宇量，深得大臣之体。然而事四朝，相六帝，可得为忠乎？夫一女二夫，人之不幸，况于再三者哉！"虽然质疑其"忠"，但是基本予以了正面评价。而欧阳修在《新五代史》中强调"礼义廉耻，国之四维"的古训，将冯道置于《杂传》中，痛斥说："予读冯道《长乐老叙》，见其自述以为荣，其可谓无廉耻者矣，则天下国家可从而知也。"① 司马光也斥冯道云："自古人臣不忠，未有如此比者。"担心给后世带来恶劣影响："余恐后世以道所为为合于理，君臣之道，将大坏矣。臣而不臣，虽云其智，安所用哉！"②

随着理学思想的逐渐确立，三纲五常之道被认定为"天理"。站在这种立场上看待历史，三代以后，更是无可称颂。稍后于曾巩等人的范祖禹（1041—1098）论唐，是这种史论的代表。其著《唐鉴》，开篇论高祖起兵，谓"太宗陷父于罪而胁之以起兵，高祖昵裴寂之邪，受其宫女而不辞，又称臣于突厥，倚以为助。……是以唐世人主无正家之法，戎狄多猾夏之乱，盖高祖以此始也"。又斥李世民杀其兄皇太子建成而被立为皇太子事是"为子不孝，为弟不弟，悖天理、灭人伦而有天下，不若亡之愈也"。③ 卷六论肃宗至德

---

① 欧阳修《新五代史》卷五四《杂传叙》，冯道本传载："当是时，天下大乱，戎夷交侵，生民之命，急于倒悬，道方自号'长乐老'，著书数百言，陈已更事四姓及契丹所得阶勋官爵以为荣。"第611、614页。
② 司马光《冯道为四代相》（1045），原载《司马公文集》卷七三，曾枣庄、刘琳主编《全宋文》第1221卷，第56册，第179页。《资治通鉴》卷二九一，太祖显德元年四月庚申，亦有类似的评语，文字更多。
③ 范祖禹《唐鉴》卷一，隋大业十三年、唐武德九年，据上海图书馆藏宋刻本影印，上海古籍出版社1984年，第5、22页。按，为弟不弟，后一弟字当作"悌"[tì]，敬事兄长。

元年（756）自称帝于灵武是"太子叛父"，且云：

> 唐有天下几三百年，由汉以来享国最为长久，然三纲不立，无父子君臣之义，见利而动，不顾其亲。是以上无教化，下无廉耻。古之王者，必正身齐家以率天下。其身不正，未有能正人者也。唐之父子不正而欲以正万事，难矣！①

类此论语尚多，不具引。卑视汉唐的观点为理学家所承持，如明道言："三代之治，顺理者也。两汉以下，皆把持天下者也。"伊川论唐，与范祖禹同出一辙："唐有天下，如贞观、开元间，虽号治平，然亦有夷狄之风。三纲不正，无父子君臣夫妇，其原始于太宗也。"②朱熹赞同秦汉以下"无善治"之说，并斥唐太宗"假仁借义以行其私"。③被后世称颂的汉唐"盛世"在北宋新儒者们的眼中是如此不足道，至于五代，更被指为人鬼失序的社会，待后再叙言之。

作为儒学渗入史学的一个侧影，"正统之辨"在北宋中叶异乎寻常地热闹起来。释家看重自家传法之统，韩愈创儒家道统说与之相抗。欧阳修等在政治历史观中倡言"正统"，成为这期间史论的又一主题。

正闰之说，其来已久。战国而后，邹衍的五德转移说盛行。统治者据五行阴阳之说确定正闰，以证明自己"承天应命"的合法性。据谓周属火德，秦自称水德以胜之。又汉亦称以水德继周而将

---

① 范祖禹《唐鉴》卷六，至德元载七月甲子，第149页。
② 《河南程氏遗书》卷十一、十八，《二程集》，第127、236页。
③ 黎靖德《朱子语类》卷一二七《本朝一》、一三五《历代二》，第3044、3219页。

秦列为闰位，于是正闰之论兴起。五德转移说在古代政治思想领域内影响极大，直到宋初仍然保持着相当的势头。据李焘《长编》卷一载，宋太祖即位之初即建隆元年（960）三月壬戌，朝廷便认定："国家受周禅，周木德，木生火，当以火德王，色尚赤，腊用戌。"后有议者言当改运：卷二五载雍熙元年（984）四月，布衣赵垂庆上书言，"皇家当越五代而上承唐统为金德"；卷七四载大中祥符三年（1010）九月戊戌，开封府功曹参军张君房上疏亦云，"唐土德，五德相承，国家当承唐室正统，用金德王"；卷九五载天禧四年（1020）五月己卯，光禄寺丞谢绛上言国家有"土德之验"，当应；而大理寺丞董行父请"用天为统，以金为德"，后之议者均未被采纳。诸辈所议虽有异，然而皆不出五运之说，直至仁宗时宋庠撰《纪元通谱》一书，尤以"五德相承"为说。

另一种正统说是分裂时期统治者为本政权的合法性辩解之"偏辞"，即如司马光在《资治通鉴》中所说："及汉室颠覆，三国鼎跱，晋氏失驭，五胡云扰。宋、魏以降，南北分治，各有国史，互相排黜，南谓北为索虏，北谓南为岛夷。朱氏代唐，四方幅裂，朱邪入汴，比之穷、新（胡注：唐庄宗自以为继唐，比朱梁于有穷篡夏、新室篡汉），运历年纪，皆弃而不数，此皆私己之偏辞，非大公通论也。"① 不赞同这些"私己之偏辞"。

在五运说风行的唐代，有人对"正统"说提出了新的见解。皇甫湜在《东晋元魏正闰论》中说："王者受命于天，作主于人，必大一统，明所授，所以正天下之位，一天下之心。"② 这是在发挥

---

① 司马光《资治通鉴》卷六九，魏文帝黄初二年三月，"臣光曰"。
② 皇甫湜《东晋元魏正闰论》，董诰等编《全唐文》卷六八六，第 3115 页。

《春秋公羊传》"大一统"说。这种观点为欧阳修所继承并进一步加以发挥,著《正统论》多篇,① 把"正统"之辨推至高潮。

《正统论·序论》云:所谓"正统",就是"王者所以一民而临天下"。其《上篇》云:"《传》曰:君子大居正。又曰:王者大一统。正者,所以正天下之不正也;统者,所以合天下之不一也。"因为有"不正与不一",故而作此论以明之。其《下篇》则详细地分析了历史上各朝代是否符合正统的问题。在欧阳修看来,三代的正统不成问题,并据自己确定的标准,将历代的情况分为四类:

一是"居天下之正,合天下于一,斯正统矣。尧、舜、夏、商、周、秦、汉、唐是也"。

二是"始虽不得其正,卒能合天下于一。夫一天下而居正,则是天下之君矣,斯谓之正统,可矣。晋、隋是也。"这也勉强算得上正统。

三是如东晋、后魏,"两立不能相并,考其迹,则皆正;较其义,则均焉"。正统难以确定,实际上是被摒于正统之外,这在他后文的分析中也可以看出。

第四种情况是魏及五代,难入正统之列,因它们"始终不得其正,又不能合天下于一"。

北宋《春秋》学重在尊王,"大一统"之说得以流行,欧阳修的"正统"论明显受到影响。正如他在《原正统论》中所说:"正统之说启于谁乎?始于《春秋》之作也。……圣人之意在于尊周,以周之正而统诸侯也。"所谓"正统",亦即政统,政权延续之合法

---

① 欧阳修初撰有《原正统论》等十余篇论"正统"文,载《居士外集》卷九。后来删定为《序论》《上篇》《下篇》三篇,附《或问》一篇,本文所引据此,《居士集》卷十六,《欧阳修全集》,第115—121页。

统绪。

欧阳修《正统论·上篇》还驳斥了此前的两种正统论调,认为它们"挟自私之心而溺于非圣之学"。其一驳"偏名一德"云:"为南史者诋北为虏,为北史者抵南为夷,此自私之偏说也。自古王者为兴,必有盛德以受天命,或其功泽被于生民,或累世积渐而成王业,岂偏名于一德哉?"其后司马光与此论合。其二驳"五胜之述"云:

> 汤、武之起,所以救弊拯民,盖有不得已者。而曰五行之运有休王,一以彼衰,一以此胜,此历官术家之事。而谓帝王之兴必乘五运者,谬妄之说也,不知其出于何人?盖自孔子殁,周益衰乱,先王之道不明,而人人异学,肆其怪奇放荡之说。后之学者不能卓然奋力而诛绝之,反从而附益其说以相结固,故自秦推五胜,以水德自名。由汉以来有国者,未始不由于此说。此所谓溺于非圣之学也。

明确宣称他畅论"正统",就是为了捍卫儒家"圣道"。

如何看待五代统绪问题,似乎困惑着北宋的史家,欧阳修《正统论》就是这一难题引发的。在《正统论》所附《或问》篇中,他说虽然"正统之说不见于六经,不道于圣人",这是因为时代不同的缘故。如果秦、汉而后孔、孟复出,一定会"为之一辨而止其纷纷"的。于是以孔、孟后继者自居,作论以息天下之争。欧公初以魏、梁为正,引起了一番争论。《宋史·章望之传》说:"欧阳修论魏、梁为正统,望之以为非,著《明统》三篇。"章论今佚,苏轼撰《正统论》记其论云:"乡人且耻与盗者偶,圣人岂得与篡君同名哉？……君子大居正，而以不正人居之，是正不正相去未能远也。"浸渍了儒家的正统观和道德观。章氏又提出正统与霸统二元说，以霸统代替闰位。苏轼则大体以欧说为是，也提出了不同的看法。① 王安石据此抨击苏轼"附丽欧阳修"，认为章、苏二论都无理。②

除章、苏而外，又有杨杰者在《五代纪元序》中说：五代之时，"生灵困于涂炭，王道衰而不振，史氏荡而无法，秉笔之士为之叹息。呜呼！十三主有君天下之势而无君天下之道"。不与之"正统"之列，并说："不与之，所以正正统也。正统不正，何以正天下哉？"③ 提出正统的"王道"说，与章望之可以列为正统之辨中的道德派。南宋郑思肖撰《古今正统大论》，④ 以经断史，以正统、圣人、中国为一体，可谓其继又甚之者。

司马光作《通鉴》，深感于"正闰之论，自古及今，未有能通其义，确然使人不可移夺者"，于是不取正闰之说，"但据其功业之实而言之"，⑤ 不赞成纯以"道德"来判断正闰。但他在《答郭纯长官书》中，对章望之"补欧阳修思虑之所未至，谓秦、晋、隋不得与二帝三王并为正统，魏不能兼天下当为无统"之说表示赞许，对其以霸易闰之说表示非议。他虽以正闰之辨难以确论，但承认"愈

---

① 苏轼《正统论》之二《辩论》，《苏轼文集》卷四，第121页。
② 黄以周等《续资治通鉴长编拾补》卷六，熙宁二年十一月己巳。顾吉辰点校，北京，中华书局2004年。
③ 杨杰《五代纪元序》，《无为集》卷九，页四，文渊阁《四库全书》本。杨杰，无为军（今安徽无为县）人，嘉祐四年进士，序写于治平三年。
④ 郑思肖《古今正统大论》，陈福康校点《郑思肖集》，上海，上海古籍出版社1991年，第132—137页。郑思肖（1241—1318），生于临安（今杭州），迁居吴门（今苏州）。
⑤ 司马光《资治通鉴》卷六九，魏文帝黄初二年三月，"臣光曰"。

讲而愈精，庶几或可以臻其极"。① 刘恕也曾与司马光争辩过"纪年"系于蜀或魏的问题。其后陈师道、毕仲游、张栻以及朱熹等人都对"正统"问题发过议论。古代史家对此都极为看重，从欧阳修而起，议者蜂起。其实质，尹洙撰《南北正统论》，一语道破，就是一个得位的"合法性"问题：

> 王者，位配于天地，数协于运历，主其社稷，庇其民人，示天下无如之尊也，无二其称也。故易曰大宝，史曰神器。苟社稷有主而僭其称号，则其名曰盗，其位曰窃。示万民可得而诛，后世可得而贬，千古不易之道。②

后来郑思肖也说得明白：

> 中国之事，系乎正统；正统之治，出于圣人。中国正统之史，乃后世中国正统帝王之取法者，亦以教后世天下之人所以为臣为子也。③

"正统"论之于史学，最无实际意义，这在今天是不言而喻的。清初王夫之《读通鉴论》即谈到此事不值一提，近代梁启超《新史学·论正统》也以此为"中国史家之谬"，"陋儒龂龂于此事"，"以

---

① 司马光《答郭纯长官书》，原载《司马公文集》卷六一，曾枣庄、刘琳主编《全宋文》第1212卷，第56册，第35页。
② 尹洙《河南府请解提赞南北正统论》，《河南先生文集》卷三，《宋集珍本丛刊》第三册，第353页。
③ 郑思肖《古今正统大论》，《郑思肖集》，第132页。

为天下不可一日无君也，于是乎有统。又以为天无二日，民无二王也，于是乎有正统"。道破了支配"正统"之辨的思想核心。以儒家道德论取代五运之说，在诸家论辩中发生的这个转变，深刻地反映了北宋儒学复兴运动的思想特征。

作为北宋理学五子最年长者的邵雍（1012—1077），是五子中唯一对"历史"表现出相当兴趣的理学家。他创造了一套神秘而庞大的象数学体系，把历史过程分为皇、帝、王、伯（霸）四个阶段，各具道、德、功、力的特点，且又与他自己创造的元、会、运、世这一套推论永无穷尽的时间概念以及春、夏、秋、冬四季变化相配合，说明历史也有一个循环不已的变化过程。其《观物内篇》云："三皇春也，五帝夏也，三王秋也，五伯冬也。七国，冬之余冽也。汉王而不足，晋伯而有余。三国，伯之雄奇者也。十六国，伯之丛者也。南五代，伯之借乘也。北五代，伯之传舍也。隋，晋之子也。唐，汉之弟也。隋季诸郡之伯，江汉之余波也。唐季诸镇之伯，日月之余光也。后五代之伯，日未出之星也。"① 他的历史循环与前面提到的邹衍的五德转移说，以及汉儒董仲舒所言的三统说，是一脉相承的，这是新时期的以儒道思想合流为特征的变相正闰说。邵雍论史，以三皇时代为最高标准，次为五帝、三王、五伯，把"无为而治"的三皇时代作为尧舜之前的理想社会正是道家观念。他以五霸时代"尚争"而斥其"借虚名以争实利"，认为"自古杀人之多，未有如秦之甚，天下安有不厌之乎？"② 说周、汉

---

① 邵雍《观物内篇》第十篇，《邵雍集》，第39页。按，此整理本的篇目是整理者所定，与《道藏》本、《四库》本皆不同。
② 邵雍《观物内篇》第四、八篇，《邵雍集》，第15、31页。

"好生也以义",秦、楚"好杀也以利",① 表现了儒家的仁政思想和义利观。他又以"人伦"的维系作为治乱标准说:"三代之世治,未有不治人伦之为道也;三代之世乱,未有不乱人伦之为道也。后世之慕三代之治世者,未有不正人伦者也;后世之慕三代之乱世者,未有不乱人伦者也。"② 这是把儒家所提倡的纲常伦理作为世之治否的准则。总的来说,邵雍的史论较多地表现了儒道合流的倾向,在北宋中叶诸家中独具特色。

第三节 唐、五代史的重写:《新唐书》和《新五代史》

唐史、五代史的改撰明显地表现了史风的转变,《新唐书》和《新五代史》是改撰热潮中的两部重要成果。

五代时所修《旧唐书》以因仍为主,多抄掇纂辑之功。赵翼《廿二史札记》有详考,例证甚多,总体说来就是:"《旧唐书》前半全用实录,国史旧书。……至会昌以后,无复底本,杂取朝报吏牍补缀成之。"③《四库提要》亦云,《旧唐书》前半因仍前史,"长庆以后,本纪则诗话、书序、婚状、狱词委悉具书,语多支蔓。列传则多叙官资,曾无事实。或但载宠遇,不具首尾。所谓繁略不均,诚如宋人之所讥"。④ 会昌(841—846)、长庆(821—824),唐

---

① 邵雍《观物内篇》第六篇,《邵雍集》,第26页。
② 邵雍《观物内篇》第九篇,《邵雍集》,第34页。
③ 赵翼《廿二史札记》卷十六"旧唐书前半全用实录国史旧本"条,第345—348页。
④ 永瑢等《四库全书总目》卷四六《史部·旧唐书》,该提要据《崇文总 (转下页)

之后期，版籍逐渐散乱不全了。入宋以来，补撰唐史者为数不少，如陈彭年著《唐纪》，赵邻几追补《唐实录》及会昌以来《日历》。二人为文，乃承旧风，如《宋史》本传所说，陈彭年"慕唐四子为文，体制繁靡"，赵邻几"为文浩博，慕徐、庾及王、杨、卢、骆之体"。①

仁宗即位以来，旧史受到越来越多的批评，改写唐史的呼声日渐高涨。在"卑视汉唐"的声流中，以汉唐为鉴则顺理成章。远且不论，如前引石介《唐鉴序》就从唐代总结出诸多教训。而《旧唐书》芜杂，受到讥刺是理所当然的。范仲淹就说："《唐书》芜驳，因其成败而书之，无所裁正。"② 宋祁亦说："大中以后，史录不存。虽论著之人，随世哀掇，而疏舛残余，本末颠倒。故圣主贤臣，叛人佞子，善恶汩汩，有所未尽，可为永忾者矣。又旧史之文，猥酿不纲，浅则入俚，简则及漏。宁当时儒者有所讳而不得骋耶？或因浅仍俗不足于文也？亦有待于后取当而行远耶？"③ 在当朝宰相贾昌朝的建议下，宋仁宗于庆历五年（1045）正式下诏重修《唐书》，历时十六年，至嘉祐五年（1060）才完成《新唐书》这一巨著。撰修工作前后有许多人参加，最主要的是宋祁、欧阳修二人，祁撰列

（接上页）目"说，先有吴兢（670—749）撰《唐史》，至创业迄于开元；继有韦述（？—757）"因兢旧本，更加笔削"；史官令狐峘等"复于纪、志、传，随篇增辑"，"昫等用为蓝本，故具有典型"。第410页。

① 分别见《宋史》卷二八七《陈彭年传》、卷四三九《赵邻几传》。陈彭年（961—1017），抚州南城人，雍熙二年进士，曾监修《册府元龟》等书。赵邻几（921—979），郓州须城（今山东东平）人，周显德二年进士。《旧唐书》卷一九〇上《杨炯传》载："炯与王勃、卢照邻、骆宾王以文词齐名，海内称为王杨卢骆，亦号为四杰。"四杰有诗文革新之举，然未脱六朝余绪，如明代陆时雍《诗镜总论》说四杰"调入初唐，时带六朝锦色"。

② 范仲淹《述梦诗序》，《范文正公集》卷六，第53页。

③ 欧阳修、宋祁《新唐书》卷一三二"赞"，第4542页。

传，修撰本纪、志、表。重撰的动机和意义在曾公亮的《进唐书表》中说得十分明确：

> （旧史）纪次无法，详略失中，文采不明，事实零落。……衰世之士，气力卑弱，言浅意陋，不足以起其文，而使明君贤臣，隽功伟烈，与夫昏虐贼乱，祸根罪首，皆不得暴其善恶以动人耳目，诚不可以垂劝戒，示久远，甚可叹也。

前面说过，《旧唐书》并非不言取鉴，受到指责是因为新儒者之于史学已有了一个新的思想标准。作为儒学思潮影响下的产物，欧阳修、宋祁所著之《新唐书》成为新史学的一部代表作，主要表现在如下数端。

第一，《旧唐书》"论""赞"等，骈味很重，又多引用骈体文写成的如诏疏之类的文章，而《新唐书》则尽用古文写作，或删或改，如钱大昕所说，"受禅之诏策不书，代言之制诰不录，五行灾变不言占验，诸臣籍贯不取旧望。有韵之赞全删，俪语之论都改"①。清人对其文体之异多有研究，赵翼《廿二史札记》云："欧、宋二公不喜骈体，故凡遇诏疏四六行文者，必尽删之。"又列举了多条事例证明："欧、宋二公皆尚韩、柳古文，故景文于《唐书》列传，凡韩、柳文可入史者，必采摭不遗。"② 他如王鸣盛《十七史商榷》卷七十"新书尽黜旧书论赞"条、钱大昕《十驾斋养新录》

---

① 钱大昕《十驾斋养新录》卷十三"史通"条，上海，上海书店出版社 1983 年据商务印书馆 1937 年版复印，第 303 页。
② 赵翼《廿二史札记》卷十八"新书尽删骈体旧文""新书好用韩柳文"条，第 379—381 页。赵翼札记卷十六至卷二十共五卷专论两《唐书》的编纂及唐史事。

卷十六"宋子京喜韩、柳文"条均有详考,此不赘述。欧阳修为古文大家,自不待言。宋祁文虽有"奇涩"之责,然其力倡古文也十分显然。他在笔记中,表达了对于文体与史著关系的看法:

> 文有属对平侧用事者,供公家一时宣读施行,以便快然,久之,不可施于史传。余修《唐书》,未尝得唐人一诏一令可载于传者,唯舍对偶之文,近高古乃可著于篇。大抵史近古,对偶(非)宜今。以对偶之文入史策,如粉黛饰壮士,笙匏佐鼙鼓,非所施云。①

《新唐书》的文体适应北宋中期古文运动继唐韩柳之后再次掀起高潮的需要,而古文运动本为儒学运动之一端,《新唐书》在某种意义上正是北宋古文运动取得的一项成果。

第二,欧阳修负责撰写的《本纪》和《志》部分,贯彻了所谓《春秋》笔法。吴缜《新唐书纠谬·序》说,为史之要有三,即事实、褒贬、文采,新书之病在于"事实未明而徒以褒贬文采为事","修《纪》《志》者则专以褒贬笔削自任"。② 章如愚云:"欧阳公撰《唐书》皆有深意,……其为《纪》一用《春秋》法。"③ 章学诚亦论云:"欧阳修《新唐书》始大书之法,笔削谨严,乃出迁、固之上,此则可谓善于师《春秋》者矣。"例如,"凡书伏诛者,以其有

---

① 宋祁《宋景文公笔记》上,左圭《百川学海》辛集,北京,中国书店 1990 年影印本,第 725 页。括号内字据《文献通考》卷一九二"新唐书"条引《宋氏笔记》校补。
② 吴缜《新唐书纠谬·序》,页五,文渊阁《四库全书》本。
③ 章如愚《诸史门》,《山堂考索续集》卷十五,页一九。

罪而正法也";"凡反逆者,虽遣其将拒战,亦必书逆首姓名,不书贼将也"。① 对于这些内容,《廿二史札记》卷十六"新唐书本纪书法""新书本纪书安史之乱"诸条亦有详考。苏辙认为,欧阳修所撰的《新唐书·本纪》"法严而词约,多取《春秋》遗意"②,这自然与旧书多取实录、朝报补缀而风格迥异了。然新书本纪过简,或者失实,也颇为后人所讥③;又吴缜责其"徒以褒贬文采为事",是乃见仁见智,立旨不同了。

第三,《新唐书》在体制编纂上,也表现了褒善贬恶的《春秋》精神。王鸣盛对《旧唐书》批评颇多,认为"新书创立体例远胜旧书":

> 《新唐书》又特变前例,而别为一体。凡方镇之守臣节者,既入之列传矣。其余桀骜自擅而犹羁縻为臣者,则自名《藩镇传》而聚于《酷吏》以下,盖此辈皆未至于叛而近于叛者也,故其位置如此,至于恶之甚者为《奸臣》,敢为悖乱者为《叛臣》,称兵犯上、僭窃位号者为《逆臣》,此皆创前史之所未有。

同时颇以旧书"美恶同卷"为不是,而新书做了调整之后,便"使薰莸异器,阅者一览可知"了。④《廿二史札记》卷十六"新书改编

---

① 章学诚《信摭》,《章氏遗书》外编,北京,文物出版社1985年,第365页。
② 苏辙《欧阳文忠公神道碑》,《栾城后集》卷二三,第582页。
③ 如赵翼就举例批评"欧公过求简净之失""欧公本纪则不免草率从事,不能为之讳也",见《廿二史札记》卷十六"新唐书本纪书法"条,第349页。
④ 王鸣盛《十七史商榷》卷八五"新书创立体例远胜旧书"、卷八四"美恶宜别卷"条。王氏同时认为,"新改旧有是有非",未为尽妥。可注意的是,王氏(转下页)

各传"等条对新书编纂体例之异于旧者也做了较详的考述,此不重言。欧、宋二人力排佛老,不为僧人立传,且将《旧唐书》涉佛事者去之达千余条。①

此外,新书往往本《春秋》精神大发议论,宣扬三纲五常之道,都显示了《新唐书》所贯注的新儒思想。而这在《新五代史》中表现更为突出,此则待后言之。

附此,需要谈到另外一部史书,这就是参与《新唐书》修撰的吕夏卿所著之《唐书直笔》四卷。是书专讲《春秋》笔法,值得注意。对于用字的褒贬,书中有详细的具体说明。如卷一"乱臣"条下云:

> 乱臣贼子,其谋有渐。王者执驭下之柄,必防微塞源焉。书"起"而不云叛,责失御也。《明皇纪》书曰"天宝十四载十一月,安禄山起于渔阳"是也。
>
> 负固怙乱之雄,乘伺衅隙而作,有国所不免,书"叛",有地也。《德宗纪》书曰"兴元元年二月,李怀光以河中叛";《宪宗纪》书曰"元和二年十月,李锜以润州叛"是也。
>
> 无地书"据"。刘辟以西川军司马,因韦皋之薨,窃据成都。《宪宗纪》书曰"贞元二十一年八月,刘辟据成都以叛",无地也。

(接上页)主要是在"体例"上肯定新书的,他是反对著史者"议论褒贬"的(《十七史商榷·序》)。按,是书卷六九至卷九二共二十四卷专论新旧《唐书》的编纂和异同优劣,有较详尽的比对。

① 释志磐《佛祖统纪》卷四六,释道法校注本,第1081页。此条承段玉明先生指点,致谢。

窃地自固，非君命所授，用"自立"文。《德宗纪》书曰："建中二年二月，梁崇义以襄阳自立。"①

检照《新唐书》，与吕书合者不多，则是书为其私意。吕氏深溺于"一字褒贬"之法，所谓《春秋》大法在吕书中得到了更多的体现。

《新唐书》为官修，《新五代史》却为欧阳修一人私撰，然而它同样地作为宋仁宗时期新史学的代表作而享有盛名。此前的《旧五代史》是宋太祖开宝年间宰相薛居正（912—981）监修官书，成书甚速，主要取材于五代实录。《四库提要》说其书"多据累朝实录及范质《五代通录》为稿本"，然而范质此书也是简编五代实录而成的。② 赵翼《廿二史札记》认为："薛史全采各朝实录。……案其记载，不惟可见其采取实录之迹，而各朝实录之书法亦并可概见焉。"③ 同《旧唐书》一样，薛史以因仍为主，后来也同样备受批评，例如王辟之《渑水燕谈录》卷六云：薛史"史笔无法，拙于叙事，五代十四帝止五十三年，而为《纪》六十卷，其繁如此。《传》事尽于《纪》，而《传》止于履历，先后无序，美恶失实，殊无足取"。补改薛史之作甚多，较早如王禹偁撰《五代史阙文》一卷，他批评旧史："君臣事迹传于人口而不载史笔者往往有之，或史氏避嫌，或简牍漏略，不有纪述，渐成泯灭，善恶鉴诫，岂不废

---

① 吕夏卿《唐书直笔》卷一，《丛书集成》初编，长沙，商务印书馆1937年，第11、12页。吕夏卿（1015—1068），字缙叔，泉州人，庆历二年进士。
② 永瑢等《四库全书总目》卷四六《史部·旧五代史》，第411页；王应麟《玉海》卷四八"建隆五代通录"条，南京、上海，江苏古籍出版社、上海书店出版社1987年影印本，第908页。范质（911—964）时为"昭文馆大学士"。
③ 赵翼《廿二史札记》卷二一"薛史全采各朝实录"条，第451页。

乎?"① 其后有陶岳撰《五代史补》五卷，其自序批评旧史"漏落尤甚"，并指出：

> 近年以来，议者以国家诞膺宝命，廓清区宇，万邦辐辏以入贡。九流风动而观政，五代之书必然改作。②

此言昭示了随着时代的变化，史学必将翻新这一真谛。稍后有王皞所上的《唐余录》六十卷，该书"芟《五代旧史》繁杂之文，采诸家之说"而成，"以本朝当承汉、唐之盛，五代则闰也"。③ 尹洙曾与欧阳修相约分撰《五代史》，其史才受到欧公推重。后来尹洙撰《五代春秋》二卷，王鸣盛称此书"全仿《春秋》，谬妄已甚"，④ 颇不以为然。

欧阳修撰新史历时甚久，到皇祐五年（1053）方得完稿。是书吸取了宋初以来相关五代史著的若干成果，如王禹偁《五代史阙文》"叙庄宗'三矢告庙'一段，文字淋漓慷慨，足为武皇父子写

---

① 王禹偁《五代史阙文·自序》。其称"读《五代史》总三百六十卷"，然薛史为一百五十卷，史有明载，《四库提要》撰者也颇疑之，今考《玉海》卷四八"建隆五代通录"条云"（范质）以《五代实录》共三百六十卷为繁"，王禹偁《自序》所指，当为《五代实录》。薛史多抄自此，故有通病。
② 陶岳《五代史补·序》，文渊阁《四库全书》本。序文写于"皇宋祀汾阴之后岁在壬子"，即大中祥符五年（1012）。
③ 晁公武《郡斋读书志》卷六"唐余录"条，第259页。是书于宝元二年（1039）上进。
④ 王鸣盛《十七史商榷》卷九八"五代春秋"条。按，是书卷九四至卷九八共六卷专论新旧《五代史》，王氏认为："学问之道求于虚不如求于实，议论褒贬皆虚文耳。作史者之所记录，读史者之所考核，总期于能得其实焉而已。"（《十七史商榷·序》）

生。欧阳修《五代史·伶官传》全用之,遂成绝调"。①《四库提要》卷五十一"五代史阙文"条亦云:欧史"于朱全昱、张承业、王淑妃、许王从益、周世宗符皇后诸条,亦多采此书"。又云陶岳《五代史补》,欧史也多有所取。邵晋涵跋尹洙《五代春秋》,认为是书"书法谨严,欧阳修史《帝纪》所仿也"。清人凌扬藻曾说:"宋初绩学之士所记五代事者,已无虑十余种,(欧公)罔不参互而甄综之。"②

欧史是在薛史"必然改作"的共同呼声中所产生的代表性成果,这是在史学领域重建儒家道德史观之"必然"。《新五代史》和《新唐书》都采用了许多小说异闻,同用古文写作,但它所效仿的《春秋》笔法以及强调儒家伦常观念更具典型意义。武人起家的王进,《旧唐书·王进传》记其"有政声",《新唐书·王进传》着重书其"以疾足善走而秉旄节",进而感叹道:"五代之君,皆武人崛起,其所与俱通夫悍卒,各裂土地封侯王,何异豺狼之牧斯人!"③《旧五代史·冯道传》长篇评述传主,《新五代史·冯道传》篇幅仅及旧书的约四分之一,且斥冯道"见其自述以为荣,其可谓无廉耻者矣"④,予以严厉的道德批判。北宋陈师锡序《五代史记》(即《新五代史》)揭明了欧史所代表的这种史学风气的意旨:

---

① 王士禛《香祖笔记》卷四,湛之点校,上海,上海古籍出版社 1982 年,第 82 页。
② 凌扬藻《蠡勺编》卷十三。《廿二史札记》卷二十一"欧史不专据薛史旧本"条对其"博采群言"也有详论。
③ 欧阳修《新五代史》卷四九《王进传·附》,王进在后周任"虎捷右厢都指挥使、历汝、郑二州防御使、彰德军节度使",第 558 页。参见《旧五代史》卷一二四《王进传》。
④ 薛居正《旧五代史》卷一二六《冯道传》,第 1655—1666 页;欧阳修《新五代史》卷五四《杂传·冯道传》,第 612—615 页。

> 五代距今百余年，故老垂绝，无能道说者。史官秉笔之士，文采不足以耀无穷，道学不足以继述作，使五十余年间废兴存亡之迹、奸臣贼子之罪、忠臣义士之节不传于后世，来者无所考焉。惟庐陵欧阳公慨然以自任，潜心累年而后成。其事迹实录详于旧记，而褒贬义例仰师《春秋》，由迁、固而来未之有也。①

钱大昕、王鸣盛均以欧公学《春秋》为一病，然而赵翼却极称誉之。赵氏谓"欧史博采群言，旁参互证，则真伪见而是非得其真"，且卷帙不及薛史之半，堪称"良史"。又谓欧史"以《春秋》书法寓褒贬于纪传之中，则虽《史记》亦不及也"，并指出各种寓含褒贬的特定用法，如用兵、得地之名，立皇后得其正者与不以正者之称，"凡此皆先立一例，而各以事从之，褒贬自见。其他书法，亦各有用意之处"。② 宋人徐无党注欧书中，于其"书法"有详细说明，此不赘述。欧史又创新体例以明褒贬，如以专仕一朝者系于某朝，其历仕数朝者则另为《杂传》，"得全节之士"而作《死节传》，"其初无卓然之节而终以死人之事者"而作《死事传》，又特撰《唐六臣传》以讥刺唐臣之仕梁者。③

欧阳修本人深于《春秋》，不迷信三《传》，撰有《春秋论》三

---

① 王鸣盛《十七史商榷》卷九三"欧法春秋"条，页二。
② 赵翼《廿二史札记》卷二一"欧史不专据薛史旧本""欧史书法谨严"条，第459、460页。
③ 欧阳修《新五代史》之《死节传》《死事传》《唐六臣传》中各"论"。参见《廿二史札记》卷二一"薛欧二史体制不同"、《十七史商榷》卷九四"新史意在别立体裁"诸条。

篇，认为"孔子患旧史是非错乱而善恶不明，所以修《春秋》"，①隐然自负地道明为何有《新五代史》之作。其《论史馆日历状》谈到了自己的史学观说："史者，国家之典法也。自君臣善恶功过与其百事之废置，可以垂劝戒示后世者，皆得直书而不隐。"② 这是其《春秋》观的发挥。其"直书而不隐"的观点在《新五代史》中得到了体现。欧史"独不伪梁"，或讥其"大失《春秋》之旨"，他在《新五代史·梁本纪》中回答说：

> 圣人之于《春秋》，用意深，故能劝戒切，为言信，然后善恶明。夫欲著其罪于后世，在乎不没其实。其实尝为君矣，书其为君。其实篡也，书其篡。……《春秋》于大恶之君不诛绝之者，不害其褒善贬恶之旨也，惟不没其实以著其罪，而信乎后世，与其为君而不得掩其恶，以息人之为恶。能知《春秋》之此意，然后知予不伪之旨也。③

"不没其实以著其罪"，可以说是他撰《新五代史》的指导思想。因为在他看来，五代社会污浊不堪，礼乐文章一无所取。其以"呜呼"开头大发议论，乃欲复儒家理想中的政治，真是感情激越，溢于言表。例如立《唐废帝家人传》，论云：

> 呜呼！家人之道，不可不正也。夫礼者，所以别嫌而明微

---

① 欧阳修《居士集》卷十八《春秋论》下，《欧阳修全集》，第133页。
② 欧阳修《奏议集》卷十二，《欧阳修全集》，第849页。
③ 欧阳修《新五代史》卷二《梁本纪》，第21、22页。

也。甚矣，五代之际，君君臣臣父父子子之道乖，而宗庙、朝廷、人鬼皆失其序，斯可谓乱世者欤？自古未之有也。①

在《晋家人传》后论云：

> 五代，干戈贼乱之世也，礼乐崩坏，三纲五常之道绝，而先王之制度文章扫地而尽于是矣！②

又立《一行传》，表彰"负材能，修节义，而沉沦于下，泯没而无闻者"，序论云：

> 呜呼，五代之乱极矣，传所谓"天地闭，贤人隐"之时欤？当此之时，臣弑其君，子弑其父，而搢绅之士安其禄而立其朝，充然无复廉耻之色者皆是也。……君不君，臣不臣，父不父，子不子，至于兄弟、夫妇人伦之际，无不大坏，而天理几乎其灭矣。③

近人梁启超曾说："欧阳修的《新五代史记》好不好，另一问题。但在史家的发达变迁上，不能不推为一个复古的创造者。他在隋、唐、五代空气沉闷以后，能够有自觉心，能够自成一家之言，

---

① 欧阳修《新五代史》卷十六《唐废帝家人传》，第173页。
② 欧阳修《新五代史》卷十七《晋家人传》，第188页。
③ 欧阳修《新五代史》卷三四《一行传》，第369页。

不惟想做司马迁,而且要做孔子,这种精神是很可嘉尚的。"① 其实我们也可以说,欧阳修《新五代史》是否值得嘉尚是另一问题,但儒学复兴思潮在欧阳修的史著中的确得到了真实而有力的反映。

第四节 编年体的复活:
《唐史记》《资治通鉴》和《唐鉴》

前节分析了两部纪传体著作,下面将要谈到三部表现新儒史学的编年体新著。

与宋祁、欧阳修同时,"而于修史事却不与"② 的孙甫不满于纪传体的《旧唐书》,撰有编年体的《唐史记》。陈振孙解题此书云:"甫以《唐书》烦冗遗略,多失体法,乃修为《唐史》,用编年体。自康定元年逮嘉祐元年,成七十五卷,为论九十二首。"③ 宋人张惇颐序此书,揭其修撰意旨:

> (孙甫)每叹旧史猥杂,不足以垂戒后世,乃仿《春秋》编年法,修成《唐史记》七十五卷,其间善恶昭然可为龟鉴者,因著论以明之。④

---

① 梁启超《中国历史研究法补编》分论三,第四章"文化专史及其做法",《中国历史研究法》,上海,上海古籍出版社1998年,第304页。
② 王鸣盛《十七史商榷》卷九二"唐史论断"条,页十二。
③ 陈振孙《直斋书录解题》卷四,第116页。
④ 张惇颐《唐史论断后序》,《唐史论断》附录,页四,广雅书局重刻本,光绪二十五年。

孙甫去世（1057）后不久其书即佚，唯存序论，即今之《唐史论断》。孙甫自序指责《旧唐书》"繁冗遗略，多失体法，诸事或大而不具，或小而悉记，或一事别出而意不相照。怪异猥俗，无所不有。治乱之迹，散于纪传中，杂而不显。此固不足以彰明贞观功德法制之本、一代兴衰之由也"。他认为，唐高祖至文宗（618—840）的《实录》"叙事详备，差胜于他书"，但仍然是：

> 治乱之本亦未之明，纪事务广也；劝戒之道亦未之著，褒贬不精也；为史之体亦未之具，不为编年之体，君臣之事多离而书之也。又要切之事或有遗略，君臣善恶之细、四方事务之繁或备书之，此于为史之道亦甚失矣。①

在这样的认识下，孙甫采旧史与诸家著录，将"参验不差，足以传信者"修成是书，删繁增遗，明正是非。自序又谓"慕古史体法"，并比较编年、纪传二者孰优，认为说到底还是编年"体正而文简"，力欲恢复这一古史体法，在北宋史家中颇富代表性。

孙甫是书谨于劝诫之义，以《尚书》《春秋》为效法的典范。他希望得到君臣上下的观览，善者从之，不善者戒之，以收到治道常兴、乱本预弭的效果。其"为史之道"是以复兴中的儒家伦理道德为主导的。例如"魏郑公论致治不难"条云："观魏公之论，诚得圣人之意。文皇能纳其言而不惑奸人之论，力变时弊，以行王道，呜呼明哉！"又"封禅不著于经"条批评秦皇、汉武行此仪物侈大之礼。又，"不称武后年号"条斥修实录、撰国史者"系后事

---

① 孙甫《唐史论断序》，吕祖谦编《宋文鉴》卷八七，第1238页。

于帝王之年，列伪国于有唐之史，名体大乱，史法大失"。同时以史臣沈既济奏议"请并《太后纪》和《中宗纪》"是"得《春秋》之法，足以正《唐史》之失"。并说明自己在《唐史记》中书武后事于《中宗纪》，"起嗣圣，继以景龙。武后所改，但存其名，备征它事，而不以表年焉，所以正帝统而黜僭号也"。又在"废武后"条云："《旧唐史》书武后传位于中宗，盖史官讳其事也。……今迹其实事，书（张）柬之、（桓）彦范等逐武后，所以明大法也。……用《春秋》之法，为唐贬绝罪人，且作戒于后也。"① 可见孙甫讲劝诫，取《春秋》之义为标准，其在史著中最早肯定沈既济黜武后僭号之议，取正统之说，值得注意。

孙甫以论说唐史著称一时，"论议宏赡"，学者中有"终岁读史，不如一日闻公（指孙甫）论"的美语，声誉甚隆。② 晁公武说："欧阳永叔、司马温公、苏子瞻称其书议论精核，以为旧史所不及。"③ 据孙甫自序："所书之法，虽宗二经文意，其体略与《实录》相类……又不敢僭作经之名也。"王鸣盛论孙甫书云："观其《自序》，欲效《春秋》书法，以褒贬予夺示劝戒，以制度为不必具载，不作志。"同时借甫讥刺宋人作史喜法"圣人笔削"。④ 然而孙甫自序说虽宗二经"文意"，"不可全法《尚书》《春秋》之体"，就此而言，王氏之讥似有偏颇。

王鸣盛《十七史商榷》卷九九"正史编年之体"条深斥孙甫等

---

① 以上孙甫论并见《唐史论断》卷上。
② 欧阳修《居士集》卷三三《孙公甫墓志铭》，《欧阳修全集》第234页。参见曾巩《孙甫行状》（《曾巩集》卷四七）、司马光《书孙之翰墓志后》（《名臣碑传琬琰集》中集卷七）、苏轼《答李方叔书》（《苏轼文集》卷四九）等。
③ 晁公武《郡斋读书志》卷七"唐史要论"条，第30页。
④ 王鸣盛《十七史商榷》卷九二"唐史论断"条。

人"以编年为正"的论调,并说:"即用编年,亦必至司马君实方成一大著作。"这部"大著作",就是撰于宋英宗、神宗时期,历时十九年而成的《资治通鉴》。它的问世,标志着汉隋以后处于边缘地位的编年体史书的复活。是书不取《春秋》褒贬笔法,不取正闰之论,这与同时代或稍前的史著有明显不同之处。《通鉴》卷六九司马光说得明白:"臣今所述,止欲叙国家之兴衰,著生民之休戚,使观者自择其善恶得失,以为劝戒,非若《春秋》之褒贬之法,拨乱世反诸正也。正闰之际,非所敢知,但据其功业之实而言之。"在其《进资治通鉴表》亦云:"专取关国家盛衰,著生民之休戚,善可为法,恶可为戒者,为编年一书。"此言足以表明《通鉴》一书的编纂特色。蒙文通认为:《资治通鉴》"遗褒贬,削制度,是则仿于孙氏者也"。① 是否"仿于孙氏"未敢妄论,但二著在"遗褒贬,削制度"这两点上是相通的。刘恕于《资治通鉴外纪序》揭示说:"今之所以知古,后之所以知今,因善恶以明褒贬,察政治以见兴衰,《春秋》法也。"前揭韩愈主张据事迹实录以明善恶,欧阳修有"不没其实"以著恶君之罪的论点,《通鉴》的编纂思想,与韩、欧之论相通。

《通鉴》是以"资治"为目的的,以史学为政治服务,而非空言著述宏丰。投入于社会现实,尽伦尽职,正是儒家所持的态度。司马光十分强调最高统治者读史的重要性:"人主不可以不观史。善者可以为法,不善者可以为戒。自生民以来,帝王之盛者无如尧舜,《书》称其德,皆曰'稽古',然则治天下者,安可以不师古

---

① 蒙文通《中国史学史》第三章"中唐两宋",《蒙文通全集》第二集,第403页。

哉！"① 胡三省为《资治通鉴》作注，对《通鉴》的传世予以极高的估价："为人君而不知《通鉴》，则欲治而不知自治之源，恶乱而不知防乱之术。为人臣而不知《通鉴》，则上无以上事君，下无以治民。为人子而不知《通鉴》，则谋身必至于辱先，作事不足以垂后。"②《资治通鉴》在史学上虽然声誉卓著，但如前所揭，司马光本人不认为应该有独立的史学存在，他是把史学当作"儒之一端"的。其"研精极虑"、十九年不辞艰辛，是志在以史明道——明儒家之道。刘峤序《温国文正司马公文集》说他"鼓吹六经，羽翼名教"，是说得很中肯的。

《通鉴》始于周威烈王二十三年（前403），以韩、赵、魏三家为诸侯，司马光于此叹道："先王之礼于斯尽矣！"维护"先王之礼"，希图重建儒家理想中的纲常伦理秩序和礼乐教化制度，正是司马光"资治"的主旨所在，这在前引胡注序文中已经点明。在《通鉴》首卷中，司马光发了一通长篇议论，明确无误地阐述了这一主题。其云：

> 天子之职莫大于礼，礼莫大于分，分莫大于名。何谓礼？纪纲是也。何谓分？君臣是也。何谓名？公侯卿大夫是也。

接下详论春秋时代的礼制及其衰落，以捍卫圣道自居。大有韩愈那种"回狂澜于既倒"的气概。这种名分观念贯穿于《通鉴》全书之

---

① 司马光《乞令校定〈资治通鉴〉所写〈稽古录〉札子》，原载《司马公文集》卷五一，曾枣庄、刘琳主编《全宋文》第1205卷，第55册，第270页。
② 胡三省《新注资治通鉴序》，《资治通鉴》前附，第28页。

中，是有取于所谓"《春秋》以重名分"之旨的。司马光又在《通鉴》中，借刘备在蜀中即皇帝位发了一通关于"正闰说"的长论，首言古史的演变：

> 三代之前，海内诸侯，何啻万国，有民人、社稷者，通谓之君。合万国而君之，立法度，班号令，而天下莫敢违者，乃谓之王。王德既衰，强大之国能帅诸侯以尊天子者，则谓之霸。故自古天下无道，诸侯力争，或旷世无王者，固亦多矣。①

这代表了司马光对古史的宏观看法，具有浓烈的复古主义倾向，此亦其时新儒者的通病。以三代王道之治为高，表现了儒家学术的历史哲学。《通鉴》学家张煦侯谓，《通鉴》传《春秋》"最重名分"之意，得《左传》纪事纂述之法，遵"最为纯粹"的儒家宗旨，②是为确论。

司马光修《通鉴》得到几位史学英才的帮助，各有分工。胡三省《新注资治通鉴序》说："修书分属，汉则刘攽，三国迄于南北朝则刘恕，唐则范祖禹，各因其所长属之，皆天下选也。"其中谙熟唐史的范祖禹"于紬次之余，稽其成败之迹，折以义理，辑成一书"，③是为《唐鉴》。范祖禹在《唐鉴·自序》中说："今所宜鉴，莫近于唐。《书》曰：我不可不鉴于有夏，亦不可不鉴于有商。臣

---

① 司马光《资治通鉴》卷六九，魏文帝黄初二年三月"臣光曰"。
② 张煦侯《通鉴学》（修订本）第四章《通鉴史学一斑》，合肥，安徽人民出版社1981年，第72—88页。
③ 范祖禹《范太史集》卷十三《进唐鉴表》（1086），页十，文渊阁《四库全书》本。

谨唐得失之迹，善恶之效，上起高祖，下终昭宣，凡三百零六篇，为十二卷，名曰《唐鉴》。"可见其与孙甫《唐史记》、司马光《资治通鉴》一样，都以取鉴、资治为目的。三书都是编年体著作，又都以政治内容为主，经济文化少有涉及。但是，《唐鉴》与前二史仍有明显的不同。孙甫、司马光都以提供经过谨选的史实为主。孙书于"劝戒之切而意远者"方著论以明，原书七十五卷，论仅九十二首。《通鉴》发论更少，其《唐纪》部分八十一卷，史论仅二十九条。范氏《唐鉴》全书三百零六篇，几乎篇篇有议论，字数与史事略等。他通过拣择史实，以自己信奉的儒学义理作为标准来进行评说，借史发议，重心实在议论。正如清初王鸣盛所说："此书纯是议论，于考证无益。"① 如前所言，以唐为鉴成为一时史论的风气。

孙、司马、范三人都是要著史以明儒家之道的，但各人对如何"明道"和对"道"的理解则不全相同，人们说诗无达诂，"道"又何尝有"达诂"？范祖禹（淳夫）自谓《唐鉴》是"以私意而发明之"。② 南宋晁公武说，"淳夫为温公《通鉴》局编修官十五年，分掌唐史，以其所自得著成此书"，③ 也就是说，范氏是在《资治通鉴》之外发抒自己的独立见解。例如黜武则天的统治年号而系属于中宗，就与《通鉴》不同，他声称："窃取《春秋》之义，虽获罪于君子而不辞也。"④ 表现了不苟同于人的态度。

范祖禹《唐鉴》在北宋诸家史著中，最符合理学家的口味，是

---

① 王鸣盛《十七史商榷》卷九二"唐鉴"条。
② 范祖禹《范太史集》卷十三《又上太皇太后表》，页十一。
③ 晁公武《郡斋读书志》第七"唐鉴"条，第301页。
④ 范祖禹《唐鉴》卷四，神龙元年正月，第105页。

早期义理史学的代表作。《程氏外书》卷十一《时氏本拾遗》言："范淳夫尝与伊川论唐事，及为《唐鉴》，尽用先生之论。"卷十二载《尹和靖语》言，伊川认为此书"足以垂世"，"《唐鉴》议论，多与伊川同"。元祐中，有人见伊川几案间惟有《唐鉴》一部书，先生说："近方见此书，三代以后，无此议论。"① 朱熹甚至认为它是"此道将明"的预兆："《唐鉴》文章议论最好，不知当时也是此道将明，如何便教诸公都恁地白直。"② 此道，即后人所说的程朱理学，这表明，范氏《唐鉴》于理学乃有前奏之功。朱熹还说过，"运数将开"之时，理学之前的"先此诸儒亦多有助"，③ 范氏及其《唐鉴》自然无愧此列。

朱熹认为孙甫《唐论》"理不及《唐鉴》"，吕祖谦也说孙甫之论"大纲不正"。④ 韩淲《涧泉日记》卷中则以史才论孙甫，以学者视淳夫。至于《资治通鉴》这样的新儒巨著，也未能尽如伊川、朱子之意。伊川与司马光论魏徵其人看法不尽相同，《通鉴》坚持自己的意见。⑤ 朱子也不满于《通鉴》对于正统问题的处理，作《通鉴纲目》，"主意"即在"正统"。⑥ 这种情况表现了孙甫、司马光与理学家在思想上尚保持了一段距离，也反映了北宋中期儒学复兴思潮与由此发轫而产生于北宋中后期，并兴盛于南宋的理学思想之间的差距。而《唐鉴》之作，表明史学的理学化并沦为后者的注脚，

---

① 《河南程氏外书》卷十二，引《晁氏客语》言，《二程集》，第443页。
② 黎靖德编《朱子语类》卷一百三十《自熙宁至靖康用人》，第3105页。
③ 黎靖德编《朱子语类》卷八十《解诗》，第2089页。
④ 黎靖德编《朱子语类》卷一三四《历代一》，第3208页；参见《文献通考》卷二百"唐鉴"条，第1677页。
⑤ 《河南程氏外书》卷十二，记《尹和靖语》，《二程集》，第438页。
⑥ 黎靖德编《朱子语类》卷一百五《通鉴纲目》，第2638页。

所以也特别得到理学正统程朱一流的赏识。

《唐鉴》共二百九十四条议论中,直接引用三代故事、孔孟之言或儒家经文者达一百六十六条,① 鼓吹复兴先王周孔之道不遗余力。例如卷一,武德元年十一月条斥唐世人主效法汉高祖赐娄敬姓云:"非先王之制不可为后世法也。"武德七年条论三公之名云:"人君如欲稽古以正名,苟舍《周官》,臣未见其可也。"又卷二,贞观六年条论封禅事云:"人主不法三代而法秦,以为太平盛事,亦已谬矣。"又卷三,贞观十四年条论学校云:"孟子曰:学校以明人伦也。无学则人伦不明,故有国者以为先,如不复三代之制,臣未知其可也。"②

《唐鉴》谨采史实,举其大略,直揭义理,明辨是非,这种做法很符合二程以博记多闻为非、读史重在议"理"的要求。但它受到理学家的称道,更为重要的是如朱子所说的"议论最好"。《唐鉴》以帝王为君之道为其议论重心,而其对君道的要求,首先强调的是"正心",即道德修养。如卷一,武德九年十一月条言:"先王之治,必反求诸己,己正则物莫不应矣。"如卷五,天宝九年十月条斥明皇"不正其心,故小人争为幻以惑之,其神明精爽既夺矣,此所以养成大乱也"。如卷六,大历十二年条言:"先王必先正其心、修其身而天下自治。"又卷十,会昌三年八月条言:"人君一不正其心,则无以正万事,苟以术御下,是自行诈也,何以禁臣下之欺乎?"又卷十二,天祐四年末条云:"昔三代之君,莫不修身、齐家以正天下。"③ 以上这些议论,显然和理学家们的讲学腔调是完全

---

① 统计数据晨舟《范祖禹与〈唐鉴〉》,载《史学史研究》1982 年第 2 期。
② 范祖禹《唐鉴》卷一、二、三,第 11、16、45、57 页。
③ 范祖禹《唐鉴》卷一、五、六、十、十二,第 25、136、169、298、347 页。

合拍的。

《唐鉴》十分强调儒学家的道德伦理观念，并奉此"先王之道"为"天理"，这也本是理学家的口头禅。其卷八，贞元四年二月条，范氏论云：

> 《易》曰"穷理尽性以至于命"，自君臣而言之，为君尽君道，为臣尽臣道，此穷理也。理穷则性尽，性尽则至于命矣！①

《程氏遗书》卷五载二程语："为君尽君道，为臣尽臣道，过此则无理。"二者论调全同。《唐鉴》卷十，大和二年条，指斥抑废贤者为"违天理，逆人心"。其卷八，贞元二十一年条，斥论后世之君，"以富有天下为心，惟恐失之大利所在，天理灭焉"。其卷五，开元二十五年七月条，又斥明皇"一日杀三子而李林甫以刑措受赏，谗谄得志，天理灭矣！安得久而不乱乎？"。以上这些议论都符合理学家的旨趣，因此《唐鉴》以史而成为理学的工具。这个例子，可使我们充分认识儒学复兴思潮（这里主要指其中较为晚起的理学）给史学带来的巨大影响。

---

① 范祖禹《唐鉴》卷八，贞元四年二月，第215页。

第五章 "王道"理想与政治革新

宋初政治风气颇尚"无为",社会危机潜积而累,以至于"天下弊事极多"。学、政本来相通,而"朝廷以道学、政术为二事,此正自古之可忧者"。① 新儒怀抱弘扬"王道"的政治理想,高唱变通之曲,波属云委,随浪而高。论者谓:范仲淹之于庆历,犹王安石之于熙宁也。前后呼应,实已昭然。就其实质而言,它们是宋朝统治集团懔于社会危机而进行的自救运动,而其精神依托,正是北宋中期蓬勃而兴的儒学复兴思潮。

第一节 北宋前期的政治风尚

唐中叶以降,"方镇之势日益暴横,兵强地大,盘结于外,乱根逆本,深不可拔"。社会险象环生,唐朝终于走向灭亡。至于五代,战祸纷起,政治更趋混乱,"自梁以来,以乱济乱,其覆亡之端,则与唐无异。或以将帅之跋扈,或以外裔之侵迫,继之以骄悍之兵,满于天下,而不知所以制御之道"。② 北宋吕陶对唐末五代形

---

① 张载《答范巽之书》,《张载集·文集佚存》,第349页。
② 吕陶《净德集》卷十六《五代论》,《丛书集成》初编,上海,商务印书馆1936年,第175页。吕陶(1028—1104),眉州彭山人,皇祐年间进士。

势的论述，当得其大要。

赵匡胤在"陈桥兵变"中被拥戴登上帝位，既素无深仁厚泽于人民，又得不到世家大族作为其支柱，统治基础薄弱。为了免于成为五代以来的第六个短命王朝，他不能不精思积虑，采取各种维护其统治的措施。于是厉行专制主义的中央集权政策，严防文臣、武将以及外戚、宦官擅权专政，诸如设置参知政事和枢密使以分相权，"杯酒释兵权"以去肘腋之患，置通判以"监州"，又于各路设"监司"以收揽地方之权，等等，其目的在于"居中驭外""强干弱枝"。建隆二年七月，宋太祖和开国功臣赵普有过一次对话，完全透露了开国大计的深意。太祖问："天下自唐季以来，数十年间，帝王凡易八姓，战斗不息，生民涂地，其何故也？吾欲息天下之兵，为国家长久计，其道何如？"赵普答，原因在于"方镇太重，君弱臣强而已"，提出的对策是"稍夺其权，制其钱谷，收其精兵"①，深得宋太祖之心。厉行中央集权的结果，是"一兵之籍，一财之源，一地之守，皆人主自为之"②。五代政治混乱，除军阀横行外，官吏龌龊无能也是一个重要原因。李攸《宋朝事实》载："五代任官，凡曹掾、薄、尉，有龌龊无能，以至昏老不任驱策者，始注为县令，故天下之邑率皆不治，甚者诛求刻剥，秽迹万状，故天下优诨之言，多以长官为笑。"宋初整饬吏治，"始以朝官为知县，其后参用京官，或试衔、幕职、三班为之。自是惩五代弊政，尤重亲民之官，民政稍稍修举"③。此外，还在任官、科举等方面，建立

---

① 李焘《长编》卷二，建隆二年七月戊辰。
② 叶适《水心别集》卷十《始议》二，《叶适集》，第759页。
③ 李攸《宋朝事实》卷九《官职》，第156页。据是书卷末附《江阳谱》载，李攸，字好德，生卒年不详，北宋末受泸州帅孙羲叟招为官。

了一整套与中央集权体制相适应的制度，加强了对内外官员的控制和管理，使政治秩序有所改善，也有助于社会的安定。

在稳定政权的基础上，北宋前期诸帝提倡儒释道"三教"合一，以之作为辅佐统治的工具。更值得注意的是，统治者竭力提倡所谓黄老"清净无为"之术，[①] 把它作为治理朝政的指导思想，七八十年间，因循守旧、不知变化的所谓"俗儒"之气弥漫整个官场，形成政治风尚的一大特色。

如此政风的养成，宋初已发其端。宋太祖是从五代的混乱世局中获得皇权的，非常究心于治国之术。《长编》载，开宝二年（969）闰五月，他召见高道苏澄隐，询以养生之术，苏回答说："臣养生，不过精思炼气耳，帝王养生则异于是。老子曰：'我无为而民自化，我无欲而民自正。'无为无欲，凝神太和。昔黄帝、唐尧享国永年，用此道也。"[②] 此言与宋太祖的思想颇能契合，故而得到了他的满心欣赏。建隆二年九月，太祖对派往各地的使臣的行为不端、"鲜克由礼"，不免感到担心，"左右请齐之以刑"，太祖却说："齐之以刑，岂若其自然耶？要当审择其人耳。"[③] 可见宋太祖对道家的放任"自然"思想，是早有领悟的。朱弁《曲洧旧闻》记载："建隆间，竹木务监官患所积材植长短不齐，奏乞剪截齐整。太祖批其状曰：'汝手足指宁无长短乎？胡不截之使齐？长者任其

[①] 应该注意的是，宋初的黄老无为之政主要针对"政治风尚"而言，杂糅三教，与西汉初期的黄老之政是不同的。李华瑞《论宋初的统治思想》（1995）持论虽稍有不同，但内容甚可参考，收入《探寻宋型国家的历史——李华瑞学术论文集》，北京，人民出版社2018年。
[②] 李焘《长编》卷十，开宝二年闰五月戊辰。
[③] 李焘《长编》卷二，建隆二年九月戊子。

自长，短者任其自短。"① 所以史家或评价太祖是带有阴柔性的政治家。赞翊太祖的开国元勋赵普，权势显赫，治民安于常规，不喜兴立事端。他在政事堂办公，"置二大瓮于坐屏后，凡有人投利害文字，皆置其中，满即焚之于通衢"。② 此举固然在于压制舆论，也无异昭告天下：一切以安静省事为卜，还是循默无为地过日子吧！揭其实质，更多是一种驭臣之术，是避免臣下"有所作为"，再次发生类似黄袍加身的事件，与西汉初年推行的轻徭薄赋的黄老无为之政是不能等量齐观的。

宋太宗在"烛影斧声"中继统，同太祖一样持挟黄老之术。他推崇老子《道德经》，时常强调《老子》的治国之术，并以"包容"为外衣，他说："伯阳五千言，读之甚有益。治身治国，并在其内。至云善者，吾亦善之，不善者，吾则不善之。此言善恶无不包容，治身治国者，其术如是。若每事不容纳，则何以治天下哉！"③ 以此君臣论政，一唱一和，事例就很多了。如李焘《长编》载，淳化四年闰十月君臣的一段对话：

> 上曰："清静政治，黄老之深旨也。夫万务自有为以至于无为，无为之道，朕当力行之。至如汲黯卧治淮阳，宓子贱弹琴治单父，此皆行黄老之道也。"参知政事吕端等对曰："国家若行黄老之道，以致升平，其效甚速。"宰臣吕蒙正曰："老子

---

① 朱弁《曲洧旧闻》卷一，孔凡礼点校，北京，中华书局 2002 年，第 84 页。朱弁，徽州婺源人，北宋后期至南宋初人。
② 罗大经《鹤林玉露》乙编卷五"戒更革"条，上海师大古籍所编《全宋笔记》第八编第三册，第 299 页。
③ 李攸《宋朝事实》卷三《圣学》，第 37 页。

称'治大国若烹小鲜',夫鱼挠之则溃,民挠之则乱,今之上封事议制置者甚多,陛下渐行清静之化以镇之。"

又载次月,太宗谈到兵事时说:"今亭障无事,但常修德以怀远,此则清静致治之道也。"宰相吕蒙正便附和说:"古者以简易治国者,享祚长久。陛下崇尚清静,实宗社无疆之休也。"① 次年二月,宋太宗针对官府纲运人员和水工常有私下贩鬻谋利的行为说:"倖门如鼠穴,何可塞之?但去其甚者,斯可矣。"吕蒙正从旁称赞此言"深合黄老之道"。至道元年(995)四月,继吕蒙正为相的是以"大事不糊涂"著称的吕端,史称他"为相持重,识大体,以清静简易为务。奏事上前,同列多异议,端罕所建明",太宗对于这样一个不大管事的宰相却"常恨任用之晚"。② 于此,可以看得清北宋前期朝廷施行统治的思想状态了。

因循无为的保守势力集团,在太宗时期已初步养成,到真宗时更有发展而盘结于朝,"祖宗之法"虽然为宋朝政治秩序起到了稳定作用,③ 但无可怀疑的是,它同时成为因循守成的挡箭牌。李焘《长编》载,至道三年八月真宗在任命枢密副使时说:"近密之司,典领尤重,必素有名望,端亮谨厚者处之,乃可镇静而责成。"这实即当时的用人标准。又载咸平元年(998)十月,张齐贤、李沆二人继吕端并为相时,真宗告以"先朝皆有成宪,但与卿等遵守,

---

① 李焘《长编》卷三四,淳化四年十月丙午、十一月甲寅。汲黯事见《史记》卷一二〇《汲郑列传》,宓子贱事见《史记》卷六七《仲尼弟子列传》。
② 李焘《长编》卷三五,淳化五年二月丙午;卷三七,至道元年四月癸未。
③ 关于"祖宗之法"的论述,可参考邓广铭《宋朝的家法和北宋的政治改革运动》(《中华文史论丛》1986年第3期),邓小南《祖宗之法——北宋前期政治述略》(北京,生活·读书·新知三联书店2006年)。

期致和平尔",此乃真宗一朝的政治路线。咸平四年(1001)二月,秘书丞、知金州陈彭年上疏,针对"有上封言事请变格法者",乃引"利不十、不变法"的古训,请今后"非有大益,无改旧章","行清净神明之化,恢仁义慈俭之风",① 反映了统治阶层的共同信念。李沆众望所归,为时名相,自称"报国"之道是"不用浮薄新进喜事之人",又说:"居重位,实无补万分,惟四方言利事者,未尝一施行,聊以此报国尔。"他"重厚淳质,言无枝叶",甚至接宾客也常缄默无言,致被认为"无口匏"。② 景德三年二月,由参知政事拜相的王旦,风格也近似李沆。《宋史》本传云:"真宗以无事治天下,旦谓祖宗之法具在,务行故事,慎所改变,帝久益信之,言无不听。"③ 在此政治风尚下,"知止求退"自然受到鼓励。咸平元年正月,年仅四十八岁的官员韩见素求致仕,判国子监李至上言说:"近世朝行中,躁竞求进者多,知止求退者少,若允其请,亦足以激动薄俗。"④ 得到真宗允许。其时,所谓"隐逸"之士大量出现,也颇受尊视,著名者如种放、魏野、林逋诸人都为朝野所礼重,正是当时政治风尚的结果。

大中祥符元年(1008),真宗玩弄"天书"闹剧,"以真文降锡,务令清净为治"。"流俗之人"乘机附和,幻惑一时,识者知其虚妄,龙图阁待制戚纶上疏谏止"妄陈符命,广述休祥"之事,要求真宗"端守玄符,凝神正道,参内景修行之要,资五千致治之

---

① 李焘《长编》卷四一,至道三年八月己亥;卷四三,咸平元年十月乙未;卷四八,咸平四年二月壬戌。
② 李焘《长编》卷五六,景德元年七月丙戌。参见《宋朝事实类苑》卷八"李文靖"条,第91页。
③ 脱脱等《宋史》卷二八二《王旦传》,第9545页。
④ 李焘《长编》卷四三,咸平元年元月庚辰。

言，建皇极以御烝人，宝太和而延圣算"。① 知制诰王曾也上疏，反对大造道教宫观，指出："试观自昔人君崇尚土木，孰若清净无为者之安全乎?"② 值得注意的是，戚、王二人虽然反对道教方士的欺谎活动，但却是站在黄老立场上来进行劝谏的，由此也可见黄老清净无为思想在北宋前期的流行了。

不少朝臣还纷陈"皇王帝霸"之说，更为清净或因循的政治路线起着支撑作用。《长编》载，真宗即位之初的至道三年七月，吏部郎中田锡应诏上疏言为政之要，特别谈道：

> 臣闻帝者与师处，王者与友处，霸者与臣处，亡国之君与厮役处。与师处则无为，无为是无事。与友处则机务简易，德业光大。驳难者霸道，不足为陛下言之。暴慢者亡国，安敢对陛下陈之。道尊德盛者帝之师，才高识远者王之友。

咸平四年六月，时为知泰州的田锡又上言说："治天下以何道？臣愿以皇王之道治之。……若师皇王之道，日新厥德，十年之内，必致太平。"③ 另外如宰相张齐贤也对真宗阐述"皇王帝霸"之说，京东转运使张知白上疏亦言"皇王之道在乎戒谨"之类。④ 所谓"皇王帝霸"之说乃汉代谶纬家之论，它以"无为而治"的三皇时代作为尧舜之前的理想时代，虽然外傅儒义，而实本道家思想。庄子直

---

① 李焘《长编》卷六八，大中祥符元年四月戊戌。
② 李焘《长编》卷七一，大中祥符二年六月丁酉。
③ 李焘《长编》卷四一，至道三年七月丙寅；卷四九，咸平四年六月戊辰。"帝者与师处"以下四句，语出《战国策·燕策》
④ 李焘《长编》卷四四，咸平二年闰三月庚寅；卷六三，景德三年六月丁丑。

接说过燧人、伏羲、神农、黄帝、唐、尧等古帝之"德"是不断"下衰"的,① 儒家和道家都是主张"复古"的,只是所复之古不同而已。周予同曾有论云:"在纬谶编著者的眼光里,中国的历史是退化的。他们将中国的历史划分为几个阶段,综合若干统治者,加以一个特殊的名称,以表示每一阶段的转变。这些特殊的名称,也可说是中国上古史的阶段,是'皇''帝''王''霸'。依据中国民族使用数字的习俗,或称为'三皇''五帝''三王''五霸'。"② 如前所述,"谶纬"杂说在宋仁宗时被新儒者指为"非圣之论",疾呼当去之。

特别是在真宗朝,这种"无为"之风更为明显,居位要安静少事,做人要厚重朴实,直到仁宗初年仍是如此,位居高位的李沆、王旦的表现极具代表性。苏辙《龙川别志》记载,真宗即位之初,李沆为相,王旦为参知政事,"沆取四方水旱、盗贼奏之,旦以为细事,不足烦上听"。又载真宗尝问治道所宜先,沆曰:"不用浮薄新进喜事之人,此最为先。……自真宗之世至仁宗初年,多得重厚之士,由(李)沆之力也。"③ 南宋吕中《类编皇朝大事记讲义》言宋初宰执:"国初立相,谋立断国,多重厚质实之士,而养成重厚质实者之风者,实沆之力也。"又说:"自李文靖(沆)、王文正(旦)当国,抑浮华而尚质实,奖恬退而黜奔竞,是以同列有向敏

---

① 郭庆藩《庄子集释》卷十六《缮性》篇,王孝鱼点校,北京,中华书局1985年,第547页。
② 周予同《纬谶中的"皇"与"帝"》,朱维铮编校《周予同经学史论》,第289、290页,原刊《暨南学报》1936年第1卷第1期。按,皇帝王霸说的来源有多种说法,如《管子·兵法》篇:"明一者皇,察道者帝,通德都王,谋得兵胜者霸。"但一般认为,《管子》一书是后人伪托的。
③ 苏辙《龙川别志》卷上,俞宗宪点校,北京,中华书局1982年,第73、74页。

中之清谨，政府有王曾之重厚，台谏有鲁宗道之质直，相与养成浑厚诚实之风。"① 仁宗前期，王曾、吕夷简（吕蒙正的侄儿）担任相职，时间较长。王辟之《渑水燕谈录》卷三云："王沂公（曾）当轴，以厚重镇天下，尤抑奔竞。……故当时士大夫以冲晦自养焉。"司马光《涑水记闻》载吕夷简在中书时，曾"奏令参知政事宋绶编次《中书总例》，谓人曰：吾有此例，使一庸夫执之，皆可以为相矣"。② 吕夷简是守成派的领袖人物，在后来的新儒者心目中已非端士。他和改革派的范仲淹等长期处于对立状态，大抵进入仁宗统治中期，新风兴盛，党派斗争越加表面化了。

政治风尚的形成，是统治者的着意提倡，同时，也应充分注意到集中体现了统治者意志的政治制度所带来的重大影响。其一，高度的专制主义中央集权，使得"一尉卒之职，必命于朝。政之大小，皆自朝出。州县之吏，奉行而已"。③ 吕夷简所谓"庸夫皆可为相"的论调正是一绝妙注脚。其二，贡举考试之法，专重写作诗赋、诵记注疏，遂使举国士子劳心费神于声病、对偶、章句、训诂，怎能出现那种汲汲于治道的磊落奇伟之人呢？其三，特别是咸平以来推行的磨勘之法，官员只循资格升进，不讲实绩，这就使得尸位素餐之徒，可以安然无忧而布满朝堂了。正如庆历元年（1041）五月左正言孙沔上奏的那样："以磨勘为转官之阶梯，不复有尚功之志节，但居官三周，例迁一级，虽数有失，亦不退覆，故士大夫以无过犯为能。是使庸愚不肖之人，晏然自然，不十年间，

---

① 吕中《类编皇朝大事记讲义》卷六《真宗皇帝》，第134、139页。
② 司马光《涑水记闻》卷三，邓广铭、张希清点校，北京，中华书局1989年，第61页。
③ 欧阳修《问进士策》，《居士集》卷四八，《欧阳修全集》，第326页。

坐致员外郎。"① 庆历三年（1043）九月范仲淹在受命主持新政时所上的《十事疏》中也提到，实行磨勘之法，使"人人因循，不复奋励之由"。

南宋朱熹曾论太宗、真宗朝"可以有为而不为"，太宗"不过写字作诗，君臣之间以此度日而已"，真宗则"东封西祀，糜费巨万计，不曾做得一事"。② 朱熹是在反思北宋崩溃、经历惨痛教训之后说这番话的，没有避讳敷衍，是合乎事实的。近世史家刘咸炘《北宋政变考》有论云："真宗以前及仁宗初年，士大夫论治则主旧章，论人则循资格，观人则主录命，貌以丰肥为福，行以宽厚为尚，言以平易为长，文以缛丽为美，修重厚笃谨之行而贱振奇跅驰之才。"③ 这一概括，我认为是比较准确地揭示了当时包括政风在内的社会风尚。

第二节　政风之变与儒学思潮

在清净无为、因循持重的政治气氛中，统治者虽一意扮饰太平，但潜伏的社会危机却不断积累发酵，阶级矛盾和民族矛盾终于日益严重而暴露出来。范仲淹以敏锐的眼光，较早察觉出这种隐伏的深刻危机，他在天圣五年上书执政，揭示了这一危局及其产生的原因：

---

① 李焘《长编》卷一三二，庆历元年五月壬戌。
② 黎靖德编《朱子语类》卷一二七《太宗真宗朝》，第3044页。
③ 刘咸炘《北宋政变考》（1928），《推十书》第一册，第290页。

> 朝廷久无忧矣，天下久太平矣，兵久弗用矣，士曾未教矣，中外方奢侈矣，百姓反困穷矣。朝廷无忧则苦言难入，天下久平则倚伏可畏，兵久弗用则武备不坚，士曾未教则贤材不充，中外奢侈则国用无度，百姓困穷则天下无恩。苦言难入则国听不聪矣，倚伏可畏则奸雄或伺其时矣，武备不坚则戎狄或乘其隙矣，贤材不充则名器或假于人矣，国用无度则民力已竭矣，天下无恩则邦本不固矣。①

历史的进程正如范仲淹所预料的那样，十数年间，成堆的问题就完全暴露出来了。北宋中期，社会危机表现在如下四个方面：

第一，宋初以来厉行专制集权，官员事权分散，造成官僚机构的重床叠架。恩荫制度以及科举取士的扩大，造成了冗官冗吏的成倍增长。军队增加尤为骇人，庆历年间军兵人数竟为宋开国时的六倍。军队中将帅权轻而法密，兵将分离，卒骄将惰，训练无素。国家机器庞大松散，效率低下，运转不灵。

第二，官吏、军队数量激增；真宗时期多行天书奉祀和封禅祠祭，大兴土木兴建寺观；官府僚吏肆情挥霍，浪费惊人；宋辽澶渊订盟，宋朝以岁币购买和平。宝元二年，天章阁待制、同判礼院宋祁上疏论"三冗三费"：为有定官而无限员，厢军不任战而耗衣食，僧道日益多而无定数；为道场斋醮无日不有，京师寺观衣粮所给三倍它处，使相、节度不隶藩要而坐糜邦用等。②凡此种种，致使国家财政开支剧增，常年入不敷出，于是广开税源，加重人民负担。

---
① 范仲淹《上执政书》，《范文正公集》卷八，第62页。
② 李焘《长编》卷一二五，宝元二年十一月癸卯。

第三，宋朝田制实行"不抑兼并"政策，合法的土地交易在法律上不受限制，土地集中和商品化倾向加强。地主豪强凭借权势掠取财富的势头高涨，而且官户、形势户往往影庇佃户，任意役使，这使得地主和农民之间的矛盾以及宋朝政府和官户、形势户的矛盾日趋尖锐。宋初以来，农民暴动迄未停止，到庆历前后，反抗浪潮四起。欧阳修说到当时之势："今盗贼一年多如一年，一火强如一火。"后来又总结说："西师尝未解严，京东累岁盗贼。最后王伦暴起沂州，转劫江淮之间；而张海、郭邈山等亦起商邓，以惊京西。"① 庆历年间的反叛事件此起彼伏，遍及中原及荆湖各地，揭示了"海内承平"幕帐下的社会危机。②

第四，夏州地方政权的统治者李元昊凭借崛起的党项族力量，在宝元元年（1038）称帝建国，即宋人所称之西夏。西夏与宋王朝关系破裂，随后在三川口、好水川、定川砦三大战役中，③ 宋军均告失败，损失惨重。结果迫使宋朝承认其事实上的自主地位，还许"赐予"岁币，但威胁并未解除。对外关系的紧张，民族矛盾的加剧，成为宋朝内部发生变化的一个外部刺激。

危机四起、内外交困的严峻局面是几十年来笼罩政坛的清净循

---

① 欧阳修《再论置兵御贼札子》《外制集序》，《奏议集》卷四，《欧阳修全集》第798、573页。文中提到的王伦本沂州士兵，庆历三年五月他和士兵四五十人起事，后有众二三百人，当年七月失败。这一年，长期活动在京西、陕西两路的农民反抗队伍在张海、郭邈山的带领下很快发展，转战于黄河以南至汉水流域，有众近万，年底失败。
② 参见吴天墀《北宋庆历社会危机述论》，《吴天墀文史存稿（增补本）》，第74—101页。
③ 宋夏之间的三大战役分别发生于康定元年的三川口（今陕西延安西北）、康定二年（1041）的好水川（今宁夏隆德西）、庆历二年的定川砦（今宁夏固原西北）。参见李华瑞《宋夏关系史》第六章，石家庄，河北人民出版社1998年，第169—175页。

默之风酿成的必然结果。不久发生的"庆历新政"遭到失败,一切恢复了老样子。嘉祐四年(1059)三月,欧阳修上言指出:

> 国家自数十年来,士君子务以恭谨静慎为贤。及其弊也,循默苟且,偷堕宽弛,习成风俗,不以为非,至于百职不修,纪纲废坏。时方无事,固未觉其害也。一旦黠寇犯边,兵出无功,而财用空虚,公私困弊,盗贼并起,天下骚然。①

这是有识者对北宋前期"恭谨静慎"的政风给朝廷和社会带来严重危害的一个检讨。朱熹后来也说:"吕夷简最是个无能底人,……其所引援,皆是半间不界无状之人,弄得天下之事日入于昏乱。"又说:"向见何万一之少年时所著数论,其间有说云,本朝自李文靖公、王文正公当国以来,庙论主于安静,凡有建明,便以生事归之,驯至后来天下弊事极多。此说甚好。且如仁宗朝是甚次第时节,国势却如此缓弱,事多不理。"②朱熹对北宋前期的不作为政治持严厉的批评态度。

面对"天下弊事极多"的形势,宋王朝再也不能照老样子继续混下去了。朝野人士不得不做出新的思考和判断,要求改革弊政的呼声因此强烈起来。他们怀抱儒家"王道"的政治理想,呼望"君为尧舜之君,民为尧舜之民",志切救世,情思慎悱,"言政教之源流,议风俗之厚薄,陈圣贤之事业,论文武之得失"。③沉闷的政治

---

① 李焘《长编》卷一八九,嘉祐四年三月己未。
② 黎靖德编《朱子语类》卷一二九《自国初至熙宁人物》,第 3088 页;卷一三〇《自熙宁至靖康用人》,第 3095 页。
③ 范仲淹《奏上时务书》,《范文正公集》卷七,第 58 页。

空气被打破而活跃起来，起主导作用的就是日渐高涨的儒学复兴思潮。建昌军南城（今江西南城县）李觏，因科场失意而长期羁居山岩，"诵味经籍，窥测教意"，撰写了大量探寻变革之道的政论文章，有《礼论》《周礼致太平论》《富国策》《平土书》等一系列论述。这些政论莫不依托《周礼》等儒家经典，要求进行彻底而全面的政治经济改革，以达成"先王之治"。范仲淹称赞他"著书立言，有孟轲、扬雄之风义，实无愧于天下之士"。① 李觏对当时逐渐高涨的政治改革要求进行了理论上的探讨，虽然他本人的政治影响力有限，但显示了思想潮流和政治风尚的重大变化。对政风之变起着重要推动作用的是庆历新政的领导者、抱持"先天下之忧而忧，后天下之乐而乐"阔大襟怀的范仲淹。《宋史》本传载：

> 仲淹泛通六经，长于《易》，学者多从质问，为执经讲解，亡所倦。尝推其奉以食四方游士，诸子至易衣而出，仲淹晏如也。每感激论天下事，奋不顾身，一时士大夫矫厉尚风节，自仲淹倡之。②

朱熹后来论道："本朝惟范文正公振作士大夫之功为多。"并进一步说："祖宗以来，名相如李文靖、王文正诸公，只恁地善，亦不得，至范文正时便大厉名节，振作士气，故振作士大夫之功为多。"③ 政

---

① 《李觏外集·荐章》，《李觏集》第 469 页。
② 脱脱等《宋史》卷三一四《范仲淹传》，第 10267 页。
③ 黎靖德编《朱子语类》卷一二九《自国初至熙宁人物》，第 3086 页。刘子健在《宋初改革家：范仲淹》一文中，充分肯定了范仲淹"对儒学的推动"的重要影响力，言"朱熹曾十五次颂及范仲淹"。载费正清编《中国的思想与制度》，北京，世界知识出版社 2008 年。

风的变化是时代思潮激荡下的必然结果，范仲淹的活动正是这种变化的真实体现。在推动儒学复兴的运动中，其"振作之功"是多方面的，发挥着至关重要的引领作用。下面仅从他的若干奏论以及在朝的一些活动来考察，可以窥知他作为一个具有新儒思想而献身于改革事业的士大夫的奋斗精神，也可以使我们得知，新儒者如何以儒家学说为武器，向"异端"思想和守成势力所做的非凡挑战。

天圣三年四月，时为大理寺丞的范仲淹上《奏上时务书》，纵论当今之务，倡言"兴复古道，厚其风化"。他说："忠臣骨鲠而易踈，佞臣柔顺而易亲。柔顺似忠，多为美言；骨鲠似强，多所直谏。"要求朝廷广开言路，实施变革。又云："傥国家不思改作，因循其弊，官乱于上，风坏于下，恐非国家之福也。"矛头直指守旧的执政大臣。此书揭开了仁宗时期新政运动的序幕。

天圣五年，丁忧中的范仲淹又上书执政，力陈变革之道。他说："圣人设卦观象，穷则变，变则通，通则久，非知变者，其能久乎？"尖锐地指出："今圣人在上，老成在右，岂取维持之功而忘磐固之道哉？"又直言云："务因循而重改作，岂长世之策哉？"再次对守旧势力发起了挑战。在这篇洋洋七八千言的《上执政书》中，提出了"固邦本，厚民力，重名器，备戎狄，明国听"六项具体改革建议，初步形成了十多年后他的《答手诏十事》中的基本构想。

天圣八年，他再次上书，致资政晏侍郎（殊），申言"但信圣人之书，师古人之行"，不惧"犯颜色、解忌讳"，回答了所谓"邀名"的指责，并公开批驳了道家的处世哲学。其论云：

> 庄叟云："为善无近名。"乃道家自全之说，岂治天下者之

意乎？名教不崇，则为人君者谓尧禹不足慕、桀纣不足畏，为人臣者谓八元不足尚、四凶不足耻，天下岂复有善人乎？人不爱名，则圣人之权去矣！经曰："立身扬名。"又曰："善不积不足以成名。"又曰："耻没世而名不称。"又曰："荣名以为宝。"是则教化之道无先于名，三古圣贤何尝不著于名乎？某患邀之未至尔！①

这是范仲淹拿起儒家崇尚"名教"的武器，对准在"清净无为"的烟幕下实行苟安政治的战斗宣言书。是书中，范仲淹还公开宣称："夫天下之士有二党焉。其一曰：我发必危言，立必危行，王道正直，何用曲为？其一曰：我逊言易入，逊行易合，人生安乐，何用忧为？斯二党者常交战于天下，天下理乱在二党胜负之间尔！"表达了与朝廷保守势力绝不两立的意志。

景祐三年，时任天章阁待制、权知开封的范仲淹对权倾一时的宰相吕夷简再一次提出挑战，进献政治论文四篇②，从理论上对"清静无为"政治和保守官僚集团进行了多角度有力的批判。其一《帝王好尚论》云：

《老子》曰："我无为而民自化，我好静而民自正，我无欲而民自富，我无事而民自朴。"此则述古之风，以警多事之时也。三代以还异于太古，王天下者身先教化，使民耸善。故《礼》曰："人君谨其所好恶，君好之则民从之。"孔子曰："上

---

① 范仲淹《上资政晏侍郎书》，《范文正公集》卷八，第70页。
② 范仲淹以下四篇论文载《范文正公集》卷五，第43—45页。李焘说，这四论"大抵讥指时政"，《长编》卷一一八，景祐三年五月丙戌。

好礼则民莫敢不恭,上好义则民莫敢不服,上好信则民莫敢不用情。"由此言之,圣帝明王岂得无好,在其正而已。

是论指出,好问、好贤、好谏诤、好仁义、好恭俭等不同的爱好,正是免除"丧乱之祸"的可靠保证。范仲淹此论,从根本上否定了弥漫官场数十年的无所作为的苟安局面,要求仁宗本人"身先教化",树立有所作为的新风。

其二曰《选任贤能论》,认为"选任贤能"与天下治乱密切相关。他对政治时风发表见解说:"圣人以俊乂为得,不以柔讷为行。如以柔讷为行而宠之,则四海英雄无望于时矣。"所谓"柔讷",即"重厚质实"之谓也。

其三曰《近名论》,引老庄言并斥之云:

> 道家之训,使人薄于名而保其真。斯人之徒,非爵禄可加,赏罚可动,岂为国家之用哉?我先王以名为教,使天下自劝。……孔子作《春秋》,即名教之书也。善者褒之,不善者贬之,使后世君臣爱令名而劝,畏恶名而慎矣!

此论再驳黄老之道提倡无名无欲的消极思想,高倡儒家名教说,激励献身社会,为改革政治清宫除道。

其四曰《推委臣下论》,认为百官各有职司,"若乃区别邪正,进退左右,操荣辱之柄,制英雄之命,此人主之权也,不可尽委于下矣"。这主要是针对长期执掌朝政的吕夷简稳操大权,显要多出其门而言的。

天圣年间,刘太后听政,事多徇情。晏殊于五年正月、范仲淹于七年十一月、曹修古等于九年十一月，均因抗章忤太后意旨被贬外任，论者谓直言之风胚胎于此。南宋吕中说："太后亲政之时，而晏殊、仲淹、修古之徒，敢于忤旨，则直言之风虽奋发于庆历之时，而实胚胎于天圣之初矣。"① 上述范仲淹被贬一事，乃是由于他维护儒家所崇尚的纲常伦理而惹起的。仲淹时任秘阁校理，只是一名小官，他偏偏要去批评仁宗不该亲率百官为刘太后拜寿，认为本应行家礼即可，这是"亏君体、损主威，不可为后世法"的行为。范仲淹这一"捋虎须"的斗胆行为，甚至引起他的推荐者晏殊的恐惧，"诘以狂率邀名且将累荐者"。② 仲淹"正色抗言"，毫无悔意，且致书晏殊，据理申辩，这就是前面提到过的《上资政晏侍郎书》。太后死后的明道二年四月，他任右司谏。这年年底，皇后郭氏因无子被废，范仲淹、孔道辅等十人伏阁谏诤，并责吕夷简辅佐无力，有损君德，引起朝论哗然，结果再遭贬责。

南宋吕中《类编皇朝大事记讲义》言："谏官伏阁，乃仁祖美意也，而夷简沮之。此夷简入相之初，而国论为之一变也。"③ 也正如吕祖谦所说："至范仲淹空一时所谓贤者而争之，天下议论相因而起。"④ 范氏虽迭遭贬斥，而名望益高，从此舆论大起，政治气氛趋于活跃而顿改旧观了。景祐二年（1035）三月，范仲淹自外回京，"骤居侍从"，任礼部员外郎。⑤ 年底，被废的郭皇后暴死，朝廷内外都认为此事与内侍阎文应有关，加之阎某"专恣，事多矫旨

---

① 吕中《类编皇朝大事记讲义》卷八《尊太后、抑外家》，第 173 页。
② 李焘《长编》卷一〇八，天圣七年十一月癸亥。
③ 吕中《类编皇朝大事记讲义》卷九《台谏》，第 190 页。
④ 叶适《习学纪言序目》卷四七《皇朝文鉴》一《敕》条引，第 708 页。
⑤ 李焘《长编》卷一一六，景祐二年三月庚寅。

付外,执政不敢违",范仲淹抱着"吾不胜,必死之"的决心,劲奏其罪,阎某终于被窜。① 由于仲淹"言事无所避,大臣权幸多忌恶之",结果于景祐三年五月因"越职言事、离间君臣、引用朋党"的罪名再次落职外任。继而余靖、尹洙上疏,要求朝廷收回成命,结果三人均遭贬谪。欧阳修致书站在吕夷简立场上的谏官高若讷,讥刺他"不复知人间有羞耻事"。西京留守推官蔡襄作了《四贤一不肖诗》,称誉范、余、尹、欧阳四人而斥高。继而光禄寺主簿苏舜钦上疏,为范等人辩护,抨击"循默"误国。他说,前孔道辅、范仲淹二人"非不知缄口数年,坐得卿辅",然而因"刚直不挠"而"皆罹中伤",进而质问道:"国家班设爵位,列陈豪英,固当责其公忠,安可教之循默?"② 宝元元年(1038)二月,舜钦再上疏论事,其中指责高若讷等人"温和软懦,无刚鲠敢言之气"。③ 一时群臣纷纷上言,要求延引忠直敢言之士,在政治上改弦易辙。

随着阶级矛盾和民族矛盾的尖锐化,社会危机日益加深。宋仁宗极欲摆脱困境,不得不启用新锐之士,朝政有了新的气象。庆历三年三月,吕夷简罢相,守旧势力受到沉重打击。次月,充任枢密使不到一月的夏竦在台谏交章论他"畏懦苟且、挟诈任数、奸邪倾险"的情况下被迫罢职。在此前后,范仲淹、富弼、韩琦、欧阳修、蔡襄、王素、余靖等新派人物纷纷被进用。石介作《庆历圣德颂》,欢呼一时的盛况,颂誉范、富等人。蔡襄等人上疏,历数吕夷简误国的罪行。欧阳修作《朋党论》,公开为"君子党"正名,当此之时,持循默态度的守成官僚已难在朝中站稳脚跟了。

---

① 李焘《长编》卷一一七,景祐二年十二月辛亥。
② 李焘《长编》卷一一八,景祐三年五月月末。
③ 李焘《长编》卷一二一,宝元元年正月乙卯。

宋仁宗中期以降，朝中政治风尚与宋初以来的情况相比较，变化是非常明显而重大的。前期庙堂安靖，形象庄重，什么事都不想做，也不让臣民发表政见。此后矛盾暴露，静极而动，议论蜂起，侈谈理想，倾言改革，朝野动荡，便一发不可收拾了。在这种剧变中，应该注意到如下两个因素对于推动政治改革所起到的积极作用：一是制科考试的复置，二是谏臣地位的抬高。

制科本是用以"待非常之才"的特殊之选，宋人谓之大科，宋初以来，时置时罢，应者殊少。景德二年七月甲子，"诏复置贤良方正直言极谏"等六科。景德四年闰五月，真宗强调说："比设此科，欲求才识。若但考文义，则积学者方能中选。苟有济时之用，安得而知？"要求"今策问宜用经义，参之时务"。① 仁宗天圣七年闰二月诏称鉴于"制举独久置不设"，要求"复置"，于是增损旧名，为"有官者"设置了六科，为"未仕者"设了三科。② 由于贡举考试内容在庆历前基本袭唐之旧，而制科考试受诗赋和经义注疏的束缚较少，着重于针对现实问题的策论，故一些士人特别看重此科。邵伯温曾记道："富韩公（弼）初游场屋，穆修伯长谓之曰：'进士不足以尽子之才，当以大科名世。'"后来在范仲淹等人的力荐下，富弼果以贤良方正登第。③ 范仲淹天圣五年《上执政书》中曾谈到唐代"常设制科，所得大才将相非一"，建议予以施行。天圣八年他上时相《议制举书》甚至说："斯文不变，在此一举。"建

---

① 李焘《长编》卷六十，景德二年七月甲子；卷六五，景德四年闰五月壬申。
② 李焘《长编》卷一百七，天圣七年闰二月壬子。虽都云"复置"，然而此前未见有罢科令，原来只是置而未行。参见岳珂《愧郯录》卷十一《制学科目》，朗润点校，北京，中华书局2016年，第139—146页。
③ 邵伯温《邵氏闻见录》卷九，李剑雄、刘德权点校，北京，中华书局1983年，第89页。

议"命试之际,先之以六经,次之以正史,该之以方略,济之以时务",引导士人"翕然修经济之业,以教化为心,趋圣人之门,成王佐之器",① 以达到为国家培养有用人才的目的。张方平以进士中茂才异等科,后又中贤良方正科,对制科的影响深有体会。他曾对苏辙说,至仁宗初年,"舍注疏而立异论"是不被许可的,当时王沂公(曾)、吕许公(夷简)"犹持此论"。又说:

> 自设六科以来,士之翘俊者,皆争论国政之长短。二公既罢,则轻锐之士稍稍得进,渐为奇论以撼朝廷,朝廷往往为之动摇。庙堂之浅深既可得而知,而好名喜事之人盛矣。②

明显不满制科设置以来的一些动向,然而所言"皆争论国政之长短"却点出了政风的变化。张方平在政治和学术思想上的观点立场相对保守,曾知益州(今四川成都),对三苏父子有提拔之功,故苏轼、苏辙都亲近他,也有一些共同的看法和言论,但苏辙指出,张方平此论是"得其一不得其二,徒见今世朝廷轻甚,故思曩日之重,然不知其弊也"。③ 制科之设,导致士人了解国情政事,指陈得失,这在旧派官僚看来,不免下重而上轻,自然感到世道时风在变坏了。

谏臣地位日重,也是仁宗以来朝政中的一个重要变化。唐之谏官听治于宰相,宋初以来百官皆得言事而不止限于台谏之官。后来加强了台谏的作用,明道元年(1032)始置谏院,章如愚谓:"天

---

① 范仲淹《上时相议制举书》,《范文正公集》卷九,第73页。
② 苏辙《龙川别志》卷上,第82页。
③ 同上。

禧之广谏员，明道之置谏院，所以重其职也。"① 《长编》载，明道二年十二月，先因宰相李迪任命张沔、韩渎二人为台官，有人指出："台官必由中旨，乃祖宗法也。"再议时，仁宗说："宰相自用台官，则宰相过失无敢言者矣。"遂出二人，"仍诏自今台官有缺，非中丞、知杂保荐者，毋得除授"。② 宝元二年十二月十五日，鉴于中丞孔道辅举其姻家王素为台官，仁宗"以为比周"，于是下诏："自今御史缺官，并依先朝旧制，具两省班簿来上，朕自点一名令充御史，免宪司朋党之欺。"庆历四年八月，又诏"自今除台官，毋得用见任辅臣所荐之人"。③ 仁宗之意，显然在于以台谏的纠弹来牵制辅臣的权势，这样便使台谏官的作用大大重要起来。乃如苏轼所言："仁宗之世，议者讥宰相但奉行台谏风旨而已。"④ 清初王夫之论云："自仁宗之为此制也，宰执与台谏分为敌垒，以交战于廷。台谏持宰执之短长，以鸷击为风采，因之廷叱大臣以辱朝廷，而大臣乃不惜廉隅，交弹而不退。"⑤ 王夫之对"此制"的看法是消极的，然而由兹可以看出，前期循默苟且的政风已经不复存在了。庆历三年三月，王素、欧阳修、余靖被仁宗任为谏官，为改革派大壮声色。张方平敏锐地观察到了朝论的变化，以及其中谏官起到的重要作用：

---

① 章如愚《官制门》，《山堂考索续集》卷三六，页十一。谏院始置于明道元年七月陈执中为谏官时，见《长编》卷一一一。
② 李焘《长编》卷一一三，明道二年十二月丁未。按，"中丞"指御史中丞，"知杂"指侍御史知杂。
③ 徐松《宋会要辑稿·职官》一七之六、七，后诏"台官"，《长编》卷一五一记为"台谏官"。
④ 苏轼《上神宗皇帝书》，《苏轼文集》卷二五，第 740 页。
⑤ 王夫之《宋论》卷四《仁宗》之七，舒士彦点校，北京，中华书局 1964 年，第 92 页。

> 其始也，范讽、孔道辅、范仲淹三人，以才能为之称首。其后许公（吕夷简）免相，晏元献（殊）为政，富郑公（弼）自西都留守入参知政事，深疾许公，乞多置谏官，以广主听。上方向之，而晏公深为之助，乃用欧阳修、余靖、蔡襄、孙沔等并为谏官。谏官之势，自此日横。①

虽然张方平于此颇有微词，然而在事实上，台谏之职已成为仁宗中期推动政治改革、抨斥保守势力的一个阵地。

第三节 从庆历新政到熙宁变法："王道"理想的追求

宋仁宗即位以来政坛和政风的变化，给庆历三年新政的出台创造了必要条件，做好了思想舆论上的准备，一大批具有儒家思想的革新派人物被推上了政治舞台的前列。如前所述，这种变化是在日趋严重的社会危机中发生的。以范仲淹为代表的崛兴起来的儒家士人群体针对北宋开国数十年以矫弊防乱为目的的因循苟且、无所作为的旧体制和作风，深加诋斥。他们以积极的态度，满怀激情，揭橥"穷则变，变则通，通则久"的变革思想，希望起衰振弊，为深陷危机中的宋朝统治开辟新路。

南宋吕中《类编皇朝大事记讲义》指出："仲淹革弊之规模，已具于天圣《上宰相书》《上皇帝之书》。"② 这是指前面提到的天圣三年《奏上时务书》和五年《上执政书》。在这些上书中，范仲淹

---

① 苏辙《龙川别志》卷上，第82页。
② 吕中《类编皇朝大事记讲义》卷九，第193页。

反复强调"兴复古道"、实现"王道"政治的必要性。其论直追三代，处处表现出对"先王之典""圣人之教"的崇信态度，具有儒家思想的浓厚特色。同时，依据儒家经典加以发挥，追其义理，作为批判现实政治和改造现实社会的思想武器。从这个意义上来讲，仁宗时期发生的由范仲淹领导的新政运动正是以儒家思想为指导的统治阶级的政治改良运动。① 它和政治改革运动的联系如此紧密，以至有学者认为"北宋儒学本质上是一种政治哲学，儒学复兴的核心主题在于建构政治宪纲"，② 则是见仁见智了。

欧阳修记云："庆历三年春，丞相吕夷简病不能朝，上既更用大臣，锐意天下事。始用谏官御史疏，追还夏竦制书，既而召韩琦、范仲淹于陕西，又除富弼枢密副使。"③ 庆历三年八月，范仲淹受任为参知政事，韩琦、富弼等人也相继担任要职。九月，范仲淹上《答手诏条陈十事疏》，酝酿已久的新政运动正式拉开帷幕。《十事疏》首先阐述《易》言"穷则变"的意义说："此言天下之理，有所穷塞，则思变通之道，既能变通，则成长久之业。"次陈对形势的估计说："纲纪制度，日削月侵。官壅于下，民困于外。夷狄骄盛，寇盗横炽，不可不更张以救之。"接着提出了具体的十项改革方案：明黜陟、抑侥幸、精贡举、择官长、均公田、厚农桑、修

---

① 范仲淹和庆历新政以及儒学复兴的关系密不可分，一直受到学界高度关注，近几年出版的著作有：王瑞来《天地间气：范仲淹研究》（太原，山西教育出版社 2015 年）、林嘉文《忧乐为天下——范仲淹与庆历新政》（太原，山西人民出版社 2016 年）、李存山《范仲淹与宋学精神》等，未能详列。其中林著是作者在高中二年级写成的，涉猎面广，有独立思考，十分难得。是书出版之次月，作者离世，年仅 18 岁，令人惋惜。
② 卢国龙《宋儒微言》，第 39 页。
③ 欧阳修《外制集序》，《欧阳修全集》，第 573 页。

武备、减徭役、覃恩信、重命令。十事所陈，多以"先王""圣人"或儒经之言为归依。例如首条据《虞书》"三载考绩，三考黜陟幽明"要求重订磨勘法，加强考核，做到"有大功大善则特加爵命，无大功大善更不非时进秩"。次条以"先王赏延于世，诸侯有世子袭国，公卿以德而任，有袭爵者，《春秋》讥之"为依据，要求对恩荫制度加以限制，以免官僚子弟"与孤寒争路"。"精贡举"据《周礼》"乡大夫之职，各教其所治。三年一大比，考其德行道艺，乃献贤能之书于王"，要求改革贡举制度，择明师，传"治国治人"之道，培养和选拔"经济之才"。"择长官"条说："先王建侯以共理天下，今之刺史、县令即古之诸侯。一方舒惨，百姓休戚，实系其人，故历代盛明之时必重此任。"要求整顿吏治，改变"不问贤愚，不较能否"的状况。"均公田"则据《易》"天地养万物，圣人养贤以及万民"为据，要求保证官员的职田。"厚农桑"引《书》"德惟善政，政在养民"说云："圣人之德发于善政，天下之化起于农亩。"要求发展生产。以上所举，是知范仲淹论列国家大政俱引儒义为宗，其间不无牵强之处，但着实反映了范仲淹新政运动的思想依托。由此亦可证明，当时的儒学思潮是与治道密切结合的。其后，富弼上当世之务十条及安边十三策，韩琦上宜先行者七事、救弊八事，均与范氏所陈大体略同并有所补充。

十事中大部分得以在数月间渐次颁行，曾巩评价视为"庶几三代之事"。这个纲领把整顿官僚机器和吏治放在优先考虑的地位，这就必然触动一大批官僚的切身利益。范仲淹等"以天下为己任，遂与富弼日夜谋虑，兴致太平。然规摹阔大，论者以为难行。及按察使多所举劾，人心不自安；任子恩薄，磨勘法密，侥幸者不便，于是谤毁浸盛，而朋党之论，滋不可解"。① 新政招来旧派势力的嫉视，他们千方百计进行抵制和寻机破坏，于是新政的厄运到来了。范仲淹、富弼、韩琦等相继罢职，拥护支持新政的一些人如孙复、石介等均遭受到迫害和打击，其间还发生了所谓"奏邸之狱"，改革派中一大批少壮知名人士被"一举网尽"。② 新政主要措施被陆续取消，恢复旧态，短暂的"庆历新政"终于失败了。

自此之后，朝中所谓"老成"者再占上风。魏泰《东轩笔录》云："苏舜钦奏邸之会，预坐者多馆阁同舍，一时被责十余人。仁宗临期，叹以轻薄少年，不足为台阁之重。宰相探其旨，自是务引用老成，往往不惬人望。甚至语言文章，为世所笑，彭乘之在翰林，杨安国之在经筵是也。"③ 朱熹亦云，奏邸狱后，仁宗"惩才士轻薄之弊"，所谓"纯朴持重之人"纷纷被进用，"凡解经，不过释训诂而已"。④《宋史》本传谓彭乘，"老儒也，雅有恬退名。……质

---

① 李焘《长编》卷一五〇，庆历四年六月壬子。余英时说："'以天下为己任'的名言可以用来概括宋代士大夫的基本特征。这六个字虽是朱熹对于范仲淹一个人的描写，却抓住了当时中国政治文化的一个主要动向。"（《朱熹的历史世界》，第6页）。其实，"这六个字"是宋代新儒对范仲淹的共同评价，甚至也是宋代（不止宋代）夸赞某些士大夫的习用语。
② 李焘《长编》卷一五三，庆历四年十一月甲子载："会进奏院祠神，舜钦循前例用鬻故纸公钱召妓女，开席会宾客。"被王拱辰等人劾奏，"事下开封府治，于是舜钦及巽俱坐自盗，洙等与妓女杂坐，而休复、约、延隽、延让又服惨未除，益柔并以谤讪周、孔坐之，同时斥逐者，多知名士"。在座被处理的官员有：监进奏院右班殿直刘巽，大理评事集贤校理苏舜钦，工部员外郎、直龙图阁兼天章阁侍讲、史馆检讨王洙，太常博士、集贤校理刁约，殿中丞、集贤校理江休复，殿中丞、集贤校理王益柔，太常博士周延隽，太常丞、集贤校理章岷，著作郎、直集贤院、同修起居注吕溱，殿中丞周延让，校书郎、馆阁校勘宋敏求，将作监丞徐绶，等等。是谓"奏邸之狱"。
③ 魏泰《东轩笔录》卷四，第42页。
④ 黎靖德编《朱子语类》卷一二九《自国初至熙宁人物》，第3088、3089页。

重寡言,性纯孝,不喜事生业"。又谓杨安国讲经,"一以注疏为主,无它发明。引论鄙俚,世或以为笑,尤喜纬书及注疏所引纬书,则尊之与经等"。① 二人所代表的,正是前期"清净""因循"政风之余绪,是仁宗即位以来思想变革潮流的反动。

社会危机没有得到缓解,儒家三代政治理想仍然缥缈虚悬而远离现实。守旧势力盘踞政府,旧派习气仍有市场,而庆历时代叱咤风云的人物有的从此退隐,有的也转为消极持重,锐气大减。但是,这场新政运动毕竟给社会和政坛以猛烈的冲击,那种君臣同享"清净无为"之"淳风"的庙堂局面不复存在。问题是那样纷杂而深重,以致要求改革的呼声难以停息,而且在仁宗嘉祐(1056—1063)以后形成了新的高潮。司马光指出:"嘉祐末年,天下之事似乎舒缓,萎靡不振,当时士大夫亦自厌之,多有文字论列。"② 南宋陈亮说:"方庆历、嘉祐,世之名士常患法之不变也。"③ 朱熹也论道:"庆历之初,杜、范、韩、富诸公变之不遂,而论者至今以为恨。况其后又数十年,其弊固当益于前,而当时议者亦多以为变。"④ 北宋中期的"名士"以天下为己任,把复兴儒家三代之治的理想作为奋斗目标,虽遭新政失败挫折,但并没有放弃自己的责任,对现实社会和政治深怀不满而进行了激烈的批评。

自言所学在求"天下大中之道"的程颐于皇祐二年(1050)上

---

① 脱脱等《宋史》卷二九八《彭乘传》、卷二九四《杨安国传》,第 9900、9828 页。
② 马永卿辑《元城语录解》卷上,《丛书集成》初编,上海,商务印书馆 1936 年,第 9 页。按,马永卿,字大年,扬州人,大观三年进士,曾受学于刘安世。
③ 陈亮《陈亮集》(增订本)卷十二《策·铨选资格》,邓广铭点校,北京,中华书局 1987 年,第 134 页。
④ 朱熹《读两陈谏议遗墨》,《朱熹集》卷七十,郭齐、尹波点校,成都,四川教育出版社 1996 年,第 6 册,第 3662 页。

书仁宗，认为："方今之势，诚何异于抱火厝之积薪之下而寝其上。……今天下民力匮竭，衣食不足。……民无储备，官廪复空。……戎狄强盛，自古无比。"他劝仁宗须"思行王道"，以"仁"为本，恢复"三代之政"。这就必须广求天下贤士，而贤士的获得，又应当改革科举考试制度，特别是"以词赋声律为工"且为人看重的进士科，因为"词赋之中，非有治天下之道"。他最后说："伏望陛下出于圣断，勿徇众言，以王道为心，以生民为念，黜世俗之论，期非常之功。"① 热切地盼望变革现实，实行"王道"政治。

欧阳修在这时对宋朝立国百年而"仁政未成"的原因进行过反思，认为繁简失当而"一切悖古"，其说云：

> 今自宰相至于州县，有司莫不行文书、治吏事。其急在于督赋敛、断狱讼而已，此特浅者尔。礼乐仁义，吏不知所以为，而欲望民之被其教，其可得乎？夫治大以简，则力有余；治小以繁，则事不遗。制民以浅，则防其僻，渐民以深，则化可成，此三代之所以治也。今一切悖古，简其当繁而繁其可简，务其浅而忽其深，故为国百年，而仁政未成、生民未厚者，以此也。②

他希望以"礼乐仁义"来化成天下，实现"仁政"理想，其服膺于儒学宗旨是很明白的。

---

① 程颐《上仁宗皇帝书》，《河南程氏文集》卷五，《二程集》，第510—515页。
② 欧阳修《策问·问进士策三首》之二，《居士集》卷四八，《欧阳修全集》，第326、327页。

苏轼在嘉祐六年（1061）参加制科考试时，上了二十五篇《制策》，其中《策略》五篇、《策别》十七篇、《策断》三篇，全面陈述了对时局的看法，认为"国家无大兵革，几百年矣。天下有治平之名，而无治平之实"。其《策略》之三说："居今之势，而欲纳天下于至治，非大有所矫拂于世俗，不可以有成也。何者？天下独患柔弱而不振，怠惰而不肃，苟且偷安而不知长久之计。"因此主张须抱坚决态度，进行整顿改革。《策略》之五又说："宜日新盛德，以鼓动天下之久安怠惰之气。"① 苏轼在《制策》中提出了许多具体的改革意见，如改革吏治、整顿赋税、限制兼并等，如朱熹所说是"煞要出来整理弊坏处"。② 苏轼思想兼含佛、老而儒学"不纯"，这是众所周知的。他撰《制策》时年仅二十五岁，和他的其他早期著作一样，多依方兴未艾的儒学思潮这个主流来发表政见。其《策总叙》云："三代之衰，学校废缺，圣人之道不明。"是把复兴儒学、捍卫圣道当作自己的责任的。在他所撰的《子思论》《韩非论》等诸多论文中，对老、庄、杨、墨、申、韩诸家进行了激烈的抨击，斥之为"猖狂浮游""纷纭颠倒"，显然是不得与儒术并论的。又如在《御试制科策》中对"孝文尚老子而天下富殖，孝武用儒术而海内虚耗"的设问"不以为然"，回答说：

> 孝文之所以为得者，是儒术略用也。其所以得而未尽者，是儒述略用而未纯也。而其所以为失者，则是用老也。……孝武亦不可谓用儒之主也。博延方士而多兴妖祠，大兴宫室而甘

---

① 苏轼《策略》一、三、五，《苏轼文集》卷八，第 226、232、239 页。
② 黎靖德编《朱子语类》卷一百三十《自熙宁至靖康用人》，第 3100 页。

心远略，此岂儒者教之？①

其论旨实在尊高儒术的地位和作用，也是不待多言的。

宋仁宗后期开始活跃于政坛的司马光特别重视儒家的礼制。嘉祐七年（1062）五月，他受命仍知谏院时上了一长疏，强调说："国家之治乱本于礼，而风俗之善恶系于习。"他说三代是"习民以礼"的典范，其后便"日以衰薄，下陵上替"了，"陵夷至于五代，天下荡然，莫知礼义为何物矣"。司马光认为宋初建立的高度中央集权体制符合"礼之大节"而值得肯定。而后来却也出现弊端，尤其对于仁宗景祐以来发生的一些"以下犯上"的现象深感不安，诸如"胥吏謹哗而斥逐御史中丞、輦官悖慢而废退宰相。卫士凶逆，其狱不穷奸，泽加于旧。军人骂三司使，而法官以为非犯阶级，疑于用法，朝廷虽特诛其人，而已停之卒复收养之。其余有一夫流言于道路，而为之变令推恩者多矣"等，认为这些"殊非所以习民于上下之分也"。② 此疏的核心是要求重建"上下已明、纲纪已定"的上尊下卑、等级森严的纲常秩序，这也就是司马光提倡礼和名分的根本含义。其巨著《资治通鉴》开篇即论礼、名分，正是这种思想的反映。他也是主张改革经济政策上的种种弊端的，但由于把恢复古代礼制（实际上就是政治秩序）强调到了最重要的高度，这就决定了他对以"理财为先"的王安石变法的不满和反对立场。

王安石是在仁宗末年崭露改革热情的政治家，他在嘉祐年间向仁宗皇帝上进万言书，发表了对时局的看法并提出了改革的意见。

---

① 苏轼《御试制科策一道并策问》，《苏轼文集》卷九，第297页。
② 李焘《长编》卷一九六，嘉祐七年五月丁未。

他分析当时的形势是:

> 顾内则不能无以社稷为忧,外则不能无惧于夷狄。天下之财力日以困穷,而风俗日以衰坏。四方有志之士,諰諰然常恐天下之久不安。此其故何也?患在不知法度故也。今朝廷法严令具,无所不有,而臣以谓无法度者,何哉?方今之法度多不合乎先王之政故也。①

怎样才合先生之政呢?王安石又特别指出,因时代不同,不能呆板地照搬,而应当"法其意",如此,"则吾所改易更革,不至乎倾骇天下之耳目、嚣天下之口,而固已合乎先王之政矣"。他又说:"方今之急"在于"能推行朝廷之法令、知其所缓急,而一切能使民以修其职事者"和"能讲先王之意以合当时之变者"这方面的人才不足,并就此提出了"陶冶而成之"的"教之、养之、取之、任之"之道,要求全面改革教育和科举制度,整顿吏治和官僚制度。在经济方面,针对"患在治财无其道",他提出了"因天下之力以生天下之财,取天下之财以供天下之费"的理财路线。熙宁元年四月,王安石始入朝,神宗问:"唐太宗何如?"回答是:"陛下当法尧、舜,何以太宗为哉?尧、舜之道,至简而不烦,至要而不迂,至易而不难。但末世学者不能通知,以为高不可及尔。"② 关中学者张载以御史中丞吕公著荐而得召见,问治道,对曰:"为政不法三代者,终苟道也。"③ 苟道,苟且之道也。

---

① 王安石《上仁宗皇帝言事书》,《临川集》卷三九,第 253 页。
② 脱脱等《宋史》卷三二七《王安石传》,第 10543 页。
③ 脱脱等《宋史》卷四二七《道学传·张载》,第 12723 页。

卑视汉唐，言必尧舜，把复兴三代政治理想作为旗帜，以儒家崇信的所谓"先王之道"作为改革现实的工具，是新儒者在政治和经济活动中的共同特征，王安石正是乘着这一时代潮流而走上政治舞台的。如朱熹所言："（王安石）新法之行，诸公实共谋之，虽明道先生不以为不是，那时也是合变时节。"又说："熙宁更法，亦是势当如此。凡荆公所变更者，初时东坡亦欲为之。"① 然而对"先王之道"的具体理解和运用，却是各有所见，趋舍不同，虽然似都主张"改革"，但实际的内容和方向却大有区别，这正是熙丰变法在进行过程中遭到越来越多的反对的主要原因。

英宗于嘉祐八年（1063）四月继位，虽志在有为，但去世过早，未有施展。神宗于治平四年初即位，失望于锐气丧失的元老重臣，找到了"独负天下大名三十年"的王安石。安石于熙宁元年应召赴京，不久上了一道《本朝百年无事札子》，发了一通"本朝累世因循末俗之弊"的议论，批评历朝诸帝"未尝如古大有为之君，与学士大夫讨论先王之法以措之天下也，一切因任自然之理势而精神之运有所不加"，② 强调了变法的必要性。他在短时间内，由翰林学士而参知政事，再擢升宰相，变法运动随之蓬勃发展起来。得君行道的王安石，要将儒学复兴的思想成果转化入具体的施政之中。余英时认为，"王安石代表了北宋中期儒学的主要动向，即改革运动的最后体现"，③ 主要就是有机会推动"外王"的落实，实施儒家的"王道"政治。

---

① 黎靖德编《朱子语类》卷一百三十《自熙宁至靖康用人》，第3097、3101页。
② 王安石《本朝百年无事札子》，《临川集》卷四一，第275页。
③ 余英时《宋明理学与政治文化》，台北，允晨文化实业有限公司2004年，第67页。

王安石变法的措施可以分为三个方面：理财之方有青苗法、均输法、农田水利法、免役法、市易法、免行法、方田均税法；强兵之术有将兵法、保甲法、保马法及设置军器监等；再一方面是改革科举和学校制度。但王安石骤然大变国家法度，立刻引来了朝野士大夫的"议论汹汹"。熙宁三年（1070），司马光连续给王安石写了三封信，表达了对王安石"尽变旧法"的反对态度。① 《长编》载，曾公亮曾引古训批评变法说："利不百，不变法。"文彦博也说："祖宗法制具有，不须更张以失人心。"② 如前所言，祖宗之法成了反对变法者的挡箭牌，朱熹在检讨王安石变法时就说："若闲乐之论祖宗法度但当谨守而不可变，尤为痛切，是固然矣。然祖宗之所以为法，盖亦因事制宜，以趋一时之便，而其仰循前代，俯徇流俗者，尚多有之，未必皆其竭心思、法圣智以遗子孙，而欲其万世守之者也。是以行之既久而不能无弊，则变而通之，是乃后人之责。"③ 朱熹是主张对祖宗之法有所变通的。由于在变法中遇到层层障碍，加上变法派内部也陆续发生矛盾，以及宋神宗本人态度的动摇，致使王安石两次罢相，对变法运动自然产生了种种不利影响。熙宁九年春以后，变法活动在宋神宗本人的亲自主持下才勉强维持下去，直到他去世，哲宗继位，由高太后实际主政，出现了"元祐更化"而遭到了最后失败。

---

① 司马光《与王介甫书》《与王介甫第二书》《与王介甫第三书》，原载《司马公文集》卷六十，曾枣庄、刘琳主编《全宋文》第1211卷，第56册，第18、25、26页。
② 李焘《长编》卷二一九，熙宁四年正月壬辰；卷二二一，熙宁四年三月戊子。曾公亮（999—1078）、文彦博（1006—1097）皆元老重臣。
③ 朱熹《读两陈谏议遗墨》，《朱熹集》卷七十，第3662页。陈师锡，福建人，号闲乐，熙宁年进士。

从庆历到熙宁，这段时期以复兴儒学为旗号的政治改革活动走过了一段曲折的路程，虽然后者比前者更为阔大、持久、深入，但就其本质来说，都是统治阶级懔于社会危机而进行的自救运动，二者有着明显的继承性。如南宋吕中所云："范仲淹之于庆历，犹王安石之于熙宁也。"又说，韩琦、富弼、范仲淹诸公之志不尽行，"积弊相仍，极而至于熙宁，此又当变之时也"。① 我认为，王安石变法与庆历新政一样，二者本身并不完全是一场儒学运动，它们有着比儒学复兴更丰富、更复杂的社会历史内容。但是，它们都受到儒学复兴思潮的影响，在很大程度上正是后者在政治领域中的反映。

王安石把儒学作为"一道德"的武器，以"变风俗、立法度"为急务，是把儒家教化作为纲领而置于首要地位的。熙宁二年三月，时为右谏议大夫、参知政事的王安石上言说：

> 今欲理财，则须使能。天下但见朝廷以使能为先，而不以任贤为急，但见朝廷以理财为急务，而于礼义教化之际，有所未及，恐风俗坏，不胜其弊。陛下当先验国体，有先后缓急。②

他崇奉孔孟，言必先王，把儒学作为其变法活动的精神支柱。他认为儒家经术本来就是用来经理世务的，说："经术者，所以经世务也。果不足以经世务，则经术何赖焉！"③ 他将自己主持阐释的《三经新义》颁之于学校，作为科举考试的标准，表示要改变"士弊于

---

① 吕中《类编皇朝大事记讲义》卷九《馆阁》，第193—196页。
② 黄以周等《续资治通鉴长编拾补》卷四，熙宁二年三月戊子。
③ 黄以周等《续资治通鉴长编拾补》卷四，熙宁二年二月庚子。

俗学久矣"这一状况。其《周礼义序》云：

> 士弊于俗学久矣，圣上闵焉，以经术造之，乃集儒臣训释厥旨，将播之校学。而臣某实董《周官》，惟道之在政事、其贵贱有位，其后先有序，其多寡有数，其迟数有时。制而用之存乎法，推而行之存乎人，其人足以任官，其官足以行法，莫盛乎成周之时。其法可施于后世，其文有见于载籍，莫具乎《周官》之书。①

表达了主持变法的思想依托。程颐、朱熹等人对王安石的经学都并不一概否定，陆九渊在《荆国王文公祠堂记》中还大为称道他说："扫俗学之凡陋，振弊法之因循，道术必为孔孟，勋绩必为伊周，公之志也。"② 王安石的学术倾向应基本归属于当时的新儒学。他自言："自百家诸子之书，至于《难经》、《素问》、《本草》、诸小说，无所不读，农夫女工无所不问，然后于经为能知其大体而无疑。"③ 在北宋中期的儒学复兴思潮中，新儒们不囿于旧儒固守注疏的狭窄范围，广取博采，以充实其学，新儒学者恐怕多所不免，只是各人的取舍不同而已。"荆公新学"较多地吸取了佛、道、法等诸家思想，这是事实，此又当别论了。

---

① 王安石《周礼义序》，《临川集》卷八四，第543页。
② 陆九渊《荆国王文公祠堂记》（1188），《陆九渊集》卷十九，钟哲点校，北京，中华书局1980年，第232页。
③ 王安石《答曾子固书》，《临川集》卷七三，第481页。

第六章　兴学运动与儒学复兴思潮

唐宋之际,官学废弛,私学渐兴,至宋初而盛。北宋中叶,大批"贤者"走进了朝政中心,左提右挈,于是学校之设遍于四方。从庆历到熙宁,新儒者意气风发,办学热情高涨,甚至"以后为羞"。兴学运动跌宕起伏,成为儒学复兴运动的重要内容。古代所谓"士必由于乡里,教必本于学校"的理想,始终激励着新儒者身体力行而为之奋斗。"风俗之弊,人材之乏",将尽革于是,新儒们对各级学校的兴办寄予了莫大的希望。

第一节　由私学到官学和地方立学

唐宋时期学校教育的兴衰,经历了一个曲折的变化。唐初国力强盛,文治武功,均有突出的表现。据唐代典籍所载,这时的学校建置,从中央到地方,规模比较完备,但它主要是为少数官僚贵族子弟而设置的。唐中叶以后,政治陷入混乱,社会长期不宁,学校教育也随之衰退。史载,永泰二年(766)唐代宗下诏说:"顷以戎狄多虞,急于经略,太学空设,诸生盖寡。弦诵之地,寂寥无声,函丈之间,殆将不扫,上庠及此,甚用闵焉。"刘蕡于大和二年

(828)试策时对曰:"生徒堕业,由学校之官废。"① 刘禹锡(722—842)在《奏记丞相府论学事》中亦云:"今之胶庠,不闻弦歌,而室庐圮废,生徒衰少。"② 降至唐末五代,学校长期处于废弛的状态。宋初,除中央有国子监收容少量"国子"而外,未建立正式学校。地方上仅有零星学校存在,但也是有名无实。

在官学缺废的情况下,地方上便出现了私人聚学或唱和之所。唐末五代,魏州人罗绍威"服膺儒术,明达吏理。好招延文士,聚书万卷,开学馆,置书楼。每歌酒宴会,与宾佐赋诗,颇有情致";青州人石昂"家有书数千卷,喜延四方之士。士无远近,多就昂学问"。③《通鉴》载:"自唐末以来,所在学校废绝,蜀毋昭裔出私财百万营学馆,且请刻板印九经,蜀主从之。由是蜀中文学复盛。"④ 又如,后晋虞城(今属河南)人杨悫开学舍"教授生徒",宋初名士戚同文早年从其学,后来同文"隐居教授,学者不远千里而至,登科者凡五十六人"。⑤《宋会要》载,密州杨光辅在宋太宗、真宗时,"居山聚徒讲学三十余年";又载真宗时永康军进士李畋"明经术,聚徒教授"。《长编》载,真宗时,密州处士周启明在乡里"教授弟子百余人"。⑥ 宋初以来,多有不愿出仕或待价而沽的所谓"隐

---

① 刘昫等《旧唐书》卷十一《代宗本纪》、卷一九〇下《刘蕡传》,第281、5066页。
② 刘禹锡《奏记丞相府论学事》,董诰等编《全唐文》卷六〇三,第2697页。
③ 薛居正等《旧五代史》卷十四《罗绍威传》,第191页;欧阳修《新五代史》卷三四《石昂传》,第371页。
④ 司马光《资治通鉴》卷二九一《后周纪》二,太祖显德三年五月丁亥。毋昭裔,龙门(今山西河津)人,曾任后蜀中书侍郎、同平章事。
⑤ 脱脱等《宋史》卷四五七《隐逸传·戚同文传》,第13418页;李焘《长编》卷四四,咸平二年三月甲寅。
⑥ 徐松《宋会要辑稿·崇儒》二之二、二之四一;李焘《长编》卷七七,大中祥符五年正月。

逸"之士，往往聚集生徒，诵读经籍，私相传授，或著书立说，相与唱和。如陈州宛丘人万适，"不求仕进，专以著述为务"；历城人田诰，"好著述，聚学徒数百人，举进士至显达者接踵，以故闻名于朝"，① 等等。这类在地方上聚徒教授的为数不少，李焘《长编》卷四九载真宗咸平四年六月丁卯，有诏令诸路州县，"有学校聚徒讲诵之所，并赐九经"。

私学发展的重要形式是书院的建立，名闻后世的宋初四大书院或六大书院如白鹿洞书院、石鼓书院、应天府书院、岳麓书院、嵩阳书院、茅山书院都创立于唐末五代至宋初这段时期。另如称为江东三书院的东佳学堂、华林书院、雷塘书院，以及秀溪书院等，也都在这段时期里创立。② 元初马端临（1254—1340）说：宋初"未有州县之学，先有乡党之学"，州县之学是"有司奉诏旨所建"，而乡党之学是"贤士大夫留意斯文者所建"。③ 这些留意"斯文"者，实际上就是一批具有儒家思想的士人群体。正是这批儒士推动了北宋思想学术的发展和转型，从而为儒学复兴热潮创造了必要的社会条件。

曾巩撰《隆平集》说："五代学校不修，学者多各从其师，是

---

① 脱脱等《宋史》卷四五七《隐逸传》上，第13427页。
② 关于北宋前期几大书院的说法宋代就不一。《玉海》卷一六七以白鹿洞、岳麓、嵩阳、应天府为四大书院。《文献通考》卷四六《郡国乡党之学》以白鹿洞、石鼓、应天府、岳麓为四大书院，另益以嵩阳、茅山为六。《宋大事记义》卷十《州县университа五书院》又以宋初有五大书院，无茅山。范成大《骖鸾录》以徂徕、金山（即茅山）、岳麓、石鼓为四大书院。其实，不必拘泥于哪种说法"正确"。江东三书院参见杨亿《武夷新集》卷六《雷塘书院记》，其中东佳学堂较早，徐锴《陈氏书堂记》有载。秀溪书院见于武仲平《秀溪书院记》。
③ 马端临《文献通考》卷四六《学校考七》，第431页。

以庐山有白鹿洞书院，嵩阳、岳麓亦各有书院。"① 吕祖谦《白鹿洞书院记》述宋初文风始起时说："国初，斯民新脱五季锋镝之厄，学者尚寡，海内向平，文风日起，儒生往往依山林，即间旷以讲授，大率多至数百人。"② 朱熹撰《石鼓书院记》亦云："予惟前代庠序不修，士病无所于学，往往相与择胜地，立精舍，以为群居讲习之所。"③ 这种依山林、择胜地的状况与佛教中盛行已久的寺院讲习颇为类似，故或认为受到禅林影响。宋初儒学不盛，而私学的倡导者是以传习儒家经典、振兴儒学为己任的，这就得冲破旧习的束缚了。陈傅良《潭州重修岳麓书院记》谈到这种情况说："宋有戚氏，吴有胡氏，鲁有孙、石二氏，各以道德为人师，不苟合于世著名。余以是益叹国初士风之厚，本之师道尊而书院为不可废。"④ 戚氏一家累世业儒，宋初有同文绝禄仕，诵五经，聚徒教授，"以赉于丘园教育为乐"（范仲淹语），真宗时在他遗留下来的旧居址上建立了应天府书院，由其孙舜宾主持。胡指"以经术教授吴中"的胡瑗，孙、石指孙复及其高弟石介，三人在儒学复兴运动中十分活跃，被称为"宋初三先生"。石介有《泰山书院记》，盛赞孙复光大孔孟之道：

> 孟子、扬子、文中子、吏部皆以其道授弟子。既授弟子，复传之于书。其书大行，其道大耀。先生亦以其道授弟子，既

---

① 曾巩《隆平集》卷一《学舍》，王瑞来校证，北京，中华书局2012年，第58页。
② 吕祖谦《吕东莱文集》卷六《白鹿洞书院记》（1179），《丛书集成》初编，上海，商务印书馆1935年，第138页。
③ 朱熹《衡州石鼓书院记》，《朱熹集》卷七九，第4123页。
④ 陈傅良《潭州重修岳麓书院记》，《止斋文集》卷三九，第六页，《四部丛刊》本。

授之弟子，亦将传之于书，将使其书大行，其道大耀。乃于泰山之阳起学舍，构堂，聚先圣之书满屋，与群弟子而居之。①

使儒家之道"大耀"于世，正是当时私学教学活动的目的。"以道德人师，不苟合于世"，私学成为倡导儒学新学风的重要场所。书院聚集学人，开通风气，发挥了巨大影响，如范仲淹在《南京书院题名记》中所云：

> 风乎四方，士也如狂。望兮梁国，归欤鲁堂。章甫如星，缝掖如云。讲义乎经，咏思乎文。经以明道，若太阳之御六合焉；文以通道，若四时之妙万物焉。②

"士"气高涨，跃然纸上。上引陈傅良《潭州重修岳麓书院记》亦云："五六十载之间，教化大洽。学者皆振振雅驯，行艺修好，庶几于古。当是时，州县犹未尽立学，所谓十九教授未有显者，而四书院之名独闻天下。上方崇长褒异之者甚至，则其成就之效博矣！"

私学以传习儒家经典为宗，这也正是刚刚稳定下来的赵宋王朝所特别需要的精神武器，这样上下合力，推动其发展，是乃北宋前一阶段私学勃然兴起的一大原因。事实正是如此，私学的发展与朝

---

① 石介《泰山书院记》，《徂徕石先生文集》卷十九，第222页。按，扬子指扬雄，原文作"杨子"，当误，今改。《宋元学案》卷二《泰山学案》载，黄百家谨案，先文洁公曰："宋兴八十年，安定胡先生、泰山孙先生、徂徕石先生始以师道明正学，继而濂、洛兴矣。故本朝理学虽至伊洛而精，实自三先生而始，故晦庵有'伊川不敢忘三先生'之语。"第73页。按，文洁公即宋黄震，语见《黄氏日抄》卷四五，上海师大古籍所编《全宋笔记》第十编第九册，第347页。
② 范仲淹《南京书院题名记》，《范文正公集》卷七，第56页。

廷的鼓励政策是分不开的，而且一开始，朝廷就有意将私学纳入自己的控制之下。端拱二年五月，从康州之请，"给九经书以教部民之肄业者"。① 前面提到，咸平四年，遍赐聚徒讲学之所以九经。周启明、李畋、杨光辅均因在地方上教授弟子成绩突出而被赐予钱粮或官衔，或命地方官"常切存问"，都说明了这个问题。对于诸大书院，朝廷更是赐额、赐书、赐田，实际皆属官助性质。有的书院朝廷还派官主持过问，逐渐将其纳入官学的范围。例如：

白鹿洞书院：在江州，太平兴国二年（977）三月，从知州周述之请，赐九经；太平兴国五年六月，"以洞主明起为蔡州褒信县主簿，赐陈裕三传出身，起、裕并以讲学为业，太宗闻之，故有是命，以劝儒业、荣乡校"。②

石鼓书院：在衡州，"国初赐额"。③

嵩阳书院：在西京，至道二年（996）七月赐"嵩山书院额"及九经；景祐三年九月十五日，从西京留守之请，敕以嵩阳书院之额；宝元元年四月，"赐河南府嵩阳书院田十顷"。④

应天府书院：先有应天府民曹诚即戚同文旧居造舍聚书，"博延生徒，讲习甚盛"，大中祥符二年二月府奏其事，遂赐额，"命奉礼郎戚舜宾主其事，仍令本府幕职官提举，以诚为府助教"。明道二年十月，置应天府书院讲授官一员。⑤

---

① 徐松《宋会要辑稿·崇儒》二之二。
② 李焘《长编》卷十八，太平兴国二年三月庚寅；徐松《宋会要辑稿·崇儒》二之四一。
③ 马端临《文献通考》卷四六《郡国乡党之学》，第431页。
④ 徐松《宋会要辑稿·崇儒》二之二，二之四一；《长编》卷一二二，宝元元年四月丁亥。
⑤ 马端临《文献通考》卷四六《郡国乡党之学》，第431页；《长编》卷七（转下页）

岳麓书院：在潭州，咸平四年三月从知州的奏请，"修广舍宇"，"降释音文疏史记篇韵，庶兴学校，以厚民风"；大中祥符八年，山长周式以行义著而被诏见于便殿，"拜国子主簿，使归教授，诏赐书院名，增赐中秘书"。①

茅山书院：在江宁府，天圣二年五月，知江宁府王随言，处士侯遗于茅山营葺书院教授生徒积十余年，自营粮食，从其请，"于茅山斋粮剩数就庄田内量给三顷，充书院赡用"。②

私学的发展造就了大批儒士，如石介《泰山书院记》所载："今先生（指孙复）游从之贵者，故王沂公、蔡贰卿、李泰州、孔中丞，今李丞相、范经略、明子京、张安道、士熙道、祖择之，门人之高第者，石介、刘牧、姜潜、张洞、李蕴。"北宋前期科举取士名额的扩大为儒生们找到了政治出路，为数众多的具有新儒思想的士人走上了仕途，又促进了儒家教育和学术的更大发展，③ 或在朝，或在野，形成了朝野唱和的局面，推动了儒学复兴运动走向高潮。

书院由"乡学"转变为"郡国"之学的轨迹，班班可考。乡学即乡党之学，是私学；郡国之学即州县等官学。儒家教育事业在此期间的更大发展不是私学走向繁荣，而是私学向官学转变，朝廷从表彰到赐书、赐额，最后收归。早在太宗时，白鹿洞书院洞主建议以田入官而齿仕籍后，书院"既乏供馈，学徒日散，室庐隳坏，因

（接上页）一，大中祥符二年二月庚戌；《长编》卷一一三，明道二年十月乙未。
① 徐松《宋会要辑稿·崇儒》二之四一。
② 徐松《宋会要辑稿·崇儒》二之四一。
③ 参见何忠礼《论科举制度与宋学的勃兴》，《中国史研究》1991年第2期，收入氏著《科举与宋代社会》，北京，商务印书馆2006年。

而废焉",其后便若存若亡了。应天府书院于景祐二年十一月改为府学,书院遂不复存。衡州石鼓书院于庆历年间"徙而为州学,书院之迹,遂荒废而不治"。① 上引《文献通考》亦记,嵩山书院、茅山书院"后来无闻,独四书院之名著"。大体在庆历年代,书院的活动已不多见,即如《隆平集》记载:"庠序之教兴,而所谓书院者,未之或闻矣。"② 洪迈言,可能是书院合并于州郡学中了:"及庆历中,诏诸路州郡皆立学,设官教授,则所谓书院者,当合而为一。"③

宋仁宗时期私学向官学转变的关键条件是儒家士人群体的崛起以及大批儒士步入官场。他们借助国家政权的力量,在各地普遍兴学,弘扬儒术,州郡之学便如雨后春笋般地发展起来。全祖望在《庆历五先生书院记》中论道:

> 有宋真、仁二宗之际,儒林之草昧也。当时濂洛之徒方萌芽而未出,而睢阳戚氏在宋,泰山孙氏在齐,安定胡氏在吴,相与讲明正学,自拔于尘俗之中,亦会值贤者在朝,安阳韩忠献公、高平范文正公、乐安欧阳文忠公,皆卓然有见于道之大概,左提右挈,于是学校遍于四方,师儒之道以立。④

这批留意于斯文且在庙堂的"贤者"掀起了一场影响深远的兴学热

---

① 吕中《类编皇朝大事记讲义》卷十,第212页。
② 曾巩《隆平集》卷一《学舍》,第58页。
③ 洪迈《容斋三笔》卷五《州郡书院》,上海师大古籍所编《全宋笔记》第五编第六册,第66页。
④ 全祖望《鲒埼亭集外编》卷十六,页一,清嘉庆十六年刻本。

潮，从而为蓬勃兴起的儒学运动奠定了更加广阔而坚实的基础。而且，兴学运动本身就是儒学运动的一个重要表现方面。

前言私学（主要指书院）泯灭于官学之中，那么宋代地方官学起于何时呢？这个问题宋人自己也各说不一。上引洪迈《容斋三笔·州郡书院》就大中祥符二年二月赐额应天府书院并命官主之说："宋兴，天下州府有学自此始。"吕中《类编皇朝大事记讲义》卷七《建学》载"祥符二年二月，诏许曲阜先圣庙立学，赐应天府书院额"，认为"州郡置学始此"。《宋会要》载：乾兴元年（1022）十一月，"翰林侍讲学士孙奭言：昨知兖州，以邹鲁之旧封，有周礼之遗化，辄于本州文宣王庙内修建学舍四十余区，受纳生徒，俾隶所业，自后听读不下数百人。臣以己俸养赡"。后来孙奭离任，从其请，置学官并给学田十顷，以免学废。李焘注云："诸州给学田，盖始此。"① 又，天圣五年正月，晏殊知南京应天府，"乃大兴学"，延范仲淹以教诸生，李焘说："自五代以来，天下学废，兴自殊始。"② 众说不一，各有所据。若以前引《文献通考》所说州县学为"有司奉诏旨所建"，那么以祥符二年二月诏许曲阜先圣庙立学为地方置学之始，或可成立，不过不必拘泥于此，此不深究。

仁宗即位以后，境内普遍兴起了办学热潮，地方官员纷纷请求建学、赐书与田，或由地方自行兴办而后得到朝廷的认可和支持。《文献通考》载："仁宗即位之初，赐兖州学田，已而又命藩辅皆得立学，其后诸旁郡多愿立学者，诏悉可之，稍增赐之田如兖州，由

---

① 徐松《宋会要辑稿·崇儒》二之三；李焘《长编》卷九九，乾兴元年十一月庚辰。
② 李焘《长编》卷一百五，天圣五年正月庚申。

是学校之设遍天下。"① 这成为北宋首次兴学运动走向高潮的转折点,刺激了办学热情。天圣九年三月,"青州王曾以州缺学教育诸生,乃缮官舍为州学,请国子监群书。上从其请。其后天下有请建学、赐书与田,并从之"。② 可以看到,此后兴学热潮便似乎一泄无阻了。

稍后明道、景祐年间(1032—1037),"累诏州郡立学、赐田、给书,学校相继而兴"。③ 庆历初领国庠副的田况亦云:"自景祐以来,天下州郡渐皆建学,规模立矣。"④ 甚至刚立下藩篱,旋即推倒。如景祐四年十二月下诏:"自今藩镇乃许立学,它州勿听。"可是翌年三月,却从知州蔡齐之请,允许非藩镇的颍州立学,⑤ 可见其迅速发展的势头难以阻挡。此前,大郡始有学而小郡未置,其后,县学也开始创办。如欧阳修《襄州谷城县夫子庙记》载,谷城令于宝元元年修文宣王庙,并"为学舍于其旁,藏九经书,率其邑之子弟兴于学"。⑥ 楼钥《奉化县学记》载,四明六邑,奉川为大,此县于宝元初建县学,楼氏为之记云:"愿以奉川为县学始,亦可以知吾邑儒风之兴旧矣。"⑦ 县学虽然为数尚少,但也是时风使然。有人统计,仁宗即位到庆历四年以前,共建州学六十七所,约占北

---

① 马端临《文献通考》卷四六,第431页。
② 章如愚《山堂考索后集》卷二六《士门》,页二十。
③ 徐松《宋会要辑稿·崇儒》二之三。
④ 田况《儒林公议》卷上,《京都国子监》,张其凡点校,北京,中华书局2017年,第29页。田况(1005—1063),字元均,冀州信都(今河北冀县)人,天圣八年进士。
⑤ 李焘《长编》卷一二〇,景祐四年十二月壬申;卷一二一,宝元元年三月己酉。
⑥ 欧阳修《襄州谷城县夫子庙记》,《居士集》卷三九,《欧阳修全集》,第273页。
⑦ 楼钥《奉化县学记》,《攻媿集》卷五四,第508页。楼钥,字大防,鄞县(今属宁波)人,隆兴元年进士。

宋府州总数的五分之一，其中明道、景祐年间即建了四十五所。①这些府州大都处于繁富和文化发达之区，可以说，至庆历四年之前，宋朝境内重要的府州基本上都兴建起了学校。

第二节　从庆历兴学到熙丰教育改革

地方学校相继而兴的情况表明，数百年来的古代教育至宋仁宗即位以来有了一个大的变化和发展。庆历中期，由于范仲淹等新派人物执掌政权，教育事业更得到了全面的推进。范仲淹所陈的全面改革纲领《答手诏条陈十事疏》中，强调了学校教育与科举取士配合、培养"经济之才"的重要性。由于范仲淹等"意欲复古劝学，数言兴学校，本行实"，仁宗遂诏近臣议。庆历四年三月，翰林学士宋祁、知制诰欧阳修等九人合奏《详定贡举条状》，批评了"教不本于学校，士不察于乡里"的现状，建议：

> 谨参考众说，择其便于今者，莫若使士皆土著而教之于学校，然后州县察其履行，则学者修饬矣。故为设立学舍，保明举送之法。②

关键词是学校、履行，朝廷次日正式下达了著名的兴学诏令，主要内容有如下三点：

第一，"诸路州府军监，除旧有学外，余并各令立学。如学者

---

① 郭宝林《北宋的州县学》，《历史研究》1988年第2期。
② 李焘《长编》卷一四七，庆历四年三月甲戌。收入欧阳修《奏议集》卷八。

二百人以上许更置县（学）。若州县未能顿备，即且就文宣王庙或系官屋宇"。要求在全国范围内普遍建学。

第二，"本道使者选属部官为教授，三年而代。选于吏员不足，取于乡里宿学有道业者，三年无私谴"者。这是对选派教师的要求，其中有对教师品德的要求。

第三，"士须在学习业三百日，乃听预秋赋；旧尝充赋者，百日而止"。这是对学员的要求，意在加强学校教育的作用。①

此前兴学，主要是地方官员之有识者自建或要求所建，如范仲淹《褒贤祠记》所说，"有贤守令，学校必兴"。庆历兴学令是兴学运动蓬勃发展的产物，它又反过来进一步推动了兴学的全面发展。欧阳修《吉州学记》也云："诏下之日，臣民喜幸，而奔走就事者，以后为羞。"②《宋会要》载："蔡齐请立学时，大郡始有学而小郡犹未置也。庆历诏诸路州府军监各令立学，学者二百人以上许更置县学，于是州郡不置学者鲜矣！"田况也说："诏既下，人争务学，风俗一变。"③ 在朝廷提倡下，向学之风大盛。

随着"庆历新政"的失败，朝廷先后两次（庆历五年三月、八年四月）下诏恢复科场旧制。值得注意的是，兴学之令并未取消，事实上，地方学校建设仍然在持续地进行着。例如：范仲淹于庆历五年正月出知邠州（治今陕西彬县）后，即于其地筹建学校，六年夏方"厥功告毕"，有《邠州建学记》记其事。地处南域的浔州

---

① 以上引文，第一点据《宋会要辑稿·崇儒》二之四，括号内字据同卷二之三补；后两点据《长编》卷一四七。"秋试"，中华书局标点本作"秋赋"。
② 欧阳修《吉州学记》，《居士外集》卷十三，《欧阳修全集》，第461页。
③ 徐松《宋会要辑稿·崇儒》二之三。田况《翰林学士宋祁言贡举条例》，《儒林公议》卷下，第82页。

(治今广西桂平),京兆杜君应之于庆历七年(1047)守是土,鉴于缺乏教育,乃"大相厥土而营学宫",余靖有《浔州新成州学记》记此。韩琦于皇祐初年知定州(治今河北定县),他批评其前任说:"定处北边,承诏者不知其本,以谓用武之地,学非吾事也,独慢而寝焉!"于是在其地建立了州学,撰《定州新建州学记》以志之。地处湘南,介要荒之地的郴州(治今湖南郴县),"向之为州者,往往陋其俗而不教之"。故旧祠圮毁而不闻弦诵之音。知州及通判奏陈其事,受到朝廷的嘉励,赐钱三十万,至皇祐五年才把州学建成,事见祖无择撰《郴州学记》。同年祖无择知袁州(治今江西宜春)时,"知学官缺状,大惧人材放失,儒效阔疏,亡以称上旨",因而相地营治州学,事见李觏《袁州学记》。曾巩《筠州学记》记长江之南的筠州(治今江西高安),"其地僻绝,当庆历之初诏天下立学,而筠不能应诏,州之士以为病",到英宗治平二年(1065)方始立学。余靖《雷州新修郡学记》记"濒海之乐郊"雷州(今属广东),因为"颁条者怠于诱导",英宗时"乃援前诏,广学宫而新之"。体味此语,此前当已有学。一些学校在庆历新政失败后仍然得以扩建,亦可见兴学的势头并未衰歇。如王安石《虔州学记》载,虔州(治今江西赣县)于庆历应诏兴学,然而"卑陋褊迫,不足为美观。州人欲合私财,迁而大之久矣",英宗时得以改筑。韩琦《并州新修庙学记》也载并州(治今山西太原)于景祐三年立学,庆历初扩建,皇祐末时再建。与此同时,县学也逐渐多了起来。如刘攽有记暨阳、密县县学建立情况,王安石有记繁昌、慈邑二小邑县学之建立,曾巩有记宜黄县学,等等。①

---

① 以上县学,分别见刘攽《彭城集》卷三二《河南府密县新作县学记》、卷(转下页)

从上述材料可以看出，兴学运动并未在庆历之后告止，而是在向更边远地区及小邑发展，出现了如刘敞在嘉祐二年中所说的"今州郡皆有学，学皆有生徒"的盛况。刘攽亦言："宋有天下百有余年，庠序之教遍于四海。"① 熙宁年间陈舜俞说："今天下赐田诏学，遍于列郡，弦歌鼓箧行三十年。"② 二刘及陈言不无溢美，但反映了学校普遍设立这一基本事实。当然也有未建学的地方（这里主要指州地），如余靖于英宗治平二年所指出的那样，庆历兴学时，"州邑之吏，或迷于簿领，或急于进取，故于承流宣化有不至者"。③ 特别是县学，可能没有普遍建立起来，可以看到的材料并不多。但总的来说，庆历兴学取得了很大成果。在这个意义上讲，所谓庆历新政失败并不是一个准确的表述。

宋仁宗时期学校教育的发展所取得的另一项重要成果是太学的兴立。宋初有国子监，据《宋史·选举志》载，"国子生，以京朝七品以上子孙为之"，"生徒旧数七十人"，④ 较之前代规模，已大为逊色。元人袁桷《国学议》指出："宋朝承唐之旧，而国学之制日隳。"⑤ 且管理十分混乱，有不少乘隙求荐的系籍生，开宝八年（975）国子监的报告说，系籍者或久不至，但却有许多非系籍的旁听生。田况《儒林公议》卷上披露国子监的混乱状况：

（接上页）四十《修暨阳学宫记》，王安石《临川集》卷八二《繁昌县学记》、卷八三《慈溪县学记》，《曾巩集》卷十七《宜黄县学记》。
① 刘敞《上仁宗请诸州各辟教官》，《公是集》卷三二，页十二；刘攽《直讲题名记》，《彭城集》卷三二，页一。两书皆文渊阁《四库全书》本。
② 陈舜俞《崇德》，《都官集》卷三，页四。
③ 余靖《雷州新修郡学记》，《武溪集》卷六，页六，文渊阁《四库全书》本。
④ 脱脱等《宋史》卷一五七《选举志》三，第3657、3658页。
⑤ 袁桷《国学议》，《清容居士集》卷四一，页二八，文渊阁《四库全书》本。

> 国朝以来，京都虽有国子监为讲学之地，然生徒不上三十人，率蒙稚未能成业者。遇秋试诏下，则四方多士竞投牒于学，干试求荐，罢则引去，无肯留者。初，试补监生，虽大芜谬无不收采，生员得牒以归，则自称广文馆进士。监生一牒，生员输缗二千余，目为光监，利为公廨之用。直讲置员，但躐为资地，希迁荣耳。①

庆历二年天章阁侍讲王洙亦云：得牒生员"充广文、太学、律学三馆学生，多致千余。就试试已，则生徒散归。讲官倚席，但为游寓之所，殊无肄习之法。居常听讲者，一二十人尔"。② 国子监学衰颓至此，中央官学的变革即已来临。

庆历二年闰九月朝廷从王洙之请，规定监生自今须听读五百日方得解荐，目的正是防止出现上述弊病。三年二月，又从国子监之请，设立四门学，以八品至庶人子弟充生员。四年四月，批准以锡庆院为太学，以改变国子监"制度狭小，不足以容学者"的局面。③ 四门学和太学生源相同，资格比国子监生为宽，学生来源自然更为广泛。除京师国子监外，还建立了西京、南京、北京三京国子监，据王栐《燕翼诒谋录》载："仁宗景祐元年四月癸酉，诏以河南府学为西京国子监，置分司官。其后南京、北京皆援为之。"又说，西京国子监不过为"优贤之所"，④ 恐怕另两所也不免如此。朝廷对中央官学供予丰厚，据《长编》载：康定元年正月赐国子监学田五

---

① 田况《京都国子监》，《儒林公议》卷上，第29页。
② 脱脱等《宋史》卷一五七《选举志》三，第3658页。
③ 李焘《长编》卷一四八，庆历四年四月壬子。
④ 王栐《燕翼诒谋录》卷四、五，第35、36、47页。

十顷；庆历三年十月以玉清昭应宫田二十二顷赐国子监；四年二月，又以上清宫田园、邸店赐国子监。① 而太学，"庆历初，朝廷拨田土二百余顷，房缗六七千入学充用，是时供生员二百人"②。国子监和太学的物质条件似大有改善，不用从生员中敛财了。

庆历二年，时值新政前夕，改革派人士亟思振兴太学，"好古醇儒"石介、孙复二人在杜衍、范仲淹等人的推荐下，先后就任国子监直讲。石介在促进太学的兴盛中发挥了重要作用，欧阳修撰《石介墓志铭序》记说："先生自闲居徂徕，后官于南京，常以经术教授。及在太学，益以师道自居，门人弟子从之者甚众。太学之兴，自先生始。"《宋史》本传亦云："（石介）入为国子监直讲，学者从之甚众，太学由此益盛。"③ 另一方面，解荐者听读日限的规定，也刺激了监生学习的积极性，加之朝廷的财政支撑，于是出现了文莹所谓石介主盟上庠之际，"庠序号为全盛"的景象。④ 当时在国子监任职的田况在《儒林公议》中卷上《京都国子监》记其事云：

> 庆历初，令贾相国昌朝判领国庠，予贰其职。时山东人石介、孙复，皆好古醇儒，为直讲，力相赞和，期兴庠序。然向

---

① 李焘《长编》卷一二六，康定元年正月壬戌、庆历三年十月壬寅、庆历四年二月乙巳。
② 赵抃《乞给还太学田土房缗状》，黄淮、杨士奇编《历代名臣奏议》卷一一四，第二册，上海，上海古籍出版社1989年，第1505页。
③ 欧阳修《徂徕石先生墓志铭·序》，《居士集》卷三四，《欧阳修全集》，第239页；《宋史》卷四三二《石介传》，第12833页。
④ 文莹《湘山野录》卷中，郑世刚、杨立扬点校，北京，中华书局1984年，第34页。其云石介"康定中主盟上庠"，误。康定中石介居丧，庆历二年夏方服除赴国子监任职。文莹，自称"余杭沙门"，据《郡斋读书志》，该录撰于神宗熙宁年间。

学者少，无法例以劝之。于是史馆检讨王洙上言，乞立听书日限，宽国庠荐解之数以徕之。听不满三百日，则屏不得与。由是听徒日众，未几遂盈数千，虽祁寒暑雨，有不却者。

但太学的如此盛况并未维持多久。庆历四年十月，石介在"谗谤益甚"的情况下外任，次年七月病死。孙复也在庆历五年十一月受贬离任直讲之职。在此前后，庆历新政的主持者受到打击，纷纷离京，新政运动失败。太学也遭到厄运，如前引田况书中所说："言者竞攻学制之非，诏遂罢听读日限，一切仍旧，学者不日而散，复如初矣。"以锡庆院为太学以广学舍的诏令也未得执行。皇祐三年（1051）七月诏："太学生旧制二百人，如不能充数，止以百人为限。"庆历时拨给太学的田土、房缗被国子监"拘收占吝"，呈现"京师太学，殆将废弛"低谷状态。①

在这"世之名士常患法之不变"的时期，太学的兴衰是反复的。皇祐四年（1052）十月，胡瑗出任国子监直讲，孙复不久也复任是职，于是太学再现庆历之盛。嘉祐元年（1056）十二月，进而以天章阁侍讲胡瑗管勾太学，《长编》载云："瑗既为学官，其徒益众，太学至不能容，取旁官舍处之。礼部所得士，瑗弟子十常居四五。"这年欧阳修举荐福州处士陈烈充任学官时说："近年以来，太学生徒常至三四百人，此朝廷盛美之事，数百年来未尝有也。"② 胡瑗治太学，教育诸生有法，史载：

---

① 李焘《长编》卷一七〇，皇祐三年七月壬子；赵抃《乞给还太学田土房缗状》，黄淮、杨士奇编《历代名臣奏议》卷一一四，第二册，第1505页。
② 李焘《长编》卷一八四，嘉祐元年十二月乙卯；欧阳修《举布衣陈烈充学官札子》，《奏议集》卷十四，《欧阳修全集》，第870页。

> 皇祐末，以胡瑗为国子监讲书，专管勾太学，数年，进天章阁侍讲，犹兼学正。其初人未甚信服，乃使其徒之已仕者盛侨、顾临辈分治其事。又令孙觉说《孟子》，中都士人稍稍从之。一日，升堂讲《易》，音韵高朗，指意明白，众方大服。然在列者皆不喜，谤议蜂起。瑗不顾，强力不倦，以卒有立。迨今三十余年，犹用其规模不废。①

庆历整顿太学时，曾下诏取胡瑗在苏湖二州的教法作为模式，经皇祐、嘉祐间胡本人在太学的亲自实施，至哲宗时犹为著令。可见胡瑗对北宋教育的贡献，的确不小。程颐后来追记胡瑗、孙复当年在太学讲经的盛况说：

> 往年胡博士瑗讲《易》，常有外来请听者，多或至千数人。孙殿丞复说《春秋》，初讲旬日间，来者莫知其数，堂上不容，然后谢之，立听户外者甚众。当时《春秋》之学为之一盛，至今数十年传为美事。②

教授问题在兴学中始终受到高度重视。庆历三年九月范仲淹上《十事疏》，曾建议并强调了州郡学校设置教授的问题。《宋会要辑稿·崇儒》二之四载该年十月十九日，臣僚上言指出，兴学以来未尝设官典教以重其任，以为违古之制，于是朝廷始令各州府军监有学校处拣选"有文行学官讲说"。四年三月的兴学令对此也做了规

---

① 马端临《文献通考》卷四二《学校考三·太学》，第395页。
② 程颐《回礼部取问状》，《程氏文集》卷七《学制》，《二程集》，第568页。胡瑗学生倪天隐述其师说为《周易口义》，程颐游太学，得胡瑗赏识，处以学职。

定，不可谓不重视，但是这个问题并未真正解决。南宋楼钥说："庆历诏郡国立学，而置教官者才数处，多延致乡里之有文学行谊者为师。"① 教官不足，延请乡里之士，似也未失兴学令的规定，然而所谓"乡里之有文学行谊者"的素质是大成问题的，以致州郡学"终患无师以教之，但令掾曹领其事，职既不专，教用不明"。此为刘敞嘉祐二年所言，故上仁宗乞州郡有学处各奏辟教官。因未蒙施行，不久他再上奏乞辟选人为教授。② 王安石于嘉祐年间所上仁宗《言事书》中也谈到这个问题说："方今州县有学，取墙壁具而已，非有教导之官、长育人才之事也。唯太学有教导之官，而亦未尝严其选。"与教官问题相关，学校之弊日益暴露，司马光于熙宁二年上《议学校贡举状》，对此做了深刻的揭露：

> 自庆历以来，天下诸州虽皆立学校，大抵多取丁忧及停闲官员以为师长，借其供给以展私惠。聚在事官员及井市豪民子弟十数人游戏其间，坐耗粮食，未尝讲习，修谨之士多耻而不入。间有二千石自谓能兴学者，不过盛修室屋，增置庄产，广积粮储，多聚生徒以邀虚名。师长之人自谓能立教者，不过谨其出入，饰其游戏，教以钞节经史，剽窃时文，以夜继昼，习赋诗论策，以取科名而已。③

---

① 楼钥《跋袁光禄毂与东坡同官事迹》，《攻媿集》卷七七，第713页。
② 刘敞《上仁宗请诸州各辟教官》《奏乞州郡辟选人为教授》，《公是集》卷三二、三三，页十二、十八。
③ 司马光《议学校贡举状》（1069），原载《司马公文集》卷三九，曾枣庄、刘琳主编《全宋文》第1196卷，第55册，第130页。

此前欧阳修在嘉祐元年（1056）所上《议学状》中，就对建学取士方面的"方今之弊"做了六个方面的分析，主要是说明古代教学之意，"缓而不迫，所以劝善兴化、养贤励俗"，学校教育存在种种弊端且日趋严重，要求改革学校状况以及与之相联的取士之法的呼声也更加高涨。欧阳修议云：

> 近日言事之臣为陛下言建学取士之法者众矣！或欲立三舍以养生徒，或欲复五经而置博士，或欲但举旧制而修废坠，或欲特创新学立科条。其言虽殊，其意则一。

欧阳修在状中最后建议说："宜于今而可行者，立为三舍可也，复五经博士可也。特创新学，虽不若即旧而修废，然未有甚害，创之亦可也。教学之意，在乎敦本而修其实事。给以糇粮，多陈经籍。选士之良者，以通经有道之士为之师，而举察其有过无行者黜去之，则在学之人皆善士也。"① 改革学校制度在此间已成不可阻止的要求，中心在于强化学校教育，以移风异俗。宰相富弼也建议说："议欲稍由学校进士，命侍从儒臣讲立法制。太学诸生经明行修者，由右学升左学，由左学升上舍。岁终，择上舍中经行尤高者，比及第人命之以官。"② 但均未及时施行。王安石上仁宗书中提出了从"教之、养之、取之、任之"四个方面改革学校取士制度的详尽建议。司马光《议贡举状》也呼吁"修学校之法"，提出在诸州军学实行舍法的主张：初入学者并为外舍生，择其优者入内舍为

---

① 欧阳修《议学状》，《奏议集》卷十六，《欧阳修全集》第888页。
② 朱熹《三朝名臣言行录》卷二之一，页十五。

初等生，再择为内舍中等生，再择升为内舍高等生。诸家所言的"舍法"已和王安石后来所行的"三舍法"十分合拍。熙宁元年，监察御史里行程颢上疏也谈道："宋兴百余年，而教化未大醇，人情未尽美，士人微谦退之节，乡间无廉耻之行，刑虽繁而奸不止，官虽冗而材不足者，此盖学校之不修，师儒之不尊，无以风劝养励之使然耳。"① 其他如范纯仁、宋敏求、陈舜俞、吕公著、陈襄等一时显宦名臣，都纷纷建言，强化学校建设和改革便不能不提到日程上来了。

被称为北宋第二次兴学的熙丰变法时期的学制改革，正是在嘉祐以来要求改革的共同呼声的基础上进行的，包括对地方学校的加强和对太学的改造。如果说，仁宗时期重在兴立，那么，神宗时期则重在改革和完善。熙宁变法，作为其重要组成部分的学制改革，也就随之全面开展起来了。

地方学校对学官的选置给予了特别的重视。据《长编》载，熙宁四年（1071）二月，依中书上言，"讲求三代所以教育选举之法"，于京东、陕西、河东、河北、京西五路先置学官，选择"有经术行谊者"为教授。当年三月，诏诸路置学官，州给田十顷为学粮，又诏五路举人最多处各州选置教授。② 熙宁六年（1073）三月再次颁诏："诸路学官并委中书选京朝官、选人或举人充。"又诏："诸路择举人最多州军，依五路法，各置教授一员。"并委国子监对

---

① 程颢《请修学校尊师儒取士札子》，《程氏文集》卷一，《二程集》，第448页。又见于赵汝愚编《宋朝诸臣奏议》卷七八，题作《上神宗请修学校以为王化之本》，北大中古史中心校点整理，上海，上海古籍出版社1999年，第850页。
② 李焘《长编》卷二二〇，熙宁四年二月丁巳；卷二二一，熙宁四年三月庚寅诏："五路举人最多处，惟河南府、青州已置学官，余州皆选置教授。"点校本断句有异。《宋会要辑稿·崇儒》二之五系此诏于当年六月，文字亦有异。

新选诸路学官进行询考。史载，熙宁八年（1075）诏诸州学官赴京考试，"取优通者选差"。至元丰元年（1078），诸路州府共有学官五十三名。元丰元年十一月、二年七月、六年七月、七年三月和十一月，先后五次颁诏均言州军选置学官事，可以说是予以了相当程度的重视。① 学官的普遍设立是熙丰时期加强地方学校的主要标志。另外，仁宗时州学只有少数如兖州赐田十顷，一般州学均为五顷，而熙宁时则普遍为十顷，学田的扩大亦为其表现之一。

太学于熙宁初已诏令增加生员，至四年十月，神宗批准中书关于改革太学的具体实施办法，方拉开重大改革的帷幕。据《长编》卷二二七，其主要内容是：

第一，太学除主判官外，设直讲十员，每两员共讲一经。

第二，太学设三舍。初入学者为外舍，不限员，自外舍升内舍，内舍升上舍。以上舍一百员、内舍二百员为限。生员各治一经，每月考试，上舍生"学行卓然尤异者"直接授予官职。

改革的核心，是建立生员的"三舍法"：外舍不限员，太学规模扩大，优者直接授官，使养士和取士职能一归于学校。教员（直讲官）人数也相应增加，此前庆历三年时定额为四人，皇祐中始为八人。当月，侍御史知杂事邓绾上言太学百年来未尝营建，"逼窄湫陋"不足以容生员。遂改锡庆院为太学，修武成庙为右学，对三舍讲堂及掌事人斋舍均做了安排。至此，太学规模更为宏大。魏泰《东轩笔录》载："王荆公在中书，作《新经义》以授学者，故太学诸生，几及三千人，以至包展锡庆院、朝集院，尚不能容。"② 盛况

---

① 马端临《文献通考》卷四六《学校考七》，第432页；《宋会要辑稿·崇儒》二之五和二之六。
② 魏泰《东轩笔录》卷六，第71页。

达到了北宋的顶点。元丰二年（1079）十二月，实施"太学三舍选察升补之法"，上国子监敕式令并学令共一百四十条；又规定了太学置斋舍八十，三舍生员总为二千四百人。① 此时，"编修学制所"对专收势要子弟的国子学有"监以国子为名而无国子教养之实"之叹，乞以二百人为额。与上庶子弟混合的太学相比，则相形见绌了。可以窥见，北宋中期，国子学向太学的演变，"即贵胄子弟专门学校转化而为士庶子弟混合的过程"，反映了变革时代的特色。②

第三节　从兴学运动看儒学思潮的影响

北宋中期学校教育的勃兴由前期的私学发其端，其运动轨迹与儒学思潮的发展默契配合。而且事实上，前者本身就是后者的一种表现形式。传播儒学、重振儒学这个私学兴起的内在动因，在兴学运动中得到了更加充分的体现。面对危机严重和风俗侈靡的北宋社会，新儒们认为，恢复儒家教育，用以规范人心，培养有用于社会的经世济民之材，是救正时弊或解救社会问题的必要途径。于时，针对现实，各抒所见，议论纷纭，呈现出一变故常的新局。欧阳修所谓"其言虽殊，其意则一"，正表明了议者具有共同之"意"，这就是复兴儒学的时代要求。从兴学的言论到广设学校和改革学制的实践，可以看到，兴办学校、振兴教育实际上与儒学复兴思潮存在着密不可分的关系。下面从八个方面来考察分析。

---

① 徐松《宋会要辑稿·职官》二八之九。
② 徐松《宋会要辑稿·职官》二八之十。关于太学与国子监（学）的关系及二者的演变，张邦炜、朱瑞熙《论宋代国子学向太学的演变》有详论，载宋史学会 1982 年会编刊《宋史研究论文集》，郑州，河南人民出版社 1984 年。

第一，兴学热潮中表现出了浓郁的"复古"倾向。兴学的倡导者们莫不追思儒经所描述的古代庠序之教善美完备的盛况，而致慨于后世先王之道的式微。欧阳修云："三代仁政之本，始于井田而成于学校。《记》曰：国有学，遂有序，党有庠，家有塾，其极盛之时大备之制也。"又云："三代之衰，学废而道不明。"① 范仲淹、石介、李觏等均有如是之说，不详列述。虽然三代之学多为儒者之理想，而不一定是前代之史迹，但这并不妨碍宋儒的追求。曾巩有宜黄县、筠州二学记，② 对这种观点做了较为详细的阐述，具有代表意义。宜黄县（今属江西抚州）于皇祐元年立县学，曾巩撰《宜黄县县学记》记其事，其中云：

> 古之人，自家至于天子之国皆有学，自幼至于长，未尝去于学之中。
>
> 盖凡人之起居、饮食、动作之小事，至于修身为国家天下之大体，皆自学出，而无斯须去于教也。
>
> 故其俗之成，则刑罚措；其材之成，则三公百官得其士；其为法之永，则中材可以守；其入人之深，则虽更衰世而不乱。

此谓三代之治，风俗醇美，政治昌明，皆自学出。周衰之后，一张理想的图景被撕破了。谈及庆历兴学振而复废，表彰了宜黄县令兴学之举。筠州（今江西高安市）地僻，庆历时未兴学，治平三

---

① 欧阳修《吉州学记》《郑荀改名记》，《居士外集》卷十三、《居士集》卷四一，《欧阳修全集》，第 461、288 页。
② 曾巩《宜黄县县学记》《筠州学记》，《曾巩集》卷十七、十八，第 281、300 页。

年（1066）才在知州董仪、通判州事郑蒨的主持下建学，曾巩《筠州学记》记其事，追述了自"周衰，先王之迹熄，至汉，六艺出于秦火之余，士学于百家之后"，故而"先王之道不明，而学者靡然溺于所习"，造成了长久的"风俗之弊，人材之乏"。曾巩强调，"《大学》之道，将欲诚意正心修身，以治其国家天下，而必本于先致其知"，而这就必须"有庠序养成之法"。

朱熹称赞曾巩二《学记》好，"说得古人教学意出"。① 按三代的理想蓝图恢复学校教育制度成为必然之路，以复古为创新，这本来就是北宋中期兴学运动的思想导向。

第二，针对"学废庙存"的状况，要求祀孔应与兴学配合。汉代以来，儒家学派便与国家的学校教育发生了密切的关系，庙祀孔子之制开始盛行，这符合儒经《礼·文王世子》的要求："凡始立学者，必释奠于先圣先师。"然而，唐代后期发生了"学废庙存"的状况，欧阳修于宝元元年撰《襄州谷城县夫子庙记》，探讨了这种状况形成的原因：

> 隋唐之际，天下州县皆立学，置学官生员，而释奠之礼遂以著令。其后州县学废，而释奠之礼，吏以其著令，故得不废。学废矣，无所从祭，则皆庙而祭之。……而后之人不推所谓释奠者，徒见官为立祠而州县莫不祭之，则以为夫子之尊，由此为盛。

欧《记》指出，真正的学校古礼"今皆废失"，因此他对谷城

---

① 黎靖德编《朱子语类》卷一三九《论文》上，第3314页。

(今属湖北襄阳)县令狄君栗的"修礼兴学"之举大加称赞。① 陈襄《天台县孔子庙记》也指出,仅立孔庙还不能说是已尊用其道了,还应包括"兴学校、隆师儒"在内的实际内容。② 王安石在《繁昌县学记》中则认为,古代"奠先师先圣于学而无庙","近世之法,庙事孔子而无学。……宋因近世之法而无能改",肯定庆历兴学"奠孔子其中,如古之为"。在《慈溪县学记》中,批评了把孔子纯粹偶像化的做法,后世学废而庙祀孔子,"斫木抟土如浮屠道士法为王者像,州县吏春秋帅其属释奠于其堂,而学士者或不预焉,盖庙之作出于学废而近世之法然也"。③ 这就大失古代为学之意了。孔子是倡导教化的儒家祖师,崇奉孔子不应徒有其表,"释奠释菜以教不忘其学之所自",恢复失坠已久的古代教学精神。

第三,"道之不明,异端害之也",此程颢之名言。宋之"异端",佛、老为盛,兴办传播儒家义理的学校以对抗佛老,成为宋儒的共同呼声。祖无择于景祐二年撰《蔡州新建学记》,指出"四海之内,儒服而释行,浸以成俗"的现实,揭示所造成的危害:"至使庶民终身不知君臣之义、父子之爱、师友之礼,待其悖逆淫乱之祸生,然后置之刑戮,是王道往往而绝也。"认为这就是所谓"不教而杀",并分析造成这种状况的原因说:

> 三代之民,驯然以孝悌相养,以礼义相守,非家至而日见之也,学校之化,行乎州里也。两汉以降,或张或弛,何常之

---

① 欧阳修《襄州谷城县夫子庙记》,《居士集》卷三九,《欧阳修全集》,第273页。
② 陈襄《天台县孔子庙记》,《古灵集》卷十八,页十一。
③ 王安石《繁昌县学记》《慈溪县学记》,《临川集》卷八二、八三,第534、538页。

有？化之不常，则民之所守不固；所守不固，则去而为佛；去而为佛，则君虽有政不得臣而使，父虽有慈不得子而蓄，师虽有教不得友而接。欲其如三代之盛，其可得耶？①

如此，欲复三代之盛而无"异端"之扰，自然首先就在于兴"学校之化"了。

胡瑗门人陈舜俞撰文揭示儒家教育与佛老之间"你退我进"的消长关系。其《说教》篇言学废而佛老诱民相从："先王治天下，何尝不以教为首务乎！……今之民其亦不幸于古也甚矣，世非有古之学也，人非有古之乡大夫、乡先生也。其为孝弟仁义衣食之道，既非有上之人谆谆教使之。老者曰：从我者神，背我者物，必弃而孝弟仁义衣食之道，故其民悦而从之四而五；佛者又曰：从我者天，背我者地，必弃而孝弟仁义衣食之道，其民悦而从之四而六。"其《敦化》篇又指出，今之人自幼至老，国家不为之教，故浮屠、老子乘虚而招之，于是"三纲不举，五常不修，民相与终身而去之。或傲狠残忍，有枭乱之道焉"！又指出："今夫圣贤有为，必立学官、择贤师，而使人生而幼有所受教。"须乡取三老，岁考孝弟，与之粟帛，四时为乡饮养老之礼，返佛老之徒还家拜父母，使人人"不得忘人伦、绝孝弟"。② 这便是所谓"辟之而后可以入道"了，而其门径在于兴学，遵从以学校教育为"首务"的古训。

第四，高度重视太学的教化作用，认为这是恢复三代之治的第一步。汉初公孙弘为学官，"悼道之郁滞"，与众臣议，强调"三代

---

① 祖无择《蔡州新建学记》，《龙学文集》卷七，页三，文渊阁《四库全书》本。
② 陈舜俞《说教》《敦化一》，《都官集》卷六、二，页十四至十六、十至十二。

之道，乡里有教"，劝善惩恶，"教化之行也，建首善自京师始，由内及外"。① 公孙弘（前200—前121）清楚要恢复古代礼制教育，就要从中央官学着手。汉武帝时期在董仲舒（前179—前104）的建议下，兴建太学，认为"太学者，贤士之所关也，教化之本原也"。② 孙复在景祐年间写的《寄范天章书》明切地表达了这个观点。他强调说：

> 太学者，教化之本根，礼义之渊薮，王道之所由兴，人伦之所由正，俊良之所由出。是故舜、禹、文、武之世，莫不先崇大于胶序而洽至于天下者焉。

他希望以"舜、禹、文、武、周公、孔子之道"来"教育国子，丕变于今之世"。同时推荐士建中、石介二人出任学官，以期振兴太学。

庆历时兴置太学，时人予以极大期望，曾巩撰《太学》云："向者国家兴学校自京师始，天下之人倾耳而听，竦目而视，其皆以为三代之治复起于今日，而今日之治复于三代也。"认为后来未达到预期的效果是由于"官师非其人，措置非其宜"，而非太学之过。③ 陈襄在《议学校贡举札子》中，同样对太学的作用予以了高度的评价，对庆历后太学的衰寂深感不满。他说："太学者，天子教化之宫，自古圣帝贤王莫之敢废。""岂国朝儒学之盛，跨越汉

---

① 司马迁《史记》卷一二一《儒林传》，第3118页。
② 班固《汉书》卷五六《董仲舒传》，第2512页。
③ 曾巩《太学》，《曾巩集》辑佚，第742页。是本以顾崧龄刻本《元丰类稿》为底本，附有"辑佚"，本文辑自金刻本《南丰曾子固先生集》卷九。

唐。而弦诵之地寂寥至此，臣实耻之。"他要求先以贤哲为师长，从而使"百度兴葺"，并荐常秩、陈烈、管师常、程颐这些"有道之士"出任太学之职。① 正是在这些新儒者的积极努力下，北宋的太学兴盛起来。侍讲吕希哲说："仁宗之时，太学之法宽简，国子先生必求天下贤士真可为人师者，就其中又择其尤贤者，如胡翼之之徒，使专教导规矩之事。故当是时，天下之士不远万里来就师之。其游太学者端为道艺，称弟子者中心说而诚服之。"朱熹引吕语称此"犹有古法之遗意"，② 庆历时期太学特别得到了宋儒的普遍肯定。

第五，提倡"师道"是兴学运动中的一个显著特点。唐代儒学运动的领导者韩愈针对"师道之不传也久矣"而大发感慨，写下了著名的《师说》，其云："古之学者必有师。师者，所以传道、授业、解惑也。"宋初柳开作《续师说》，对与古学异趣的世态风俗大加鞭笞："今世之人不闻从师焉！……古之学者，从师以专其道；今之学者，自习以苟其禄，乌得其与古不异也。"③ 范仲淹在《代胡侍郎奏乞余杭州学名额》中对三代"尊严师道"也表示了特别的尊崇。尹洙《岳州学记》分析师道陵替之故，认为一切"系于吏治"，官吏威断一切，教育当然就被忽视了。他说：

> 故号称循良而能以学校教人者，十不一二，去圣益远。至有持律令主簿领，思虑不出几案，以谓为治之具尽在于是。顾

---

① 陈襄《议学校贡举札子》，《古灵集》卷八，页十。
② 朱熹《学校贡举私议》，《朱熹集》卷六九，第 3641 页。吕希哲语原见李鹰《师友谈记》，孔凡礼点校，北京，中华书局 2002 年，第 36 页。
③ 柳开《续师说》，《柳开文集》卷一，《宋集珍本丛刊》第一册，第 443 页。

崇儒术、本王化者为阔疏不切于世。①

新儒者们所说的"师道",主要包括两个方面的内容:一是传习儒家之道,一是礼义上的尊师。前者是内容,后者是形式,两者缺一不可。

在北宋中期的兴学运动中,庆历三先生被认为是尊严师道的首倡者。欧阳修撰《胡先生墓表》,盛赞三先生的开创之功:

> 先生为人师,言行而身化之,使诚明者达,昏愚者励而顽傲者革,故其为法严而信,为道久而尊。师道废久矣,自景祐、明道以来,学者有师,惟先生暨泰山孙明复、石守道三人。②

三先生中,以胡瑗的学生最多,作为一个"教师"最受推重。《宋史·胡瑗传》谓:"瑗教人有法,科条纤悉备具,以身先之。虽盛暑必公服坐堂上,严师弟子之礼,视诸生如其子弟,诸生亦信爱如其父兄。"宋神宗曾题其像云:"先生之道,得孔孟之宗,先生之教,行苏湖之中。师任而尊,如泰山屹峙于诸峰。"③ 石介也有《师说》云:"古之学者急于求师。孔子,大圣人也,犹学礼于老聃,学官于郯子,学琴于师襄,矧其下者乎?后世耻于求师,学者之大蔽也。"④ 欧阳修撰孙复墓志铭,序文称孙复在泰山讲学时云:"鲁

---

① 尹洙《岳州学记》,《河南集》卷四,页九,文渊阁《四库全书》本。
② 欧阳修《胡先生墓表》,《居士集》卷二五,《欧阳修全集》,第178页。
③ 黄宗羲、全祖望《宋元学案》卷一《安定学案》,第29页。
④ 石介《师说》,《徂徕石先生文集》附录一《佚文》,第259页。

多学者，其尤贤而有道者石介。自介而下，皆以弟子事之。……孔给事道辅为人刚直严重，不妄与人，闻先生之风，就见之。介执杖履，侍左右，先生坐则立，升降拜则扶之，及其往谢也亦然。鲁人既素高此两人，由是始识师弟子之礼。"① 后来御史中丞刘挚也说："国之教化出于学校，学校之废兴盖系师长。……仁宗庆历中最号得人，如胡瑗、孙复、石介实为之首，育材之效，后世有考焉。"② 庆历三先生身体力行，的确说得上是北宋恢复师道尊严的先行者。

刘攽《直讲题名记》云："自三代以上，教学之官为重。其在周，师氏保氏是也。……学官之轻重，系世法之上下，非强有所左右也。"从庆历兴学到熙丰教育改革，都十分注重学官的任选，正是恢复儒家师道传统的反映。如前所述，此问题在庆历时未能很好地予以解决，以致言者纷纷，不绝于朝。刘敞上《奏乞州郡辟选人为教授》，视之为恢复"治古之风"的途径；司马光在《直讲乞不限年及出身札子》中强调"学官正宜取德行经术可为师表之人，不当限以苛法"③，反对惟以年齿、出身取人；蔡襄在《举刘柯述充州学教授状》中感慨"训导之职，实难其材"；等等。熙宁二年吕公著答诏上《论学校贡举之法》，建议太学"取道德足以为天下师法者主之"、州县学"取道德足以为人师者主之"。这些议论，为熙丰时期的教育改革准备了思想条件。

第六，强调"明体达用"之学，即以儒家义理为体，以此为愿

---

① 欧阳修《孙明复先生墓志铭·序》，《居士集》卷二七，《欧阳修全集》，第193页。
② 李焘《长编》卷三九〇，元祐元年十月末。
③ 黄淮、杨士奇编《历代名臣奏议》卷一一四《学校》，第1507页。

景,以达成举措天下之业。胡瑗学生刘彝说:"圣人之道有体有用有文,君臣父子仁义礼乐,历世不可变者,其体也;诗书史传子集,垂法后世者,文也;举而措之天下,能润泽其民归于皇极者,其用也。"① 儒学复兴思潮的兴起,本来就是有激于严重的社会危机,新儒们重视改造社会现实,乃是必然的趋向。兴学运动一开始就受到这种思想的支配,胡瑗的教学活动是实践此"明体达用"之学的突出代表。他早年先后担任苏、湖二州州学教授,创造了著名的教学法,后来其法成为太学的教学规范,产生了重要影响。欧阳修《胡先生墓表》云:"其教学之法最备,行之数年,东南之士莫不以仁义礼乐为学。"湖学分经义斋、治事斋,经义斋"择疏通有器局者居之",治事斋则"人各治一事,又兼一事,如边防水利之类"。② 章如愚《山堂考索》载其事云:

> 宋初士以浮靡相高,以雕刻相尚。体用之学懵然未之知也,公也以身先之。其文书诗礼乐,其言仁义道德,其容肃如也,听其言粹如也。经义、治事各名其斋,文艺、节义随类而处,雅歌投壶以纾其情,公务终日以肃其躬。学者明体用以为政教之本,先生之力居多焉。③

所谓经义,乃指儒经大义。胡瑗鼓励学生对儒经大义进行探索,同时提倡治事的学识能力,裨补世用,免于空谈。他在太学

---

① 朱熹《五朝名臣言行录》卷十之二,页三。
② 欧阳修《胡先生墓表》,《居士集》卷二五,《欧阳修全集》第178页;朱熹《五朝名臣言行录》卷十之二,页六。
③ 章如愚《山堂考索后集》卷三十《士门总论》,页二四。

时，时常召见学生，"使论其所学，为定其理，或自出一义，使人人以对，为可否之。时取当时政事，俾之折衷，故人皆乐从而有成"。① 范仲淹《十事疏》要求学校择"明师"、习六经，"传治国治人之道"，意与此同。事实上，兴学的倡导者正是那些鄙弃训诂章句之旧学以切合世态现实的新儒们，他们兴办的学校也是要培养新儒明体达用之人才。

第七，兴学运动追求的目标，是要改变如曾巩《筠州学记》所谓"风俗之弊、人材之乏"的现状。前引范仲淹天圣五年《上执政书》提出了"慎选举、敦教育"的建议，认为改革吏治必须择贤才，敦教育乃是培育贤才的必要措施。他说："《诗》谓长育人材亦何道也？古者庠序列于郡国，王风云迈。"面对"师道不振，斯文销散"的状况，他要求"复其学校之制，约《周官》之法，兴阙里之俗"。又云：

> 夫庠序之兴，由三代之盛王也，岂小道哉？《孟子》谓天下英材而教育之，岂偶然哉？行可数年，士风丕变，斯择材之本，致理之基也。

范仲淹认为，国家乏人，完全是缺乏教育的缘故，他以坚定的态度推进兴学事业的发展。他在《邠州建学记》中也说："庠序者，俊乂所由出焉！三王有天下各数百年，并用此道以长养人材。"② 于此也可以窥见庆历新政中范氏特别重视兴学的思想原因了。陈襄有

---

① 李廌《吕元明言胡翼之专学政天下高之》，《师友谈记》，第36页。
② 范仲淹《邠州建学记》，《范文正公集》卷七，第57页。

《杭州劝学文》，谈到兴学的目的：

> 学校之设非以教人为辞章、取禄利而已，必将风之以德行道艺之术，使人陶成君子之器而以兴治美俗也。①

同样是集中在人才、风俗两点上，二者相辅相成。曾巩《说学》篇云：古代学校"惟以化民成俗为教之意，故其士之入朝、在乡、居家，皆有法度而不为非，所以励世而育材也"。② 王安石也说："古之取士，皆本于学校，故道德一于上而习俗成于下，其人材皆足以有为于世。"③ 均对学校培养人才、改变风俗寄予了极大的希望。

儒家传统一贯把道德价值置于利禄和技艺之上，故道德培养列于教育的首要地位。宋儒力图恢复儒家的价值标准，认为它是陶成人才、兴治美俗的重要内容。柳开《续师说》云："古之志为学也，不期利于道则不学矣。今之志于学也，不期利于身则不学矣。"充满了对古代道德为先儒家教育的向往。利义之辨，其来甚久，宋儒对悖古的世风颇不以为然，陈襄《答陈户曹书》云：

> 古之学者为义，今之学者为利。君子成己利无与焉？若苟富贵以为身荣，则义不及利。故某之所本，多为近世进士者不喜，同进而异归，诚不足以利于今，而仅有得于古者矣。④

---

① 陈襄《杭州劝学文》，《古灵集》卷十九，页一。
② 曾巩《说学》，《曾巩集》辑佚，第737页。辑自《南丰曾子固先生集》卷七。
③ 王安石《乞改科条制札子》，《临川集》卷四二，第278页。
④ 陈襄《答陈户曹书》，《古灵集》卷十五，页十四。

刘敞《贡举议》中也说："自两汉以来，学者未尝不以利禄为心。夫可诱以利禄，而勉强为善，则德性离矣！是故进士不及三代者此也。"① 培养道德品质，改变以利禄为心的士风，是宋儒在兴学中孜孜以求的目标。

第八，古代"乡举里选"和"士由学校"的教育制度是儒学复兴运动所致力追求的重要目标，被认作培养人才、转移世风的有力手段。早在咸平元年，时为右司谏的孙何就上奏说："国家必欲开孤进之路，辟至公之门，莫若再举令文，复严经术，使寒畯之士，由乡里以升闻；世禄之家，自成均而出仕。"② 庆历四年二月，崇政殿说书赵师民曾建议，与其讨论如何避免贡举考试中的弊病，"不若还乡举里选，复庠序升黜，以教育而察纠之也"。③ 庆历时范仲淹等人意欲复古劝学，数言兴学校、本行实；宋祁等人指出"教不本于学校，士不察于乡里"的弊病，强力建言"使士皆土著而教之于学校，然后州县察其履行"，皆以复古为旗帜。庆历前后的兴学热潮是儒家教育思想的一次大实践，程颐称赞说是"穷思治本"之举，"虽未能详备如古之教，亦得其大端，近古而有渐矣"。④

然而庆历兴学并未解决"土著而教之"的问题，乡里察其履行自然成为空语。前引欧阳修《议学状》指出："今入学之人，皆四方之游士，赍其一身而来，乌合群处，非如古人在家在学，自少至长，亲戚朋友，邻里乡党，众察徐考其行实也。"刘敞《奏乞州郡

---

① 刘敞《贡举议》，《彭城集》卷二十四，《丛书集成》初编，上海，商务印书馆1937年，第339页。
② 孙何《上真宗请申明太学议》，赵汝愚编《宋朝诸臣奏议》卷七八，第848页。
③ 李焘《长编》卷一四六，庆历四年二月丙辰。
④ 程颐《河南程氏文集》卷九《为家君请宇文中允典汉州学书》，《二程集》，第593页。

辟选人为教授》说"游士不安其乡里,则有司无由考行实",要求采取措施加以解决。王安石此间有上仁宗皇帝万言书,也充分肯定了取人"必于乡党,必于庠序"的古代制度。熙宁初,他上《乞改科条制札子》,再次肯定了"古之取士,皆本于学校",说是"讲求三代所以教育选举之法施于天下,庶几可复古矣"。在熙宁二年朝臣有关学校贡举改革的热烈讨论中,吕公著明确提出了尽罢科举而士皆出于学校的主张,突出地反映了尊崇儒家教化理想的复古思想。他说:

> 自尧、舜、三代以来,其养士取人之法虽随时损益不同,然教必本于学校,进必由于乡里,此六七圣人所不易也。逮乎秦汉而下,圣王之迹既息,凡所谓礼乐教化之官皆以废绝,至于设科取士,则各出于一时之苟且。国家承其极弊之后,而因循未暇制作,虽天下学校颇尝修建,然取士之路不出于此,而欲人之就学也,不亦难乎?①

他认为稳妥的办法是:科举"可以渐去而未可遽废",但使"学校所进者岁增,则科举所取者岁减,如此不十数年间,士皆以学校进矣"。如前所言,嘉祐以来不断有请立"舍法"的建议,司马光在《议贡举状》谈到它的长处是:"其高等生经术讲说常通,文艺则屡入优等,过犯则全然轻少,行义则为众所服。比之糊名誊录,考其一日所试赋诗论策,偶有所长而取之者,相去远矣。"熙宁三舍

---

① 吕公著《上神宗答诏论学校贡举之法》,赵汝愚编《宋朝诸臣奏议》卷七八,第852页。

法，其上舍之优异者可直接除官，打破了数百年来科举取士制度的垄断地位，成为实践儒家"取士皆本于学校"的教育理想的又一尝试。

第七章　儒学思潮影响下的科举改革

与学校教育制度密切相关的科举制度，北宋时期也发生了重大的变化。宋初科举制度的发展，表现在扩大名额、严格考试、殿试制度三个方面，然于考试内容不与。北宋中期的科举改革，由重诗赋变为重策论，由重注疏变为重义理，由忽视道德到以德行为先，构成了三条并行的发展脉络。这是北宋中期儒学复兴运动中的重要一环，目标是改革"非有治天下之道"（程颐语）的人才选拔制度。

第一节　宋初科举制度的发展

科举制度是隋唐以来朝廷用以选拔统治人才的一项政治制度。宋代科举项目，大体袭唐之旧，有贡举、制举。制举不常行，是天子用以待"非常之选"的科目，包括"贤良方正能直言极谏""博通坟典明于教化""才识兼茂明于体用"和"茂才异等"等科，因时宜而增减。贡举按年度经常进行，又叫常贡或常选，是最主要的科举形式，设有进士、九经、五经、开元礼、三史、三礼、三传、学究、明经、明法等科。其中以进士科为盛，士子最重此科，余外者叫"诸科"。在前面"政治革新"的内容中，曾谈到制举的一些情况，本章着重谈贡举，也连类而及制举。

宋承五代立国，人才匮乏，百废待举。统治者极思长治久安之策，遂大兴文教而抑武事。其于科举考试寄予了莫大期望，表现了对治国之才的渴望，即如宋太宗所言："朕欲博求俊彦于科场中，非敢望拔十得五，止得一二，亦可为致治之具矣。"① 在统治者的着意提倡下，北宋前期的科举取士与唐代相比有了一个大的变化，取士大量增加，制度渐趋严密，主要表现在如下三个方面：

第一，取士名额扩大。唐代进士及第，每次不过二三十人；宋初大抵皆袭唐制，史载"艺祖一朝，进士凡十五举，多者不过三十余人。太宗朝取士浸广，至二百余人。独孙何一榜放三百五十人，诸科合千余人"。② 太宗以来，取士数骤然增加。《长编》载，太平兴国二年正月取士共五百人，"皆赐绿袍靴笏，锡宴开宝寺，上自为诗二章赐之"，③ 成为通例。淳化三年（992）三月，得进士三百五十余人、诸科近千名，汝阳孙何即登此榜之魁；咸平三年（1000）三月，取士竟达一千八百余人，其中进士科就有五百三十多名。唐代科举考试中选后，只是取得做官的资格，宋代则一经及第即可授官，如淳化三年三月，"进士孙何而下四人，皆授将作监丞、大理评事通判诸州，余及诸科授职事州县官"。入仕门径大开，太平兴国二年正月取士时，薛居正等就说"取人太多，用人太骤"，而"上意方欲兴文教，抑武事，弗听"。④

---

① 脱脱等《宋史》卷一五五《选举志》一，第 3607 页。
② 楼钥《跋金花帖子绫本小录》，《攻媿集》卷七三，第 667、668 页。
③ 李焘《长编》卷十八，太平兴国二年正月，赐袍笏、赐宴、赐诗之始或有其他记载，此不论。宋初科举，规制渐备，名目繁多，记载也不尽相同，参见《宋史》卷一五五《选举志》一、李攸《宋朝事实》卷十四《科目》等。
④ 李焘《长编》卷三三，淳化三年三月；卷四六，咸平三年三月。据楼钥《跋金花帖子绫本小录》，孙何一榜人数骤增，"后世但骇其多而不知前两年诏权（转下页）

第二，在扩大仕路的同时，制定了严格的考试规则。乾德元年（963）九月取消了"公荐"制度，"故事，每岁知举官赴贡院，台阁近臣得保荐抱文艺者，号曰'公荐'，然去取不能无所私，至是禁止"。① 淳化三年始行"锁院"制，主考官苏易简等人"既受诏，径赴贡院以避请求，后遂为常制"。又行"糊名考校"之法，② 将考生姓名糊盖，即后之谓"封弥"或"弥封"，一以试卷定优劣。又创行"易书之制"即"誊录"法，将试卷另行誊抄以防作弊，"封弥誊录、覆考编排，皆始于景德、祥符之间"，③ 此做法后来得到进一步的推广。与此同时，对世家子弟采取了特别严格的措施。开宝元年（968）三月科试，大臣陶谷子邴进士第六，太祖疑命复试，并下诏"自今举人凡关食禄之家，委礼部具析以闻，当令覆试"④，限制与"孤寒"争路。

第三，确立殿试制度。唐代科举，考官和录取考生结成"座主"和"门生"关系，形成政治党派，互相倾轧，中唐后愈演愈烈。宋太祖对此防范甚严，建隆三年九月，太祖明令及第举人"不得呼知举官为恩门、师门及自称门生"。开宝五年（972）闰二月，太祖"召对"合格进士和诸科于讲武殿，"始下诏放榜"，这是"新

（接上页）停贡举，至是集阙下者万人，太宗既多取之而后连四年俱有权停之诏"，如此，扩取也是有节制的。
① 李焘《长编》卷四，乾德元年九月丙子。公荐制度唐代较为盛行，参见张希清《唐宋进士科取舍依据的演变》，《文史哲》2010年第4期。该文认为从隋唐五代到北宋初期，进士科取舍的依据经历了从"公荐""公卷"加"程文"到"禁公荐""罢公卷""一切以程文为去留"的演变过程。
② 李焘《长编》卷三三，淳化三年正月辛丑、三月戊戌。
③ 李攸《宋朝事实》卷十四《科目》，第217页。
④ 李焘《长编》卷九，开宝元年三月癸巳，《宋史》卷一五五《选举志》一系此事于"三年"。

制";次年三月,"会进士徐士廉等击登闻鼓",诉主考官李昉用情,太祖于是"籍终场下第者"亲自召试,"上御讲武殿亲阅之",重新确定了取舍名次,"自兹殿试遂为常式"。① 太祖对此新制颇为满意,说:"向者登科名级,多为势家所取,致塞孤寒之路,甚无谓也。今朕躬亲临试,以可否进退,尽革畴昔之弊矣。"② 太宗、真宗均谈到过这类问题。

由上可见,北宋前期的科举制度有了很大的发展和变化,选拔治国之材、大兴文教、加强集中事权等均乃宋初政权建设的大政方针,对于扩大宋朝的统治基础、稳定社会秩序,具有积极意义。

但是,这些变化都只是对唐代科举旧制的外部形式的改革,在考试的内容和方法上却一仍旧贯,即所谓"以贴经墨义试诸科,以诗赋取进士"。仁宗时蔡襄就此论道:"隋唐以来,以进士、明经二科取士,迄今以为永制。进士虽通试诗赋策论,其实去留专在诗赋。……明经逐场对义,钞节注疏,记诵字数。至有一字,旁写声形类者三两字,如有一中,亦是通义。"③ 进士试诗赋名声最高,南宋王栐《燕翼诒谋录》云:"国朝因唐制取士,只用词赋。其解释诸经者,名曰'明经',不得与进士齿。"④ 北宋前期,试经不得逾越注疏,循守旧规者得表彰,这是与当时"守训故而不凿"(王应

---

① 李焘《长编》卷三,建隆三年九月丙辰;卷十三,开宝五年闰二月壬辰;卷十四,开宝六年三月辛酉。"进士徐士廉",《宋史》卷四四〇《宋准传》作"贡士徐士廉",王栐《燕翼诒谋录》卷一作"下第人徐士廉",当是。
② 李焘《长编》卷十六,开宝八年二月戊辰。
③ 蔡襄《论改科场条制疏》,《端明集》卷二三,页十二。宋仁宗嘉祐二年十二月正式"别置明经科",与此前泛指诸科(即下文的"解释诸经者")的"明经"不是一回事。
④ 王栐《燕翼诒谋录》卷五,第53页。

麟语）的学术思想风气相适应的。雍熙二年正月以翰林学士贾黄中等权知贡举，诏定了严格的律条，其中有："私以经义相教者，斥出科场。"三月考试，罢势家子弟入等者，以免"与孤寒竞进"。是科有王从善者，"年始逾冠，自言通诵五经文注，上历举本经试之，其诵如流，特赐《九经》及第，面赐绿袍、银带，钱二万"。①史载景德二年科试，李迪试赋落韵，贾边论"当仁不让于师"，以师为众，与注疏异，"参知政事王旦议落韵者，失于不详审耳；拾注疏而立异论，辄不可许，恐士子从今放荡无所准的，遂取迪而黜边"。李焘说："当时朝论，大率如此。"②重诗赋、守注疏是北宋前期科举取士承袭唐制的重要标志。

这种考试方式纵使士子们墨守经文注疏而不求其大义，脱离了"治民经国"的实际；过分偏重诗赋又使士子重文辞而轻德行，二者均必然导致忽视对儒经大义的探求。这种状况在北宋前期就已受到一些具有新儒思想的士人的指摘。太宗时有落第举子梁颢献疏，对科试所取限于"诗赋、策论"表示十分不满，斥之为"小技"而无益于治道。③王禹偁《小畜集》卷十九有《送谭尧叟序》一文，体现了新儒者对科试的批判态度。其云：

> 古君子为学也，不在乎禄位，而在乎道义而已。用之则从政而惠民，舍之则修身而垂教，死而后已，弗知其他。科试以来，此道甚替，先文学而后政事故也。然而文学本乎六经者，其为政也，必仁且义，议理之有体也。文学杂乎百氏者，其为

---

① 李焘《长编》卷二六，雍熙二年正月癸亥、三月己未。
② 李焘《长编》卷五九，景德二年三月甲寅。
③ 黄淮、杨士奇编《历代名臣奏议》卷一六四，第2145页。

政也，非贪则察，涉道之未深也。是以取士众而得人鲜矣，官谤多而政声寝矣。

颇受王禹偁赞赏的孙何也于至道三年九月上表，指陈取士之弊说："今士子名为乡举，其实自媒，投贽于郡府之门，关节于公卿之第。属词比事，合格者不过雕虫；任传弃经，入流者未逾章句。若不收之学校，选自州闾，实虑他时益成薄俗。"咸平元年，他再次上奏，认为历代取人，必先"文学"之士。进一步解释说："所谓学，非解诂句读之学也。所谓文，非声病对偶之文也。"① 已将学校教育、骈偶之弊、章句之学等问题结合起来思考，实为儒学复兴的先行者。景德四年闰五月，真宗表示，科试要选拔"济时之用"，"今策问宜用经义，参之时务"，龙图阁待制陈彭年建议允许"明经人投状自荐策试经义，以劝儒学"。② 大中祥符元年正月，冯拯言："比来省试，但以诗赋进退，不考文论。江、浙士人，专业诗赋，以取科第。"要求"令于诗赋人内兼考策论"，正合真宗之意。天禧元年（1017）九月，右正言鲁宗道上言批评说："进士所试诗赋，不近治道。诸科对义，但以念诵为工，罔究大义。"真宗表示说："前已降诏，进士兼取策论，诸科有能明经者，别与考校。可申明之。"③ 从这些材料可以看出，科试内容在真宗后期逐渐发生了若干变化，虽然未能大改重诗赋、守注疏、脱离治道的旧贯，然也不失为北宋中叶改革之滥觞。

---

① 孙何至道三年九月上表据李焘《长编》卷四二，咸平元年上奏据《历代名臣奏议》卷一六四，第 2145 页。
② 李焘《长编》卷六五，景德四年闰五月壬申、壬辰。
③ 李焘《长编》卷六八，大中祥符元年正月癸未；卷九十，天禧元年九月癸亥。

第二节 北宋中期的科举改革

旧的科举考试制度限制了新思想的发展而成为儒学复兴的桎梏，它使"好古之士"难以步入官场，例如新儒学家孙复、胡瑗、李觏等代表人物都曾失意于科场。真、仁二宗之际，儒学复兴思潮流行并高涨起来，要求改革取士制度的呼声也随之而高。仁宗即位不久，科举考试中即出现了打破惯例的情况。天圣二年三月，叶清臣对策为考官所喜，被擢为进士第二，首开宋人"以策擢高第"之例。天圣四年五月己亥，仁宗诏"举人虽文辞可采，而操检不修者，州郡毋得荐送"，对举子的德行表示了重视。次年正月己未，"诏礼部贡院：比进士以诗赋定去留，学者或病声律而不得骋其才，其以策论兼考之，诸科毋得离摘经注以为问目"。① 这清楚表明，重诗赋、守注疏的旧制已发生了动摇。范仲淹于是年上书执政，提出了改革时政之弊的一揽子建议，其于贡举云：

> 今士材之间，患不稽古，委先王之典，宗叔世之文。词多纤秽，士惟偷浅，言不及道，心无存诚。暨于入官，鲜于致化。有出类者，岂易得哉？中人之流，浮沉必矣。至于明经之士，全暗指归。讲议未尝闻，威仪未尝学，官于明上，贻笑不暇，责其能政，百有一焉。
>
> 今春诏下礼闱，凡修词之人，许存策论。明经之士，特与

---

① 李焘《长编》卷一百二，天圣二年三月乙巳；卷一百四，天圣四年五月己亥；卷一百五，天圣五年正月己未。

> 旌别。天下之望，翕然称是。其间所存策论，不闻其谁，激劝未明，人将安信？倘使呈试之日，先策论以观其大要，次诗赋以观其全才，以大要定其去留，以全才升其等级，有讲贯者，别加考试。人必强学，副其精举。①

前段讲士材之弊，后段提出建议。将策论这种"有所利用于天下者"②置于诗赋之上，批评"明经之士全暗指归"即不明儒经大义。上书中，他还建议恢复制科，"因贡举之时申其坠典"，以选拔大器之材，还提出普遍兴学的建议。这些主张初步表露了在庆历年间推行"精贡举"改革措施的基本设想。

天圣七年闰二月，仁宗诏复置制科。八年五月，范仲淹上书时相，提出"命试之际，先之以六经，次之以正史，该之以方略，济之以时务，使天下贤俊，翕然修经济之业"，③对实用人才予以高度重视。当年八月，资政殿学士晏殊上言说："今诸科专取记诵，非取士之意也。请终场试策一篇。"近臣以为此非诸科素习而未被采纳。明道二年十月，仁宗重申了天圣五年五月进士兼考策论之令说："近岁进士所试诗赋多浮华，而学古者或不可以自进，宜令有司兼以策论取之。"④景祐（1034—1038）年间，孙复两次上书时任天章阁待制的范仲淹，指出"专以词赋取人，故天下之士，皆致力于声病对偶之间，探索圣贤之阃奥者，百不一二"，并提出"重为

---

① 范仲淹《上执政书》，《范文正公集》卷八，第 66 页。
② 王夫之《宋论》卷四《仁宗》之十，第 97 页。
③ 范仲淹《上时相议制举书》，《范文正公集》卷九，第 73 页。
④ 李焘《长编》卷一百九，天圣七年八月癸巳；卷一一三，明道二年十月辛亥。

注解"儒家经典的主张。① 此间朝廷对考试内容和方法做了进一步的改进，胡宿述云："景祐制书节文，始令礼部贡院，举人通三经以上，进士诸科过落外，许自陈尝于某处讲授某经，贡院别试经义十道，直取圣贤意义解释对答。或以《诗》《书》引证，不须全具注疏。"认为"此则圣朝扶进经术，渐复两汉射策之举也"。② 不仅进士科，诸科也开始发生相应的变化，这里不再赘述。仁宗即位以来科举制度上的新气象，是与新儒学兴起的时风紧密配合的。景祐四年四月，仁宗"诏学士院，自今制策登科人，并试策论各一道"，这是由于曾中茂才异等科的富弼试馆职时，"以不能为诗赋辞，上特令试策论，因有是诏"。③ 此亦为时风使然了，被认为切于世用的策论得到重视。

坚冰既已打破，航船就更复向前。宝元（1038—1040）年间，经筵李淑曾就仁宗之问，回答了进士科诗、赋、策、论的先后问题。他回顾了自唐以来先诗赋、次论、再次策、帖经为第四场的形成过程，建议"愿约旧制，先策，次论，次赋及诗，次帖经墨义"，并试四场。④ 先后问题的实质是孰重孰轻的问题，时人于此颇为看重。宝元二年，知谏院富弼上奏言："国家取人，唯有进士、明经二科，虽近设制举，亦又取人不多。是三者，大抵只考文辞念诵而已。天下之士，有大才大行而赋性不能为文辞就举试者，率皆遗之。"庆历元年，时为右正言知制诰的富弼再次上奏乞革科举之法，

---

① 孙复《寄范天章书》两书均见《孙明复小集》，页二五至二八。
② 胡宿《论增经术取士额状》，《文恭集》卷八，页十四，文渊阁《四库全书》本。
③ 李焘《长编》卷一二〇，景祐四年四月丁未。
④ 李淑《经筵对进士诗赋策论先后故事》，黄淮、杨士奇编《历代名臣奏议》卷一六五，第2164页。《宋史·选举志》一记此奏时间为"宝元中"。

其云:"国朝沿隋唐之制,以进士取人,只采辞华,不求行实。虽间设制举,然大率亦以章句为务。"建议今后科场考试,以"策论"为先,且只取原额之半,余半逐州察访"实才实行之士",由朝廷较试擢用;明经选试"不较字数,专以经中否为格,仍试时务策二道以定高下"。① 此间余靖撰文指出:"近世以诗赋取士,士亦习尚声律以中其选。署第之后各图进取,……回顾笔砚如长物耳!"② 认为诗赋只起到了敲门砖的作用,于治道无益。欧阳修上《论更改贡举事件札子》,言"改更贡举进士所试诗赋策论先后事",并揭贡举"致弊之因"云:

> 今贡举之失者,患在有司取人,先诗赋后策论,使学者不根经术,不本道理,但能诵诗赋、节抄《六帖》《初学记》之类者,便可剽盗偶俪,以应试格。而童年新学全不晓事之人,往往幸而中选,此举子之弊也。③

该札子还谈到"有司之弊","患在诗赋策论通同杂考,人数既众而文卷又多"。因此他建议,先试以策,次试以论,再试以诗赋,随场决定去留。如此,则试策论有着决定意义。贾昌朝、蔡襄等朝臣此时也提出了类似的建议。

诸家宏论,为范仲淹的贡举改革做了充分的思想准备。酝酿了

---

① 富弼《乞革科举之法令牧守监司举士》,黄淮、杨士奇编《历代名臣奏议》卷一六四,第2147页。
② 余靖《宋太博尤川杂撰序》,《武溪集》卷三,页九。
③ 欧阳修《论更改贡举事件札子》,《奏议集》卷八,《欧阳修全集》,第827页。该札子标明为"庆历四年",当在该年三月欧阳修等八人合奏之前。

数十年而日趋热烈的呼声，终于在庆历新政期间得到了落实或解答。庆历三年八月，以范仲淹为参知政事、富弼为枢密副使。九月，范仲淹等答诏上《十事疏》，提出新政纲领，其中"精贡举"改革要点有如下三条：

其一，学校择"明师"，"教人六经，传治国治人之道"。

其二，考生应"履行无恶，艺业及等者方得解荐"，废封弥法。

其三，进士科应重策论而轻诗赋，"以策论高、词赋次者为优等，策论平、词赋优者为次等"。诸科则"以经旨通者为优等，墨义通者为次等"。

疏中指出："专以词赋取进士、以墨义取诸科"是"舍大方而趋小道"，培养不出经世济国之才来。因此，"使人不专辞藻，必明理道，则天下讲学必兴，浮薄知劝，最为至要"。又指出：外郡解发进士诸科人，"不求履行，惟以词藻、墨义取之，加用封弥，不见姓字，实非乡里举选之本意也"。[①] 范仲淹等数言兴学，近臣讨论，宋祁、欧阳修等九人合奏，肯定了范仲淹的意见，认为"此献议者所共以为言也"。庆历四年三月乙亥，朝廷颁布了贡举改革诏令，主要精神是：

> 本学校以教之，然后可求其行实；先策论，则辨理者得尽其说；简程序，则闳博者可见其才。至于经术之家，稍增新制，兼行旧式，以勉中人。烦法细文，一皆罢去。

---

① 李焘《长编》卷一四三，庆历三年九月丁卯；范仲淹《十事疏》，《范文正公集》奏议卷上，第178页。

拟实施的具体措施主要包括如下数点：

一、州县立学，选置教授。

二、士须在学习业三百日，乃听预秋赋。

三、进士试三场，先策，次论，次诗赋，通考为去取，罢贴经墨义。

四、词赋可不受"声病偶切"的拘忌。

五、士子通经术愿对"大义"者，以"晓析意义"为合格；三史科取其"明史意"；明法科要求"知法意"。①

随着庆历新政的失败，这次贡举改革尚未实施便已流产。当年六月范仲淹在谤毁中赴西北之任，十一月发生了"奏邸之狱"。庆历五年三月，诏礼部贡举。先有知制诰杨察首先发难，对一个时期以来的科场变化做了否定的评价，其略谓"以诗赋声病易考，而策论汗漫难知，故祖宗莫能改也"，遂诏"并如旧制考校"。② 庆历六年二月，权同知礼部贡举张方平认为，"尔来文格，日失其旧，各出新意，相胜为奇"，策问或"妄肆胸臆"，遂乃下诏禁辞赋新体。庆历八年四月，礼部贡院上言，更是极言新制之弊，认为它使得"浮伪滋甚"，遂再次下诏恢复科场旧条，"一切无易"，于是一切"复如初矣"！③ 虽然庆历贡举改革被指存在种种流弊，但是这场没有实施的"改革"仍然具有十分重要的意义，它对流行三四百年专尚文辞、墨守注疏的科场旧规以及脱离社会现实、漠视品德素质的倾向产生了有力的冲击，成为后来王安石贡举改革的前奏。虽只昙花一现，但它得到朝廷的确认和颁布，正是儒学复兴思潮澎湃推动

---

① 李焘《长编》卷一四七，庆历四年三月乙亥。
② 李焘《长编》卷一五五，庆历五年三月己卯。
③ 李焘《长编》卷一五八，庆历六年二月己卯；卷一六四，庆历八年四月丙子。

文化变革的具体而明确的表现,是值得加以重视的。

庆历之后,要求改革科举制度的呼声并未因新派人士被排挤而停息下来,被恢复的"科场旧条"仍处于动摇之中。前引皇祐元年,进士刘恕应试,"先列注疏,次引先儒异说,末以己意断而论之",大概成为标准答案形式。① 是年八月,言者指御前所试策题,"其中多问典籍名数及细碎经义"而无关治道,"不能观其才用"。朝廷下令策题官,要"先问治乱安危大体",② 其余依旧例。可见"以己意断而论之"和利用策试"经义"以裨益当前统治的新学风没有完全回潮。但是"科场旧条"未废,要考选实用之才就无法办到。年轻未仕的程颐在皇祐二年上书仁宗,其中对当时的科举制度进行了全面的批评,他说:

> 国家取士虽以数科,然而贤良方正岁止一二人而已,又所得不过博闻强记士尔;明经之属唯专念诵,不晓义理,尤无用者也。最贵盛者惟进士科,以词赋声律为工。词赋之中,非有治天下之道。人学之以取科第,积日累久,至于卿相。帝王之道,教化之本,岂尝知之?居其位,责其事业,则未尝学之。譬如胡人操舟,越客为御,求其善也,不亦难乎?③

此论代表了新儒对科举制的一般看法和不满情绪。这种声势越来越

---

① 司马光《资治通鉴外纪序》,载刘恕著《资治通鉴外纪》卷首,《四部丛刊》初编据明刊本,上海,商务印书馆。司马光嘉祐六年八月《论举选状》中就说:"若能先具注疏本意,次引诸家杂说,更以己意裁定,援据该赡,义理高远,虽文辞质直,皆为优等。"
② 李焘《长编》卷一六七,皇祐元年八月甲申。
③ 程颐《上仁宗皇帝书》,《河南程氏文集》卷五,《二程集》,第513页。

壮大，继续改革成为必然，朝廷的科举政策也在不断地进行调整。皇祐五年闰七月，朝廷做出了重要的新规定：自今诸科举人，经场问"六义"十道，"能以本经注疏对而加以文辞润色发明之者为上，或不指明义理而但引注疏备者次之。……九经止问大义，不须注疏全备"。以阐明"大义"比诵记"注疏"更优，导向很明确。这种新的评判标准使"侥幸之人悉以为不便，欲摇罢诏法"。至和二年十月，知制诰王珪对此加以驳斥，要求"申敕有司，固守是法，毋轻易焉"。① 嘉祐二年十二月，朝廷下诏，再次对科举旧制做出了重要的修订：自今间岁贡举，"进士增试时务策三条，诸科增试大义十条"。同时宣布别置明经科，"各问墨义大义十条，……出身与进士等"。又规定"不还乡里而寓户他州以应选者严其法"，地方官长要负责审察考生的"行义"并予"保任"。② 设明经之科，曾巩认为"使通于圣人之意者得申其学"；孙觉也说，此科本意在于变革"学究、诸科多不通经义而猥以记诵为工"的陋习。③ 明经科的设置乃考试重视儒经"大义"合乎逻辑的发展，是贡举改革中的一个新步骤。

此后，要求改革科举制度的议论更趋激烈，也更为深入。嘉祐三年十月，王安石献万言书，极陈当世之务，要求变法。其中论"方今取士"的利弊云：

---

① 李焘《长编》卷一七五，皇祐五年闰七月戊子；卷一八一，至和二年十月丁未、己酉。
② 李焘《长编》卷一八六，嘉祐二年十二月丁未、戊申。
③ 曾巩《策问十一道》，《曾巩集》辑佚，第766页。辑自《南丰曾子固先生集》卷十三。

> 方今取士，强记博诵而略通于文辞，谓之茂才异等、贤良方正。茂才异等、贤良方正者，公卿之选也，记不必强，诵不必博。略通于文辞而又尝学诗赋则谓之进士，进士之高者，亦公卿之选也。夫此二科所得之技能，不足以为公卿，不待论而后可知。
>
> 其次九经、五经、学究、明法之科，朝廷固已尝患其无用于世而稍责之以大义矣。然大义之所得，未有以贤于故也。今朝廷又开明经之选，以进经术之士，然明经之所取，亦记诵而略通于文辞者则得之矣。彼通先王之意而可以施于天下国家之用者，顾未必得与于此选也。①

中心意旨在于批评取士制度与治道脱离，于世无用，要求也更全面彻底，此亦可见其后来推行的贡举改革的概貌了。王安石时为祠部员外郎（从六品），官职不高，意见没有得到重视。嘉祐六年八月，时为谏臣的司马光上《论举选状》，也建议改革科举制度。他说：

> 取士之道，当以德行为先，其次经术，其次政事，其次艺能。近世以来，专尚文辞。夫文辞者，乃艺能之一端耳，未足以尽天下之士也。国家虽设贤良方正等科，其实皆取文辞而已。

这与王安石贬低所谓"技能"者略同，但更偏重于"德行"。《状》中请举孝廉并试经义策、时务策各一，"但以义理优长为上，不取

---

① 王安石《上仁宗皇帝言事书》，《临川集》卷三九，第257、258页。

文辞华美"。又请明经科所试墨义,"止问正文,不问注疏"。① 此后至英宗治平年间,司马光又连上《论制策等第》《论诸科试官》《贡院定夺科场不用诗赋》《贡院乞逐路取人》等奏状,对科举改革表现出高度的热情。值得注意的是,于治平元年(1064)四月所上之《贡院定夺科场不用诗赋状》,不仅肯定了庆历"本学校、先策论、简程序"的贡举改革,指出"近世取人,专用诗赋,其为弊法,有识共知"这一现实,赞成国子监官员吕公著"科场更不用诗赋"的意见,同时建议进士试论策外加试诸经"大义"十道,取消名存实亡的进士科试"帖经、墨义",试策只问时务等。②

王安石、司马光等人的议论体现了时人的共识。十数年间,群议纷纭,正如程颐所指出:"今取士之弊,议者亦多矣。"认为自唐沿袭而来的"投名自荐、记诵声律"皆非求贤之道。③ 刘敞也反对投名自荐,认为取士应"取其实行、经学","其佻薄无行,皆摈斥勿收"。④ 吕诲上书仁宗,乞荐举行实之士,认为"其策试且循旧式,入官不必优异,止赐出身可也"。⑤ 韩维上《议贡举状》,建议先变"旧法之尤无益者",要求"罢诗赋,更令于所习一大经中,问大义十道,但以交辞解释,不必全记注疏"。⑥ 监察御史里行程颢

---

① 司马光《论举选状》,黄淮、杨士奇编《历代名臣奏议》卷一六四,第 2155 页。
② 司马光《贡院定夺科场不用诗赋状》,原载《司马公文集》卷二八,此据曾枣庄、刘琳主编《全宋文》第 1186 卷,第 54 册,第 345 页。帖经,已见前注。墨义,据黄宗羲《明夷待访录·取士上》:"唐进士试诗赋,明经试墨义。所谓墨义者,每经问义十道,五道全写疏,五道全写注。"实际上就是默写经之注、疏。
③ 程颐《为家君应诏上英宗皇帝书》,《河南程氏文集》卷五,《二程集》,第 525 页。
④ 刘敞《杂说》,《公是集》卷四二,页八。
⑤ 吕诲《上仁宗乞荐举行实之士》,赵汝愚编《宋朝诸臣奏议》卷八十,第 866 页。
⑥ 韩维《议贡举状》,《南阳集》卷二五,页九,文渊阁《四库全书》本。韩维(1017—1098),字持国,颍昌(今河南许昌)人。

上神宗《请修学校尊师儒取士札子》说："一以道德仁义教育之，又专以行实材学升进，去其声律小碎、糊名誊录、一切无义理之弊。不数年间，学者靡然丕变矣。"① 右正言孙觉也上书新即位的神宗《论取士之弊宜有改更》，指斥旧制"使天下皆汩没于雕虫篆刻之技，弃置于章句括帖之学"，认为"取士之法不早有所更定则不足以尽得天下之才，不尽得天下之才则不足以新天下之化"。他要求下诏群臣，"讲求所当考试以代去诗赋之法"，指出旧法"今上下厌弃，人人知其无用"这一现实，提出了"稍用保任荐举法"在内的若干条"博采群言，以为有补天下"的具体建议。② 孙觉之言，充分表达了贡举改革的必然性，也表现了新儒对于以贡举改革来带动社会变革"新天下之化"所寄予的急切期望。群臣之议，表明继续推行改革科举旧条具有深厚的思想舆论基础。

熙宁二年二月王安石出任参知政事后，改革考试内容和方法便进入了决定性阶段，神宗很快下诏群臣展开改革学校贡举之法的讨论。群臣纷纷上奏，各抒己见，除苏轼等少数人外，多欲变改旧法。最有代表性的议论如翰林学士司马光《议学校贡举状》，认为"取士之弊，自古始以来，未有若近世之甚者也"，其云：

> 自三代以前，其取士无不以德为本，而未尝专贵文辞也。汉代始置茂才、孝廉等科，皆命公卿大夫、州郡举有经术德行者，策试以治道，然后官之。故其风俗，敦尚名节。

---

① 程颢《请修学校尊师儒取士札子》，《河南程氏文集》卷一，《二程集》，第448页。
② 孙觉《论取士之弊宜有改更》，黄淮、杨士奇编《历代名臣奏议》卷一六六，第2174页。

> 隋始置进士，唐益以明经等科，而秀、孝遂绝，止有进士、明经二科，皆自投牒求试，不复使人察举矣。进士初但试策，及长安、神龙之际，加试诗赋，于是进士专尚属辞，不本经术，而明经止于诵书，不识义理。至于德行，则不复谁何矣。自是以来，儒雅之风日益颓坏。为士者狂躁险薄，无所不为，积日既久，不胜其弊，于是又设封弥、誊录之法，盖朝廷若其难制，而有司急于自营也。①

于是陈二策——行保举之法、修学校之法——希望恢复三代至少也如汉代的取士制度。再如翰林学士吕公著所上《论学校贡举之法》，进一步提出"科举可尽罢而士之进者皆出于学校"，但同时认为，"进取之术可以渐去而未可以遽废"，则"进士可罢诗赋而代以经，先试本经大义十道，然后试以论策。……明经止用正文填帖，更不以注，而增试大义"。另外如苏颂《上贡举议》，认为封弥誊录之法使得考官"但校文词，何由知其行实？"；韩维《议贡举状》上五事，亦首言"罢诗赋""问大义"。②

群臣的议论为改变旧科制做了充分准备。熙宁三年三月，首先在殿试中罢诗、赋、论三题，专以策试进士。翌年二月，朝廷正式颁布了王安石的贡举新制，总的精神是"追复古制"，渐革旧弊：

> 先除去声病偶对之文，使学者得以专意经义，以俟朝廷兴

---

① 司马光《议学校贡举状》，黄淮、杨士奇编《历代名臣奏议》卷一六六，第2175页。
② 吕公著《论学校贡举之法》、苏颂《贡举议》、韩维《议贡举状》，黄淮、杨士奇编《历代名臣奏议》卷一六六，第2178、2188、2188页。

建学校，然后讲求三代所以教育选举之法，施行天下，则庶几可复古矣。①

如前所言，"声病偶对之文"妨碍了学习古道的途径，故必先去之。具体措施主要有如下几项：

一、京东等五路先置学官，各路选择有经术、行谊者权任教授，优者堂除本州官员充任教授，并在各级政府中选拔官员兼任教授。

二、罢明经及诸科，一归于进士科。

三、进士科罢诗赋、帖经、墨义，士各占治一经，兼《论语》《孟子》。各以本经及其大义、论、策取士，"务通义理，不须尽用注疏"。

四、立新科明法，试律令等，以待诸科之不能业进士者，且要求进士自第三人以下试法，这是针对"近世士大夫多不习法"的情况而设的。②

如果说北宋前期已对唐科举旧制进行了外部形式的改革，包括考试形式、取士范围和防弊之法等，那么经过庆历"精贡举"的努力，王安石的贡举新制表明对科举旧制的内部改造已基本完成，主要是考生所要经历的考试程序、科目和方法、内容。义理之学在科举制度中占了上风，切于实用也得到落实，"宋学"精神得到进一步贯彻。

---

① 李焘《长编》卷二二〇，熙宁四年二月丁巳。
② 李焘《长编》卷二二〇，熙宁四年二月丁巳；《宋史》卷一五五《选举志》一，第3616—3619页。按，由中书门下（政事堂）直接除授者，称为"堂除"。

第三节 从科举改革的发展脉络看儒学思潮的影响

从王安石的贡举新制可以看出，其基本精神与仁宗时期甚至更早以来的改革呼声一脉相承，发展线索清晰可寻。直史馆、判官告院苏轼近乎单枪匹马地反对大变科举旧法，熙宁四年正月，他上神宗"讲求学校贡举利害"，认为贡举之法行之百年，对国家的"治乱盛衰"是有效的，"今议者所欲变改，不过数端。或曰乡举德行而略文章；或曰专取策论而罢诗赋；或欲举唐室故事，兼采誉望而罢封弥；或欲罢经生朴学，不用帖墨而考大义"。① 德行与文章，策论与诗赋，荐举与封弥，大义与贴墨，是贡举改革争议中的四对焦点内容。清初王夫之论宋代科举时说："科举试士之法有三：诗赋也，策问也，经义也，宋皆用之，互相褒贬，而以时兴废。"② 正是诗赋、策问、经义三者孰重孰轻、孰先孰后的问题，以及德行与艺能的关系问题，构成了北宋中期科举改革的主要内容，反映了思想潮流的深刻变化，值得充分重视。综而言之，其演变脉络主要有三：

第一，从以诗赋定去留到罢诗赋，代之以策、论。诗赋被改革者认为是"无用于世"，而"策问之试，使明于治乱之体者得毕其说"。③ 去"无用"之学，把考试与"时务""治国治民"之道结合起来，是新儒长期追求的目标。真宗时进士科兼考策论，已开始了这一缓慢的变化过程。庆历"精贡举"先策论后诗赋，是这一变化

---

① 苏轼《议学校贡举状》，《苏轼文集》卷二五，第724页。"帖墨"即帖经、墨义。
② 王夫之《宋论》卷四《仁宗》之十，第97页。
③ 曾巩《策问一十道》，《曾巩集》辑佚，第766页。

的转折点。后来虽然有复旧，但如前所述，继续改革是势已必然了。此为新儒讲求"经世致用"之学在科举考试中的反映。

第二，从以帖经、墨义定去留到罢帖经、墨义，代之以考经义，要求务通义理，不须尽用注疏。真宗时令"诸科有能明经者，别与考校"，也已开始了考试注重"大义"这一变化。庆历新政中规定进士科罢"帖经、墨义"，诸科中鼓励对以"大义"，以"晓析意义"为通，已经做了一次重要的尝试。所谓"大义""经义""经旨""义理"，其实一也。北宋中期经学变古，义理之学兴，注疏之学趋于衰废，这是学术思想上新经学取代旧经学的重要标志。新经学又称义理之学，或称"宋学"，旧经学又称注疏章句之学。科举改革深刻地反映了这一变化，中唐以来流行数百年的疑经思潮终于在政治制度上体现出来了，具有时代意义。

第三，从先"文学"后德行到先德行而后"文学"。此之"德行"，乃指儒家提倡的道德品行而言，与"艺能"相对。而所谓"文学"，即文章之学，如司马光所说，乃"艺能之一端"。儒家学派传统地将德行置于艺能之上，司马光说："凡取士之道，当以德行为先，文学为后。就文学之中，又当以经术为先，辞采为后。"[①]充分表达了这种观点。他如议罢封弥、行保举、废自投牒等议论或措施，无不与此相关。天圣四年（1026）仁宗诏不得荐送"操捡不修者"赴考，业已体现此种精神。

科举改革是与地方学校的兴办紧密联系的，实际上就是人才的选拔和培养问题，故而论者多合而议之，如司马光《议学校贡举状》、苏轼《议学校贡举状》等。熙宁二年五月，翰林学士吕公著

---

① 李焘《长编》卷三七一，元祐元年三月壬子。

《上神宗答诏论学校贡举之法》，先述古代"养士取人"之法，再论学校之法和贡举之法，中心在于"教必本于学校，进必由于乡里，此六七圣人所不易也"。① 如朱熹《学校贡举私议》说的："古者学校选举之法，始于乡党而达于国都，教之以德行道艺而兴其贤者能者。"集中地体现在对古代"乡举里选"选举制度的向往，甚者建言罢科举，以达到"道德一于上而习俗成于下"的目的。

王安石的贡举新制是其变法运动的组成部分，如果说他在经济改革中遭到了强烈反对的话，那么可以说他的贡举改革却得到了大多数朝臣的赞同，不过改制的具体措施却大有不同意见。司马光在"元祐更化"初，上《起请科场札子》，对前代科举得失做了检讨，对熙丰时期的贡举改革提出了全面的看法。他欣赏汉代以德行为先的取士方式；对魏晋以降，贵文章而贱经术表示不满；对隋唐以来以帖经墨义试明经、以赋诗论策试进士所带来的种种弊端表达了不可容忍的态度，对熙丰时期的贡举改革秉持赞同的立场，对改革中的具体问题也提出了不同意见。他说：

> 神宗皇帝深鉴其失，于是悉罢赋、诗及经学诸科，专以经义、论、策试进士，此乃革历代之积弊，复先王之令典，百世不易之法也。但王安石不当以一家私学欲盖掩先儒，令天下学官讲解，及科场程试，同己者取，异己者黜。②

---

① 吕公著《上神宗答诏论学校贡举之法》，赵汝愚编《宋朝诸臣奏议》卷七八，第852页。
② 李焘《长编》卷三七一，元祐元年三月壬子，该条下全文收录了司马光的这篇札子。

他所反对者，止在于王安石一家之私学盖掩先儒。南宋大儒朱熹在谈到这个问题时也说："所以必罢诗赋者，空言本非所以教人，不足以得士，而诗赋又空言之尤者，其无益于设教取士，章章明矣。然熙宁罢之，而议者不以为是者，非罢诗赋之不善，乃专主王氏经义之不善也。"① 此指熙宁八年六月，王安石把主持训释的《三经新义》颁行天下，作为教学和科试的法定标准一事而言。然而以儒学义理来"一道德"的主张，当世诸家均无异议，这反映了儒学复兴运动共同的内在要求，不过训释人人有异，不当独尊王安石一人而已。至于《三经新义》的训释是否得当，从置籍元祐党人的韩维、吕公著、吕陶、刘挚等到南宋理学家朱熹、陆九渊等人，都并未一概予以否定，说明所持义理也颇有相通之处。对新儒学中的派别之争，以及对其评价问题，就应当另论了。

---

① 朱熹《学校贡举私议》，《朱熹集》卷六九，第 3636 页。马端临也说："但变声律为议论，变墨义为大义，则于学者不为无补。然介甫之所谓一道德者，乃是欲以其学使天下比而同之，以取科第。"马端临《文献通考》卷三一，第 293 页。

第八章　理学是儒学复兴运动的产物

前面提到过,理学是儒学复兴运动的产物,它首先表现为一种思想运动,我们称之为思潮。中唐一度兴盛的儒学复兴思潮,衰而再盛于北宋中期。新儒们怀抱弘扬"王道"理想,高唱变通之曲,新旧交争,波属云委,随浪而高。庆历而后,学统四起,已是新学的天下。熙宁变法,使新儒学内部的分歧表面化,以致"党争"再起,盘结于朝廷内外。周敦颐、张载、二程、邵雍诸子悄然起于百家争鸣之中,朱熹追之为道学正传,实乃崛起于新儒之中的所谓儒学再创之卓然有功者。或谓之"新儒中的新儒",我以为是十分恰当的。

第一节　北宋儒学复兴运动的分裂

北宋中叶的儒学复兴运动,其锋芒所指,在于"异端"和旧儒。前者以佛、老二教为其大端,后者以因循守旧、脱离社会实际为特征。庆历时期,新风大盛,将儒学复兴运动推向高潮。无论是在疑经和反佛老这两大时代思潮中,还是在古文运动、史学更新、新政运动、学校兴立、贡举改革等思想文化以及政治领域的实践中,新儒们都揭櫫三代理想大旗,以儒学义理为指导,对"异端"

和旧儒习气发起了猛烈的攻击，终于一新天下，在我国文化变迁史上树起了新的里程碑。庆历时期新政试验虽然失败，但并不能阻止儒学复兴思潮愈益增强的势头。旧派习气虽然一度有所复苏，但却很快退隐而成末流。也就是我们在前面引用先贤蒙文通、刘咸炘论述过的，庆历而后，新学走向了兴盛的坦途，无论朝野，都是新学的天下了。

在新旧交争中，可以看见这样一个事实，即尽管新儒者在对待具体问题的看法上并不完全一致，而且有过一些争论，激进的程度也有所不同，但却并不妨碍儒学运动的全面铺开，在相当一段时期内保持着"一致对外"的势态。还可看到，具有时代使命感的新儒者对于北宋中期面临的严重的社会问题和种种弊端始终抱有一种危机感，范仲淹在千古名篇《岳阳楼记》中所抒发的"先天下之忧而忧，后天下之乐而乐"怀抱，正是这一时代的绝唱。前面提到，南宋思想家陈亮指出："庆历、嘉祐，世之名士常患法之不变也。"这些"名士"们相与探讨切磋，彼此间的意见分歧和思想差异被如何去解救现实危机这个最大的迫切问题所笼罩、淹没了。

英宗于嘉祐八年四月即位，有意改作，问执政："积弊甚众，何以裁救？"富弼答以"恐须以渐厘改"，① 主张渐变。然而英宗享祚不久，未能有所施展。治平四年元月，神宗即位，不到二十岁，正值春秋，决心大有作为，任用崭露改革热情的政治家王安石，实行变法。出山前的王安石，在"名士"中极具盛名。曾与王安石"议论朝廷事"而数相违戾的司马光承认：

---

① 李焘《长编》卷二百一，治平元年五月辛亥。

> 介甫独负天下大名三十余年，才高而学富，难进而易退。远近之士，识与不识，咸谓介甫不起则已，起则太平可立致，生民咸被其泽矣。①

这则真是众望所归了。后来御史中丞刘挚也说，熙宁之初王安石起而辅政时，"天下士民亦罔不指期以望太平，上下向之无异辞"。②他们都是王安石变法的激烈反对者，当属可信。王安石是以精通儒家经典著称一时的，或者认为他"但知经术，不晓事务"，他的回答是："经术正所以经世务。"③ 王安石泛览众书，但他是儒家思想的崇奉者，深知儒家经典在新儒学中的崇高地位，深知儒经这个所谓"致至治之成法"在实施变法过程中将会起到的不可取代的作用，因此，不难理解他要用"经术"来指导其经邦济世的活动了。他也清楚地看到了"学术不一"这一现实，说："今人材乏少，且其学术不一，一人一义，十人十义，朝廷欲有所为，异论纷然，莫肯承听，此盖朝廷不能一道德故也。"④ 因此，他要"法先王之意"来使"道德一于上而习俗成于下"，要"变风俗、立法度"，以达成实现"先王之政"的目的。而他本人，首先希望用自己那一套学术来取得神宗的信任。所以神宗初欲用他时，他表示："不宜遽，宜

---

① 司马光《与王介甫书》，又作《与王介甫第一书》，原载《司马公文集》卷六十，曾枣庄、刘琳主编《全宋文》第1211卷，第56册，第18页。此信写于新政之初的熙宁三年二月，或尚有"客气"成分，接着给王安石再写了两书，对"尽变更祖宗旧法"均表示了反对意见。
② 李焘《长编》卷三七八，元祐元年五月戊寅，刘挚说："当此之时，故谏议大夫吕诲为御史中丞，独以为不然。"
③ 黄以周等《续资治通鉴长编拾补》卷四，熙宁二年二月庚子。
④ 马端临《文献通考》卷三一《选举考四·举士》，第293页。

先讲学，使于臣所学本末不疑，然后用，庶几能粗有成。"① 是希望在神宗的支持下推行变法，方可"有成"，从逻辑上来说，似乎也是顺理成章的。

但是，王安石开始实施变法的时候，几乎每项措施都遭到了强烈的不满和反对，乃致议论汹汹，喧嚣于廷。新儒者之间的分歧日益扩大而发生了第一次公开的分裂，相对说来，与"一道德"关系最大的贡举改革受到的非议最少。这就产生一个问题：为什么实行变法的总要求和指导变法的总原则，即以儒学义理为指导，以三代政治为榜样，意见几近一致，而在具体的改革措施上却表现出强烈的对立？很清楚，王安石并没有也不可能做到使"道德"和"风俗"趋归于一，在对儒学义理的理解和具体运用上，当然仍旧是人言殊异、学术不一了。

变法反对派的首领是司马光，双方在一系列问题上展开了长期争论。从学术思想上来说，王安石推尊孟子，而司马光有《疑孟》之作；司马光对荀子评价甚高，王安石对荀子却颇多非议；王安石借解经来推行变法而于《春秋》一书不屑一顾，司马光却以史笔自负且借讲史来反对新法。争论的核心问题，是如何达成先王之治的途径，具体落实，便是如何对待财利的问题，司马光承荀学，把恢复儒家纲常等级礼制看作头等大事，他在《资治通鉴》开篇所抒发的一通天尊地卑、上下名分的议论，正是这种思想的反映。熙宁二年（1069）八月，他上进《体要疏》，更为系统地阐发了这个见解。他说，治理天下要"为政有体，治事有要"，所谓"体"即是"君为元首，臣为股肱，上下相维，内外相制，若网之有纲，丝之有

---

① 黄以周等《续资治通鉴长编拾补》卷四，熙宁二年二月庚子。

纪"之类；所谓事"要"即是"尊者治众，卑者治寡。治众者事不得不约，治寡者事不得不详。约则举其大，详则尽其细"。① 可见司马光所关怀的，是维护朝廷的上下纲纪和尊卑问题。在前引《与介甫第一书》中，司马光再次强调说："自古圣贤所以治国者，不过使百官各称其职，委仕而责成功也。"

如果说，在对待孟荀或体要等问题上尚属形上的讨论，是各抒所学，那么，在对待如何"理财"的具体问题上，双方则是争锋相辩，表现出尖锐的对立来。熙宁元年八月，朝臣谈到国用烦冗，司马光等人赞同救灾节用，与王安石之间发生了一场舌战：

> 安石曰："国用不足，由未得善理之人故也。"光曰："善理财之人，不过头会箕敛，以尽民财。如此，则百姓穷困，流离为盗，岂国家之利耶？"安石曰："此非善理财者也。善理财者，民不加赋而国用饶。"光曰："此乃桑洪羊欺汉武帝之言，司马迁书之，以讥武帝之不明耳。天地所生货财百物止有此数，不在民间，则在公家。"②

司马光主张"节用"，王安石主张"开源"，双方"争论久之"而不能下。进而有所谓"义利之辨"，司马光在前引《与介甫第一书》中，就指斥王安石说：

---

① 司马光《体要疏》，原载《司马公文集》卷四十，据曾枣庄、刘琳主编《全宋文》第1196卷，第55册，第138页。
② 杨仲良《皇宋通鉴长编纪事本末》卷五七《宰相辞郊赏》，页十三，阮元辑《宛委别藏》本，南京，江苏古籍出版社1988年影印，第1859、1860页。原文"桑洪羊"，洪当作"弘"。陈邦瞻《宋史纪事本末》卷三七《王安石变法》系于熙宁元年十一月。

> 更立制置三司条例司，聚文章之士及晓财利之人，使之讲利。孔子曰："君子喻于义，小人喻于利。"樊须请学稼，孔子犹鄙之，以为不知礼、义、信，况讲商贾之末利乎。

义利之辨是一个占据道德制高点的古老话题，"义"天然占据上风。王安石的回答是针锋相对的，他在回答"青苗法"谋利的质疑时，强调理财是最主要的政事，就是"所谓义"：

> 孟子所言利者，为利吾国利吾身耳。至狗彘食人食则检之，野有饿莩则发之，是所谓政事。政事所以理财，理财乃所谓义。一部《周礼》，理财居其半。周公岂为利哉！①

引孟子之言说明，保护好人民的粮食是利国利民之举（理财），这是"政事"的要义。王安石曾说：

> 昔周置泉府之官以摧制兼并，均济贫乏，变通天下之财，后世唯桑弘羊、刘晏粗合此意。学者不能推明先王之法意，更以为人主不当与民争利。今欲理财，则当修泉府之法，以收利权。②

---

① 王安石《答曾公立书》，《临川集》卷七三，第478页。"狗彘食人食则检之，野有饿莩则发之"，见《孟子》卷一《梁惠王章句》。梁克家《淳熙三山志》卷二六《人物类》载："曾伉，字公立，侯官人，终朝散郎、左司员外郎。"《宋元方志丛刊》第八册，北京，中华书局1990年，第8012页。
② 陈均《宋九朝编年备要》卷十八，页十四，文渊阁《四库全书》本。

熙宁二年二月，创制置"三司条例司"议行变法。在对财利上的看法如此尖锐地对立，就更不要说在一系列的具体问题上了。①

新儒之间的第二次公开分裂是在元丰八年（1085）三月神宗去世之后，主要是在所谓"元祐更化"期间发生的。首先是在如何对待熙丰新法的问题上，"学术不一"的状况再次表露出来。争议较大的是科场考试的问题，礼部会议科场欲复诗赋而久议未决，监察御史上官均反对恢复科场"以文辞取士"旧制，司马光本人也不赞同恢复诗赋取士，右司谏苏辙建议"来年科场一切如旧"而稍加变通，"然后徐议元祐五年以后科举格试"。② 因此，除贡举新制尚有所保留外，执掌大政的司马光、吕公著将新法划革略尽，这引起了来自变法反对派的种种异议。免役法也是争议较大的问题，中书舍人苏轼认为免役法有五利二弊，申言"先帝之法决不可废"，对"专欲变熙宁之法，不复校量利害，参用所长"③ 的行为提出了批驳。同知枢密院范纯仁认为："去其泰甚者可也。差役一事，尤当熟讲而缓行，不然，滋为民病。"④ 兵部尚书王存反对废除保甲法，认为"非国家根本久长之计"；⑤ 程颐亦云："役法当讨论，未可轻改。"⑥ 等等。在政治生活中，"异议"当然是再正常不过了，不过在北宋神哲之际党争纷纭的岁月中，诸家在政治舞台上的亮相，让我们看到士大夫们对现实的不同诉求或理想追求。比如崇政殿说书

---

① 参见邓广铭《北宋政治改革家王安石》第三章第一节"向大自然讨取财富的为天下理财之法"，石家庄，河北教育出版社2000年，第137—142页。
② 李焘《长编》卷三七四，元祐元年四月庚寅。
③ 徐松《宋会要辑稿·食货》一三之二五；《长编》卷三七四，元祐元年四月癸巳。
④ 脱脱等《宋史》卷三一四《范纯仁传》，第10286页。
⑤ 脱脱等《宋史》卷三四一《王存传》，第10872页。
⑥ 朱熹《伊川先生年谱》，《河南程氏遗书·附录》，《二程集》，第346页。

程颐就上疏声称："圣人之学不传久矣，臣幸得之于遗经，不自度量，以身任道。"① 他也承认"天下骇笑者"甚多，正是新儒者分裂的表现。不但"新党""旧党"之间，就是"旧党"内部，都因政见主张或观念的对立而难以调和。

元祐元年三月，布衣程颐在司马光、吕公著的推荐下出任崇政殿说书，此前再三辞让，每辞而加进，引起了"纷纷之论"。程颐受任，"每以师道自居，其侍讲，色甚庄，言多讽谏"。御史中丞刘挚对其人颇不以为然，上言说：

> 若夫纷纷之论，致疑于颐者，非独如臣言也。直以谓自古以来，先生处士，皆盗虚名，无益于用。若颐者，特以迂阔之学，邀君索价而已。②

同年五月，程颐与孙觉、顾临等人受命修订《国子监太学条制》。自此至十月，程颐连连上疏，对学制问题发表了一系列意见，前后达数十条，引致了更多的对立，且为礼部疏驳，不为朝廷采用。御史中丞刘挚再次上言，指斥程颐"高阔以慕古，新奇以变常，非徒无补，而又有害"，认为学制"无大措置，独可按据旧条，考其乖戾太甚者删去之"即可。③ 哲宗即位，起苏轼于贬所，不及一年，自谓"遭遇之异，古今无比"，"始论衙前差雇利害，与孙永、傅尧俞、韩维争议，因亦与司马光异论。光初不以此怒臣，而台谏诸人，逆探光意，遂与臣为仇。臣又素疾程颐之奸，未尝假以色词，

---

① 李焘《长编》卷三八一，元祐元年六月末。
② 李焘《长编》卷三七三，元祐元年三月辛巳。
③ 李焘《长编》卷三九〇，元祐元年十月癸丑。

故颐之党人，无不侧目"。① 可以窥见，哲宗即位之初，当权者（多半是新法的反对者）中间的矛盾尖锐和对立情绪已经搅缠难解。

司马光于元祐元年九月去世后，新法反对派发生了更大的裂痕而一分为三，这就是所谓"蜀洛朔党争"。程颐及其门人贾易、朱光庭等被称为"洛党"，苏轼、吕陶、上官均等人叫"蜀党"，刘挚、梁焘、王岩叟、刘安世等人为"朔党"。三党之间或为人事倾轧，或因政见之异，或由儒学流派的不同而相互攻讦。相对来说，朔、蜀之间相互攻击较小，而二党与洛党之间的冲突较多，特别是洛、蜀二党更是水火不容。以致程颐、欧阳棐等洛党五人被市井目为"五鬼"，而程颐为五鬼之魁。程颐好用古礼，每为苏轼所讥讽。司马光治丧期间，一日明堂行事毕，两省官欲往奠司马光。程颐引古礼谓"歌、哭"不可同日，苏轼刺之曰："此乃枉死市叔孙通所制礼也！"② 引起哄堂大笑，结怨益深。朱光庭等人抓住翰林学士苏轼撰策题中的话柄，指为讥讽祖宗，蜀人吕陶等为轼辩，双方各执己辞，混战一场，③ 结果不了了之。程颐被排挤出朝廷，再也未能回去。

可以看出，洛蜀朔之间的党争，主要由思想见解的分歧所引

---

① 苏轼《奏议集》卷九《杭州召还乞郡状》，《苏轼文集》，第913页。
② 李焘《长编》卷三九三，元祐元年十二月辛丑。《河南程氏外书》卷十一《时氏本拾遗》所记谓，二苏因阻于伊川"庆吊不同日"怅然而返，说："鏖糟陂里叔孙通也。"小字注"言其山野"，《二程集》，第415、416页。参见漆侠《苏轼"蜀学"与程颐"洛学"在思想领域中的对立》，载《河北学刊》2001年第5期。关于这件事，有多种记载，文字稍有差异，意思则大体相近。
③ 关于苏轼撰策题事，有左司谏朱光庭、侍御史王岩叟、御史中丞傅尧俞等人以苏轼撰试馆职策题不当而累上章疏，后有殿中侍御史吕陶等为苏轼辩，苏轼亦自辩，事见《长编》卷三九三元祐元年十二月辛丑起，至卷三九四元祐二年正月丙子，文字冗长，自可参考。

发,而非一般的意气之争。朱熹撰《伊川先生年谱》,引《王公系年录》云:"初,颐在经筵,归其门者甚盛;而苏轼在翰林亦多附之者,遂有洛党蜀党之论。二党道不同,互相非毁,颐竟为蜀学所挤。"① 其"道"不同,就是他们各自秉持的学术思想不同。邵伯温曾说:

> 哲宗即位,宣仁后垂帘同听政,群贤毕集于朝,专以忠厚不扰为治,和戎偃武,爱民重谷,庶几嘉祐之风矣。然虽贤者不免以类相从。故当时有洛党、川党、朔党之语。洛党者,以程正叔侍讲为领袖,朱光庭、贾易等为羽翼;川党者,以苏子瞻为领袖,吕陶等为羽翼;朔党者,以刘挚、梁焘、王岩叟、刘安世为领袖,羽翼尤众。诸党相攻击不已。……是时既退元丰大臣于散地,皆衔怨刺骨,阴伺间隙,而诸贤者不悟,自分党相毁。②

南宋吕中评论说:仁宗时"吕(夷简)、范(仲淹)之党,为范者皆君子,为吕者皆小人"。而元祐与之不同:

> 元祐之所谓党,何人哉?程曰洛党,苏曰蜀党,刘曰朔党,彼皆君子也,而互相排轧,此小人得以有辞于君子也。③

---

① 朱熹《河南程氏遗书》附录《伊川先生年谱》,《二程集》,第344页。《王公系年录》作者未明。
② 邵伯温《邵氏闻见录》卷十三,第146页。
③ 吕中《类编皇朝大事记讲义》卷二十《诸君子自分党》,第348页。

而后之绍圣时期，蜀洛朔三党都未能幸免，皆入了"元祐党籍"。今人自然不能赞同吕中关于"君子"与"小人"的界定，我以为，仁宗时范仲淹与吕夷简之争，是新儒与旧儒之争，而元祐洛蜀朔三党之间的争执以及他们此前与王安石学派的对峙，乃是新儒学内部的斗争，皆根植于诸儒秉持的学术不同之故。

第二节　理学是新儒学派别中的一家

程颐是元祐年间新儒者中间政治斗争的失败者，但他和其兄程颢所代表的"洛学"在理论上亦即在儒学的再创中做出了重大的建树，为理学的最终形成奠定了最重要的基础。

理学的产生是我国思想史上的重大事件，它是唐宋时期中国社会发生剧变、经过思想领域内长期的跌宕洗练、适应了帝制后期社会新形势的需要应运而兴的。同时，它是发生于中唐，到北宋再度兴起的儒学复兴思潮所产生的重要结果，如果从它对中国帝制时代后期在意识形态方面不可取代的影响来看，它在汉武帝"罢黜百家"之后，又一次为儒家夺得了"独尊"地位。理学的集大成者朱熹探寻理学的发展脉络，撰《伊洛渊源录》，于北宋列入周敦颐、程颢、程颐、张载、邵雍五人，即所谓"北宋五子"。又在与吕祖谦同撰的《近思录》中，去邵而列周、二程、张四人。朱熹又有《六先生画像赞》，称誉五子并司马光。继承朱熹思想写成的《宋史·道学传》，认为孟子之后，道学无传，至周敦颐出，才接续上圣贤千年不传之学。其序云：

　　两汉而下，儒者之论大道，察焉而弗精，语焉而弗详，异端邪说起而乘之，几至大坏。千有余载，至宋中叶，周敦颐出于舂陵，乃得圣贤不传之学，作《太极图说》《通书》，推明阴阳五行之理，命于天而性于人者，了若指掌。张载作《西铭》，又极言理一分殊之旨，然后道之大原出于天者，灼然而无疑焉。仁宗明道初年，程颢及弟颐寔生，及长，受业周氏，已乃扩大其所闻，表章《大学》《中庸》二篇，与《语》《孟》并行，于是上自帝王传心之奥，下至初学入德之门，融会贯通，无复余蕴。……邵雍高明英悟，程氏实推重之。旧史列之隐逸，未当，今置张载后。①

序文扼要地叙述了北宋理学思想发展的梗概。应该说，以上数文代表了南宋理学家对理学（道学）的基本看法。但是，正如李泽厚所说的，以周敦颐作为道学即今之谓理学的首创者，乃是朱熹为建立其"道统"的结果，"并不真正符合历史和思想史的真实"。② 理学有它的发生、发展过程，但在其萌发阶段以至北宋后期之前，既未形成统一的学派，在当时也未产生多大影响。甚至五子中最后一位且最富成就者程颐在构筑自己的理论体系过程中，也始终处于受排挤的地位。北宋五子，彼此有相互联系的一面，也各有特色而自成门户。

---

① 《宋史》卷四二七《道学传》，此传列道学五人。愚以为，可以这样理解，南宋的理学家以周、二程、张四人为最"淳"，邵子次之，司马光再次之。《六先生画像赞》载《朱熹集》卷八五。
② 李泽厚《宋明理学片论》，《中国古代思想史论》，第222页。这种思想史的建构已为许多学者注意到，如包弼德说，《宋元学案》对11世纪的思想发展是依据他们对程朱学派做出的贡献，所以："《学案》不能充当11世纪思想史的一部可靠的记述。"氏著《斯文：唐宋思想的转型》，第33页。

周敦颐的代表作为《太极图说》和《通书》。前者阐明宇宙万物的起源,"无极而太极",由之衍生万物,由无而有,应是吸收了道家的思想。周子有《爱莲说》,自谓"独爱莲之出淤泥而不染",显示了佛说因缘的影响。朱熹在《通书后记》中,对周敦颐的学术思想做了如下概括:"大抵推一理、二气、五行之分合,以纪纲道体之精微,决道义、文辞、禄利之取舍,以振起俗学之卑陋。至论所以入德之方,经世之具,又皆亲切简要,不为空言。"① 这是朱熹对它"潜玩既久"后的心得之谈。周敦颐生前仕途不显,在较长时间中影响甚微。张栻说他"仕不大显于时,其泽不得究施"②,朱熹说:"近世诸公知濂溪甚浅。如吕氏《童蒙训》记其尝著《通书》,而曰用意高远。夫《通书》太极之说,所以明天理之根源,究万物之终始,岂用意而为之?又何高下远近之可道哉!"③ 又说:"程子昆弟之学于周子也,周子手是图以授之。程子之言性与天道,多出于此。"④ 是图指周子之《太极图》,则朱熹发现了其与二程之间的内在联系,列之于道学之首。与周敦颐往还者,都不甚著名,《宋元学案》列其讲友,仅得数人而已。

程颢、程颐兄弟少年时曾师事周敦颐,然而"二程子终身不甚推濂溪,并未得与马、邵之列"。⑤ 如对其《太极图》亦未置一辞,

---

① 朱熹《通书后记》,载《周敦颐集》卷二,陈克明点校,北京,中华书局2009年,第49页。
② 张栻《道州重建先生祠记》,引自董榕辑《周子全书》卷二十二。
③ 朱熹《答汪尚书》,《朱熹集》卷三十,第1278页。本卷载朱熹同名书信七封,这是第六封。
④ 周敦颐《太极图说》,朱熹解语,《周敦颐集》,第8页。《宋元学案》卷十一《濂溪学案序录》云:"祖望谨案:濂溪之门,二程子少尝游焉。其后伊洛所得,实不由于濂溪,是在高弟荥阳吕公已明言之,其孙紫微又申言之,汪玉山亦云然。"
⑤ 黄宗羲、全祖望《宋元学案》卷十一《濂溪学案序录》,第480页。

而且声明："天理"二字是他们自家体贴出来的。小程为其兄撰《墓表》说："周公没，圣人之道不行。孟轲死，圣人之学不传。……先生生千四百年之后，得不传之学于遗经，志将以斯道觉斯民。天不慗遗，哲人早世。乡人士大夫相与议曰：道之不明也久矣。先生出，倡圣学以示人，辨异端，辟邪说，开历古之沉迷，圣人之道得先生而后明，为功大矣。"程颐又在《上太皇太后书》中言自己："窃以圣人之学不传久矣。臣幸得之于遗经，不自度量，以身任道。"① 既以直承圣学许其兄，又以之自许。二程是"洛学"的开创者，虽然二人思想比较接近，然而论学又有所不同而各有分流。或者认为，明道学派开启南宋心学之源，伊川学派成为朱熹思想的先导。

张载所创关学或认为"其源出于程氏"，② 吕大临《横渠行状》亦云张载与二程"共语道学之要"后，"乃尽弃异学，淳如也"。此当程门弟子的门户之见。张载为二程表叔，嘉祐初他们在洛阳相见时，张载时年三十六七，其学应已有立，且长二程十二三岁。程颐就对此说过："表叔平生议论，谓颐兄弟有同处则可，若谓学于颐兄弟则无是事。"③ 当为可信。二程极赞张载《西铭》，然于其另一代表著《正蒙》却似有微词，如说："横渠立言，诚有过者，乃在《正蒙》。《西铭》之为书，推理以存义，扩前圣所未发，与孟子性善养气之论同功。"④

---

① 程颐以上两文分别见《河南程氏文集》卷十一、六，《二程集》，第 640、546 页。
② 杨时《跋横渠先生及康节先生人贵有精神诗》，《杨龟山集》卷五，《丛书集成》初编，第 87 页。
③《河南程氏外书》卷十一《时氏本拾遗》，《二程集》，第 414 页。
④ 程颐《河南程氏文集》卷九《答杨时论西铭书》，《二程集》，第 609 页。

邵雍，字尧夫，是五子中最年长者。他的毕生精力，在于阐发宇宙起源和社会历史观的先天象数学，代表作为《皇极经世书》，内容浩大，包括有阐述其"元会运世"的历史哲学、"声音律吕"之声律之学，以及阐述其《易》学思想的《观物内篇》和《观物外篇》。另有一部诗集《伊川击壤集》，诗言志，多半为邵雍的哲理诗集。虽然他在洛时与二程、司马光等人过从甚密，然而程颐"与邵雍同里巷居三十年余，世间事无所不问，惟未尝一字及数"，且拒绝接受其象数学之传，指其学为"空中楼阁"，① 不以有何精义见许。司马光也未尝语及其先天象数学。程颢曾与邵雍"论议终日，退而叹曰：尧夫，内圣外王之学也"。又称其学，"及其学益老，德益邵，玩心高明。观于天地之运化，阴阳之消长，以达乎万物之变，然后颓然其顺，浩然其归"。又称他"先生淳一不杂，汪洋浩大，乃其所自得者多矣"。②

北宋的理学家们各自为政的状态反映了儒学复兴思潮中百家争鸣的景象。北宋五子重在儒学的"发明"，其活动多在仁宗末年至神宗时期，其重要代表人物程颐更在其后。由上所述可知，他们的活动并未引起当时人们的特别关注，南宋初儒士胡安国说："本朝自嘉祐以来，西都有邵雍、程颢及弟颐，关中有张载，此四人者，皆道学德行，名于当世。会王安石当路，重以蔡京得政，曲加排抑，故有西山、东国之扼。其道不行，深可惜也。"③ 所言四人，未

---

① 朱熹《伊洛渊源录》卷五《邵雍遗事》，《丛书集成》初编，上海，商务印书馆 1936 年，第 48、49 页。
② 脱脱等《宋史》卷四二七《邵雍传》；程颢《邵尧夫先生墓志铭》，《邵雍集》，第 579、580 页。
③ 胡安国《奏状》，载《河南程氏遗书》附录，《二程集》，第 349 页。

及周敦颐。朱熹排除门户之见而集众家之大成，创造了伊洛"渊源"系统，在"近世诸公知濂溪甚浅"之时，发现了周敦颐著作的底蕴，于是为之编校解说，推尊为二程之导源者。又以张载《西铭》与周敦颐《太极图》并论，奉之终生。又编集《程氏遗书》《程氏外书》，创为《伊川年谱》，集程学之大成，后世以程朱并称，此不待言。对于邵雍，朱子也颇赞辞。其不囿于一家之见，融会贯通，正是他高出于之前的理学家的地方。

那种独得孔孟秘传之类的话，自然是欺人之谈。洛学门人独尊二程，以为周、张等人不得与之并，对此前的儒学复兴活动更是闭目不顾，均乃自大其门之偏见。从程、朱自己的言论中就可以看出，儒学复兴思潮孕育了理学的产生，二者之间不可分割，是前浪与后浪的关系。

程颐是胡瑗的学生并受其赏识，他的治学是善于吸取他人的有用成果的。如伊川论《易》学，虽然曾批评王弼注《易》以老庄之意解说，又多非议荆公解经，但他不是全盘否定他们，而是择善而从。他说："若欲治《易》，先寻绎令熟，只看王弼、胡先生、王介甫三家文字。令通贯，余人言《易》说无取，枉费功。"[①] 三家言《易》，均以义理见长，伊川所撰《易传》是他最重要的理论著作，正是广取众长、潜心研究的结果，不会不受三家影响。二程对中唐以来的新儒学表示赞赏，认为韩愈"亦近世豪之士，如《原道》

[①]《河南程氏文集》卷九《与金堂谢君书》，《二程集》，第613页。邵博言：有为伊川之学者不信伊川主学易当从王安石，"近守眉山，有程生者出伊川贻其外大父金堂谢君书，在晚谪涪陵时，犹勉以学《易》当自王介甫也。录之将示前日以不信遇我者"。录即此书，见邵博《邵氏闻见后录》卷五，刘德权、李剑雄点校，北京，中华书局1983年，第38、39页。

中言语虽有病,然自孟子而后,能将许大见识寻求者,才见此人"。① 对啖助、赵匡、陆淳也有高评价,认为在唐代圣心"郁而不显"之时,"独唐陆淳得啖先生、赵夫子而师之,讲求其学,积三十年,始大光莹,绝出于诸家外,虽未能尽圣作之蕴,然其攘异端,开正途,功亦大矣"。② 他称胡瑗、张载、邵雍为"道德之士",又说到与之交往的人中,唯张子厚(载)、邵尧夫(雍)、司马君实(光)三人为"不杂者"。③ 从其认识和评价中,可以看到,中唐至北宋中期的新儒学家对程氏所产生的开启作用,是很明显的。

如果从理学集大成者朱熹的论述来看,儒学复兴思潮和理学之间的密切关系就更为清楚,这是因为虽然朱子推尊周、张、二程为道学正传,但对濂洛之前或同时代的新儒学活动态度比较客观,这是朱熹梳理了本朝的"儒学史"得出的结论。他在论欧阳修《诗本义》时说:

> 理义大本复明于世,固自周、程,然先此诸儒亦多有助。旧来儒者不越注疏而已,至永叔、原父、孙明复诸公,始自出议论,如李泰伯文字亦自好。此是运数将开,理义渐复明于世故也。苏明允说欧阳之文处,形容得极好。④

这表明,朱熹充分肯定了"运数将开"之前"诸儒"欧阳修、刘敞、孙复、李觏、苏洵等人的前功。在谈到《诗经》学时,朱熹

---

① 《河南程氏遗书》卷一,《二程集》,第5页。
② 《河南程氏文集》卷二《南庙试策五道》之二,《二程集》,第465页。
③ 《河南程氏遗书》卷二上,《二程集》,第21页。
④ 黎靖德编《朱子语类》卷八十《解诗》,第2089页。

说，唐初《诗》学不出毛、郑二氏之区域，"至于本朝"，刘侍读（敞）、欧阳公（修）、王丞相（安石）、苏黄门（辙）和河南程氏、横渠张氏，"始用己意有所发明，虽其浅深得失有不能同，然自是之后，三百五篇之微辞奥义，乃可得而寻绎"。① 可见朱熹认为，对儒经义理的深化理解，是一个渐变过程。他在谈到北宋中前期的人物时，梳理了本朝"道学之盛"的这个变化：

> 自范文正以来已有好议论，如山东有孙明复，徂徕有石守道，湖州有胡安定，到后来遂有周子、程子、张子出。故程子平生不敢忘此数公，依旧尊他。……程子未出时，如胡安定、石守道、孙明复诸人说，话虽粗疏，未尽精妙，却尽平正，更如古灵先生文字都好。②

此之所谓"道学"，是指程朱理学而言。朱熹同时把孙、石、胡三先生看作道学的先驱，如后世全祖望所说："宋世学术之盛，安定（胡瑗）、泰山（孙复）为之先河，程、朱二先生皆以为然。"③ 朱熹还指出，宋初以来已有了复兴儒学的活动："国初人便已崇礼义，尊经术，欲复二帝三代，已自胜如唐人，但说未透在。直至二程出，此理始说得透。"孙、石、胡三先生也属于"理"未透之列："数人者皆天资高，知尊王黜霸，明义去利。但只是如此便了，于理未见，故不得中。"④

---

① 朱熹《吕氏家塾读诗记后序》，《朱熹集》卷七六，第3970页。
② 黎靖德编《朱子语类》卷一二九《自国初至熙宁人物》，第3089—3091页。
③ 全祖望《宋元儒学案序录》，《宋元学案》卷首，第1页。
④ 黎靖德编《朱子语类》卷一二九《自国初至熙宁人物》，第3085、3090页。

朱熹又列"儒学"诸人，囊括一时新儒学者。朱熹所撰《策问》中，列"近世以学名家"，包括胡瑗、欧阳修、王安石、司马光、三苏父子、二程兄弟诸人。又在《白鹿书堂策问》中谈起"本朝儒学"时说：

> 本朝儒学最盛，自欧阳氏、王氏、苏氏，皆以其学行于朝廷。而胡氏、程氏亦以其学传之学者。然王、苏本出于欧阳，而其末有大不同者。胡氏、孙氏亦不相容于当时，而程氏尤不合于王与苏也。①

朱熹看到了这些儒者之间的区别，无论是在朝或是在野，都秉持自己的信念，即使有师生之谊，学术也并不一定相同。相互之间歧见屡见，争论频频，有时还很激烈，甚至闹出矛盾。朱熹对他们分别有许多"点评"，甚至是很不客气的批评，但并不妨碍将他们统归入"本朝儒学"即我们说的新儒学之中，承认程氏仅"儒学"派别中的一宗，这是一种比较客观的态度，符合儒学复兴思潮中百家争鸣这一历史事实。可以将这看作朱熹构想中的本朝儒学史提纲，或者称之为理学前史，值得好好玩味。

第三节　新儒中的新儒：理学及新学、蜀学

在第一章里曾谈到北宋中期儒学复兴运动的特点有三：坚持儒

---

① 朱熹《白鹿书堂策问》，《朱熹集》卷七四，第3884页。前句所言《策问》亦见于此卷，第3874页。

家道统、把握儒学精神、提倡经世致用。那么，理学是否也符合这三个特点呢？我以为，同样可以用这三条来说明理学，但同时应该注意到，周、张、二程等北宋理学家既发轫于儒学复兴思潮，他们与儒学运动中的其他众多新儒者除了共同之处外，又有重大的区别，对理学家来说，三个特点有了新的内涵。

前面已经谈到，韩愈提出的儒家道统说，为新儒者所普遍接受并光大，对道统的承绪看法各不相同而已。这种不同，正是基于各家对儒学精神的把握不同，而对儒学精神把握之不同，又导致了将儒学精神运用于指导实践上的差异。理学家所谓孟子之后，圣学不传，而直得千年不传之学于遗经，已挑明了其间的差异。《太史公自序》评述六家旨要，指"儒者博而寡要，劳而少功"，但肯定其"列君臣父子之礼，序夫妇长幼之别"[①] 这一纲常伦理秩序，这也正是后世儒者所共同遵循而不可动摇的思想原则。

《汉书·艺文志》给儒家学派下了一个定义，其言谓：

> 儒家者流，盖出于司徒之官，助人君顺阴阳，明教化者也。游文于六经之中，留意于仁义之际。祖述尧舜，宪章文武，宗师仲尼，以重其言，于道最为高。[②]

这里论及的儒家者流，其志业是要"助人君顺阴阳、明教化"，所关怀的是社会国家的现实，思想的指导原则是经过孔子之手整理过

---

① 司马迁《史记》卷一三〇《太史公自序》，第3289页。
② 《汉书》卷三十《艺文志·诸子略》，第1728页。司徒，《尚书·尧典》所载"九官"之一，《周礼》地官司徒的职掌是："掌建邦之土地之图与其人民之数，以佐王安扰邦国"。

的六经，职责在于协助国君治理国家和教化社会，实现理想中的"王道"政治，遵循"祖述尧舜，宪章文武"这一政治准绳。在北宋中期复兴起来的新儒学，是要摒弃汉唐流行的训诂、章句之学，主张直探圣经的本旨精义，就是为了救时救世即挽救当代社会危机。他们打出"复古"的旗号，言必称三代，是要恢复先秦儒家的传统但并不拘泥其说，复古中有创新，于是开创了儒学的新局面，我们称之为新儒学或宋学。他们解经，往往有所为而发，具有一定的政治倾向性，而且要用各自认定的六经义理作为标准来判别是非、指导实践，不特反对佛、老是如此，对于文学、史学、学校、科举等方面均是如此。他们"以自己的思想和政治实践发展了儒家经邦济世观念"①，北宋中叶致力于改革的新儒者如范仲淹、王安石等莫不如是。所以，我以为北宋中期除理学家而外的新儒者也就是朱熹所说的运数将开之前的"先此诸儒"更接近先秦儒家。

前面提到过，若以"内圣外王"来评视宋学精神，那么北宋中期的新儒，其所致力更多地表现在"外王"方面，而从儒学复兴思潮中继起的"道学"家，首先注意的却是"内圣"工夫。欧阳修表示，对于人性一类的问题不值得进行讨论，针对当时"言性者多"的状况，他在答李诩书中全面地阐述了自己对于"性"的看法说：

> 今世之言性者多矣，有所不及也，故思与吾子卒其说。修患世之学者多言性，故常为说曰：性，非学者之所急，而圣人之所罕言也。……六经之所载，皆人事之切于世者，是以言之甚详。……今之学者，于古圣贤所皇皇汲汲者，学之行之，或

---

① 张岂之《儒学思想的历史演变及其作用》，《人民日报》1987年10月9日。

未至其一二，而好为性说以穷圣贤之所罕言而不究者，执后儒之偏说，事无用之空言，此予之所不暇也。①

代表了北宋中期新儒所持务实态度这一主流。《论语·公冶长》载子贡说："夫子之文章，可得而闻也；夫子之言性与天道，不可得而闻也。"把"文章"与"性与天道"对比起来讲，意思似应明确。然而有趣的是，孔子到底讲没讲"性与天道"的话在北宋中期却成为一个争论的问题。神宗时，司马光说："性者，子贡之所不及；命者，孔子之所罕言。今之举人，发言秉笔，先论性命，乃至流荡忘返，遂入老庄。"② 可见此时谈论"性命"已成时髦话题，其他如苏轼、程颐等都谈到过当时的这种风气。理学家强调"性与天道"问题的重要性，而且认为孔子是说过这话的。张载《语录》开篇即载其语："子贡曾闻夫子言性与天道，但子贡自不晓，故曰'不可得而闻也'。"又说："子贡谓夫子所言性与天道不可得而闻，既云夫子之言，则是居常语之矣。"③ 程颐又有另一番解释说：夫子所言的这段话，"惟子贡亲达其理，故能为是叹美之辞，言众人不得闻也"。④ 理学家重视性与天道，是与《易》言"穷理尽性以至于命"的命题连在一起的，程颐说：

---

① 欧阳修《答李诩第二书》，《居士集》卷四七，《欧阳修全集》第319页。此文是回答李诩向欧阳修展示所著《性诠》三篇而作的，李诩《性诠》今佚。有趣的是，在"性学"流行的明代，有张自烈者，撰《与古人书》，其中有《与欧阳永叔论性书》，以欧阳修非是云云。
② 司马光《论风俗札子》，原载《司马公文集》卷四五，引自曾枣庄、刘琳主编《全宋文》第1200卷，第55册，第190页。此札子前序称，撰于熙宁二年，元丰八年司马光发兵笼得此札子时说："观今日之风俗，其言似误中。"
③ 张载《语录》上，《张载集》，第307页。
④ 程颐《河南程氏外书》卷六，《二程集》，第381页。

> 理也,性也,命也,三者未尝有异。穷理则尽性,尽性则知天命矣。天命犹天道也,以其用而言之则谓之命,命者造化之谓也。①

这是在强调"天人合一","性与天道"都贯穿着"理"和统一于"理"。故而理学家特别注重"养性",以完成最高的人格修养,从而与"天道"之规范相符合。或把理学称为"心性义理之学"或"性理之学",② 这样便与儒学复兴思潮中着重外王之业的儒者区别开来。《宋史》别立《道学传》于《儒林传》之外,已表明了这种区别。

从北宋儒学思潮发展演变轨迹来看,可知理学家们思考着更深一层的问题。或如葛兆光说,基于"道德理想主义的立场,试图通过文化传统的重建",③ 构思了一套新的社会秩序蓝图。钱穆在《朱子学提纲》中说:"北宋诸儒实已为自汉以下儒统中之新儒,而北宋之理学家,则尤当目为新儒中之新儒。"④ 这是值得重视的说法,其更"新"之处何在?如上所言,首先在于把"性与天道"看作一个重要的问题来讨论,这是"此前诸儒"不谈的。除了人性问题,理学家还特别注重对"天道"的探讨,因为他们把宇宙、社会、人生看作一个整体,就是"天人合一"之旨。从周敦颐的《太极图》到邵雍的宇宙图式,都受到理学集大成者朱熹的重视,甚或是拔高

---

① 《河南程氏遗书》卷二一下,《二程集》,第274页。
② 钱穆《朱子学提纲》之五,《朱子新学案》,第13页。陈植锷把"宋学"称作"义理之学",把"宋学进入繁荣期以后兴起的王、洛、关、蜀诸派之学说"则称为"性理之学"或"心性义理之学"。见氏著《北宋文化史述论》,第219页。
③ 葛兆光《中国思想史》第二卷,第281页。
④ 钱穆《朱子学提纲》之五,《朱子新学案》,第13页。

他们的"功劳"。①

由此引发的第二个问题是关于人性的善恶问题，欧阳修说，"性之善恶，不必究也"，认为孟子"人性善"、荀子"人性恶"和杨子"人性混"之言论，最关怀的，"未尝不区区以仁义礼乐为急"，故而"推其言则殊，察其用心则一"。② 但是，这却是理学家热衷讨论的问题。唐李翱《复性书》提出"去情复性"，去后天之"情"，复先天之"性"，恢复人的本然之性。这与此前孔子所言"唯上智与下愚不移"和汉董仲舒、唐韩愈的"性三品"之说迥然不同。程颐早年游太学，提出圣人是"可学而至"的，得到胡瑗的赏识，这就与《孟子·告子章句》所言"人皆可以为尧舜"相契合。

继而引发的第三个问题就是，圣人可学，那如何学呢？程颐说，通过"正心、养性"的修养即可致圣。其论云：

> 凡学之道，正其心、养其性而已。中正而诚，则圣矣。君子之学，必先明诸心，知所养，然后力行以求至，所谓自明而诚也。故学必尽其心，尽其心，则知其性，反而诚之，圣人也。……孔子则生而知也，孟子则学而知也。后人不达，以谓圣本生知，非学可至，而为学之道遂失。……不求诸己而求诸

---

① 周敦颐《太极图》和邵雍的宇宙图式一般都认为与道教有关，似无多争议。但朱熹说：周敦颐"不由师傅，默契道体，建图属书，概极领要"（《朱熹集》卷七八《江州重建濂溪先生书堂记》）。《易·系辞》载伏羲氏"始作八卦"所谓先天之学，朱熹强调是邵雍"始传先天之学而得其说"（《朱熹集》卷四五《答虞士朋》）。愚以为这是朱熹建构其理学体系时，故意抬高周、邵的"首创"之功，以为独得千年不传之象数学，以与二程独得千年不传之天理说相映衬。
② 欧阳修《答李诩第二书》，《居士集》卷四七，《欧阳修全集》，第319页。

外，以博闻强记巧文丽辞为工，荣华其言，鲜有至于道者。则今之学，与颜子所好异矣。①

他进而深论："学也者，使人求于内也。不求于内而求于外，非圣人之学也。何谓不求于内而求于外？以文为主者也。学也者，使人求于本也。不求于本而求于末，非圣人之学也。何谓不求于本而求于末？考详略、探同异者也。是二者皆无益于身，君子弗学。"② 故而程颐等以文学、史学为末事甚至不值一提，鄙弃所谓记问之学，这似乎是在回应太史公对儒家"博而寡要"的批评。所以，对于六经，认为首先得掌握"经旨"，"以理义去推索可也"，"学者当以《论语》《孟子》为本。《论语》《孟子》既治，则六经可不治而明矣"。③ 南宋朱熹、吕祖谦编撰《近思录》是将理学思想精致化，以求得更快的入门捷径。

第四，正心及正身成为人的第一要务，由此而及于天下："正心以正身，正身以正家，正家以正朝廷百官，至于天下，此其序也。"④《河南程氏粹言·论学篇》如下的话也表明了这种观点：

> 学莫大于知本末终始。致知格物，所谓本也，始也。治天下国家，所谓末也，终也。治天下国家，必本诸身。其身不正，而能治天下国家者，无之。格犹穷也，物犹理也，若曰穷

---

① 《河南程氏文集》卷八《颜子所好何学论》，《二程集》，第 577 页。
② 《河南程氏遗书》卷二五，《二程集》，第 319 页。
③ 《河南程氏遗书》卷十八、二五，《二程集》，第 205、322 页。
④ 《河南程氏遗书》卷二上，《二程集》，第 20 页。

其理云尔。①

一切要从自身的修养做起，这个"本末终始"秩序是不能变的。亦即《大学》篇中的话："物有本末，事有终始，知所先后，则近道矣。古之欲明明德于天下者，先治其国；欲治其国者，先齐其家；欲齐其家者，先修其身；欲修其身者，先正其心；欲正其心者，先诚其意，欲诚其意者，先致其知，致知在格物。"②是所谓"格致诚正修齐治平"的"八条目"工夫，重视其连贯性，重视其先后秩序。将对"内圣"的要求，强调到了最优先的地步，这是程颐等理学家与朱熹说的"先此诸儒"的新儒的思想分野。

清人长白达三认为："王道圣功，理无二致"，然而"自宋儒道统之说起，谓二程心传，直接邹鲁，从此心性事功，分为二道；儒林道学，判为两途。而汉儒之传经，唐儒之卫道，均不啻糟粕视之矣"！③ 言理学"详言诚正，略视治平"或许不诬，但理学家对治平之业的重视却不可忽。如二程等，对于当时社会之弊，都是主张要"更张"的。程颢于熙宁初曾上《论王霸札子》，极言更张之道，针对"人君举动不可不慎，易于更张则为害大矣"之议，他说："臣独以为不然。所谓更张者，顾理所当耳。其动皆稽古质义而行，则为慎莫大焉，岂若因循苟简，卒致败乱者哉？自古以来，何尝有师圣人之言，法先王之治，将大有为而返成祸患者乎？"不是改不改

---

① 《河南程氏粹言》卷一《论学篇》，《二程集》，第1197页。这段话也见于《河南程氏遗书》卷二五首页，文字略异。
② 佚名《大学章句》，朱熹《四书章句集注》，北京，中华书局1983年，第3页。
③ 达三《宋学渊源记·序》，上海，上海书店出版社1983年据商务印书馆1935年版复印，第2页。

的问题,而是要选对更张的方向。他又上《论十事札子》,要求"随时因革",并指出:"苟或徒知泥古,而不能施之于今,姑欲循名而遂废其实,此则陋儒之见,何足以论治道哉?"① 而程颐早在皇祐二年就上书仁宗,指出"方今之势,诚何异于抱火厝之积薪之下而寝其上",要求采取切实措施,"救之当以王道",期望仁宗"以王道为心,以生民为念,黜世俗之论,期非常之功"。② 更重要的是,理学家还进一步认为,必有"内圣"之功乃有"外王"之业,主张在"身上做工夫",由"内圣"以达"外王"。认为心性修养的完善,是做人的根本,有了健全合格的人,才有可能建立起理想中的"王道"社会。这样,他们就把"心性"问题与所谓"王道"政治结合起来了。所以理学家着力于心性修养问题,认为这不是空谈,而是致治的基础和根本,亦即他们所抬高了的上述《大学》篇中的话。

北宋理学诸子由儒学复兴运动发轫,吸取各家之长,寻求宇宙和人类社会以及人性的和谐统一,特重心性修养,又复有进一步的更"新"之处。但是,理学只是新儒的一家,理论建树最大,影响最为深远。不应忽视的是,"新儒中的新儒"并不专此理学一家。另如王安石的新学和苏氏的蜀学,都在北宋后期形成了自己的学派,都有自己的发明,各有自己的学术特点,皆可视作新儒中的新儒。《宋元学案》基于程朱理学家的立场,将荆公新学和苏氏蜀学列为另类,以"学略"之名列入《学案》之末。全祖望在序录中说:

---

① 《论王霸札子》《论十事札子》两奏均为熙宁二年时上,程颢时任监察御史里行。载《河南程氏文集》卷一、《二程集》,第 451、452 页。
② 《河南程氏文集》卷五《上仁宗皇帝书》,《二程集》,第 510—515 页。

> 荆公《淮南杂说》初出，见者以为《孟子》；老泉文初出，见者以为《荀子》。已而聚讼大起。《三经新义》累数十年而始废，而蜀学亦遂为敌国。上下《学案》者，不可不穷其本末也。且荆公欲明圣学而杂于禅，苏氏出于纵横之学而亦杂于禅。①

姑不论这个点评是否到位，新学和蜀学已然成为两大学派没有疑问。若以二者"杂于禅"而将其排斥于儒学主流学术之外（这里姑且将《宋元学案》主旨定为宋元儒学学术）则是不妥当的，周敦颐和程朱理学何尝不"杂于禅"？理学思想正是吸收了释道思想的"合理内核"，才构建出了自己的天理学说。在禅学流行的北宋，可以说，在某种程度上，"杂于禅"是诸家学派的共同特征。

王安石于庆历二年中进士，早期著有《淮南杂说》，"初著《杂说》数万言，世谓其言与孟轲相上下，于是天下之士，始原道德之意，窥性命之端云"。晚年闲金陵，"以天地万物之理"而著《字说》，"与《易》相表里"。② 又撰《性情》说，他不赞同"性善情恶"说，认为"喜怒哀乐好恶欲未发于外而存于心，性也；喜怒哀乐好恶欲发于外而见于行，情也。性者情之本，情者性之用，故吾曰性情一也"。③ 又撰《原性》《性说》，探究人之本性，不赞同韩愈的性三品说和以仁智礼义信五者为性的观点，认为"性者，有生之本也"，"性不可以善恶言也"等；认为"情也、习也，非性也"，

---

① 黄宗羲、全祖望《宋元学案》卷九八《荆公新学略序录》，第3237页。
② 晁公武《郡斋读书志》卷十二"王氏杂说"、卷四"字说"条，第525、165页。前为安石弟子蔡京为《安石传》中所言，后为蔡卞所言，或有夸张。
③ 王安石《性情》，《临川集》卷六七，第439、440页。

善恶是后天形成的。① 著《洪范传》,不信灾异之说。嘉祐年间陆佃说:"淮之南,学士大夫宗安定先生之学,余独疑焉。及得荆公《淮南杂说》与其《洪范传》,心独谓然,于是愿归临川先生之门。"② 可以发现,王安石探讨的这些话题都是当时新儒尤其是理学家喜欢讨论的话题,陈瓘谓:"臣闻先王所谓道德者,性命之理而已矣,此安石之精义也。有《三经》焉,有《日录》焉,皆性命之理也。"③ 愚以为,称王安石为理学家是没有问题的,只是不同于习惯说的程朱理学家而已。熙宁二年,王安石任参知政事,开始了他的变法活动。他强调要先"一道德",然后施之于用,方能达成"王道"的理想社会。他重新注释了《周官》《诗经》《尚书》,称为《三经新义》,后来称为"新学",成为一道德的工具。其中,"独《周礼》则亲出于荆公之笔,盖荆公生平用功此书最深,所自负以为致君尧舜者俱出于此,是固熙丰新法之渊源也"。④ 王安石将他的"新学"贯穿于改革活动之中,影响及于后改革时期数十年,受到神宗的信任,"得君行道",本为儒者推崇。他以"天变不足惧,人言不足恤,祖宗之法不足守"的"三不足"⑤勇气,推行变法,表现了王氏新学的另一特色。"世之不见全经久矣,读经而已,则不

---

① 王安石《原性》《性说》,《临川集》卷六八,第 447、448 页。
② 陆佃《傅府君墓志》,《陶山集》卷十五,页四,文渊阁《四库全书》本。《洪范传》见《临川集》卷六五。《淮南杂说》(《王氏杂说》),今佚,王书华新著《荆公新学及其兴替》对是书做了详细的考辨,北京,中华书局 2021 年,第 11—15 页。陆佃(1042—1102),字农师,号陶山,越州山阴(今浙江绍兴)人。
③ 邵博《邵氏闻见后录》,第 179 页。
④ 谢山《荆公周礼新义题词》,《宋元学案》卷九八《荆公新学略》,第 3252 页。谢山为全祖望之号。
⑤ 黄以周等《续资治通鉴长编拾补》卷七,熙宁三年三月己未。"三不足"不一定是王安石本人的原话,他面对宋神宗的询问,对三不足一一作了辩解。

足以知经。故某自百家诸子之书,至于《难经》、《素问》、《本草》、诸小说,无所不读,农夫女工无所不问,然后于经为能知其大体而无疑。"① 泛览群书,出入于儒佛道,故能成一家之言。邓广铭认为,王安石对儒学中"有关道德性命的义蕴的阐释和发挥",② 是超迈前人的。新儒之二程这时蛰居"别都"洛阳,构思着他们的新学术,尚未彰显。

苏氏蜀学以苏洵(1009—1066)为始,《宋史》本传称苏洵二十七始发愤为学,"遂通六经、百家之说"。嘉祐二年,与其二子轼、辙至京师。其文受到欧阳修的赞赏,"一时学者竞效苏氏为文章"。③ 苏轼有《易传》,对人性、道或天道等问题都有独特的阐述,四库馆臣说它"推阐理势,言简意明","大体近于王弼,而弼之说惟畅玄风,轼之说多切人事"。④ 苏轼《子思论》说,"夫子之道"虽被各家"私说"所攻击,但千载之后,学者愈众,其学"独得不废,以与天下后世为仁义礼乐之主",⑤ 表现出了对孔子学说的深刻理解。

除共同尊奉儒经而外,苏氏蜀学有如下特点。其一是受到纵横家的影响,唐代盐亭(今属四川)人赵蕤著《长短经》,"皆谈王伯经权之要,……此书辨析事势,其言盖出于纵横家,故以'长短'

---

① 王安石《答曾子固书》,《临川集》卷七三,第481页。
② 邓广铭《王安石在北宋儒家学派中的地位》,《北京大学学报》1991年第2期。
③ 脱脱等《宋史》卷四四三《苏洵传》,第13093页。
④ 永瑢等《四库全书总目》卷二《东坡易传》,第6页。《四库》此提要又说:"是书实苏氏父子兄弟合力为之。"这是苏辙《东坡先生墓志铭》中的说法,自然代表了三苏父子亦即苏氏蜀学的共同见解。
⑤ 苏轼《子思论》,《苏轼文集》卷三,第94页。

为名"。① 可以窥知，蜀地本有此文化传统。欧阳修说："其（苏洵）论议精于物理而善识变权，文章不为空言而期于有用。其所撰《权书》《衡论》《机策》二十篇，辞辩宏伟，博于古而宜于今，实有用之言，非特能文之士也。"② 又，苕溪渔隐说："余读三苏文，有《谏论》上下二篇，其间云：'吾观昔之臣，言必从，理必济，莫若唐魏郑公，其初实学纵横之说，此所谓得其术者也。'"③ 二苏兄弟同年中进士之后，又于嘉祐六年同中制科"直言极谏科"。苏轼以议论见长，其《制策》颇类战国文章。其门人也多长于策论，加上科举考试对策论的重视，苏氏之学一时成为学子追求的目标。其二，元祐年间，发生了蜀、洛、朔党争，"蜀党"是苏轼、苏辙兄弟，秦观认为"苏氏之道最深于性命自得之际，其次则器足以任重，识足以致远"，而其议论文章不过是"与世周旋"而已。④ 此苏氏之道，就是指蜀党之蜀学。这个"蜀学"不是指地域文化，是苏氏"开始具有学派意义"的蜀学。⑤ 其三，三苏对诸子百家和佛老都有所涉猎，既受道教的影响，也杂染释家，与佛老之徒多有往还。东坡笔记颇记佛老事，如言："近读《六祖坛经》，指说法、报、化三身，使人心开目明。"又东坡记眉山陆道士能诗，久客江

---

① 永瑢等《四库全书总目》卷一一七《长短经提要》，第1011页。
② 欧阳修《荐布衣苏洵状》，《奏议集》卷一四，《欧阳修全集》，第869页。
③ 胡仔纂集《苕溪渔隐丛话》后集卷二八，廖德明校点，北京，人民文学出版社1984年，第212页。胡仔（1110—1170），徽州绩溪（今属安徽）人，号苕溪渔隐。他认为，从《谏论》"格力辞旨"来看，殆是老苏作，非东坡所作。
④ 秦观《答傅彬老简》，《淮海集》卷三十，页一，文渊阁《四库全书》本。
⑤ 胡昭曦等《宋代蜀学研究·绪论》，成都，巴蜀书社1997年，第2页；粟品孝《朱熹与宋代蜀学》，北京，高等教育出版社1998年，第3页。"蜀学"最早指西汉文翁在成都兴学，成为地域文化的概念是后来的事。

南，曾"相从游，因是谒子由高安，子由大赏其诗"。① 苏轼自谓："孔老异门，儒释分宫。又于其间，禅律交攻。我见大海，有北南东。江河虽殊，其至则同。"② 有"海纳百川"之气象，表现出苏氏蜀学三教汇一的思想特征。第四，北宋新、洛、蜀三家，"唯苏氏能不废史学"，苏洵有《史论》，苏辙作《古史》，后者得朱熹赞赏，认为《古史序》说圣人"议论极好，程张以后文人无有及之者"。③ 蒙文通说："苏氏延北宋一线史学之传，俾蜀之史著风起云蔚，其为教亦宏矣。"④

综上言之，从中唐到北宋中期的复兴儒学和更新儒学的活动，打破了旧儒学的桎梏。新儒结合现实政治和社会实际，探寻儒经义理，形成百家争鸣的局面。同二程洛学一样，荆公新学、苏氏蜀学也都是新儒中的新儒，都是以儒家思想为基础，各有发明，各有创新，各有本派的思想文化内涵和特点，所谓"新儒中的新儒"，岂可为程朱理学一派独有！

---

① 苏轼《东坡志林》卷二"读坛经"条、"陆道士能诗"条，第33、37页。
② 苏轼《祭龙井辩才文》，《苏轼文集》卷六三，第1961页。参见侯外庐主编《中国思想通史》第四卷上册，北京，人民出版社1959年，585页。
③ 黎靖德编《朱子语类》卷一百三十《自熙宁至靖康用人》，第3117页。
④ 蒙文通《中国史学史》，《蒙文通全集》第二集，第408页。

结语　北宋儒学复兴运动的核心问题

在北宋的儒学复兴运动之前，唐代也有过一次类似的运动，主要表现在两个方面。一是在唐代中期，社会危机日渐暴露，一些儒者希望从儒经中找到治国治民之法，并不遵循定于一尊的"正义"，希望能找到"真正的"经典义理。传统经学被认为无益于社会，是儒风不振的表现。二是唐朝佛道二教均有发展而至于大盛，统治者崇信佛教，朝廷两迎佛骨，皆备极华侈。道教之于李唐也深受尊崇，皇室自认源出道教教主李老君，大事张扬。这种现象引起儒者的强烈反弹，韩愈曾上《论佛骨表》，强调华夷之辨，维护儒家之道。韩愈又有《原道》，构建儒家道统，否定佛老之道。

中唐的儒学运动虽然没有取得成功，但成为北宋的儒学复兴运动的先河。发生在北宋中期的这场儒学复兴运动，范围广泛，影响深远，是中国思想文化史上最重要的论题之一。这场"儒学复兴"本质上是一场思想革新运动，它的核心内容是什么？它要"复兴"什么？这是儒学思想史上的新旧之争，其"新"又在何处？综合言之，其有五大核心问题：义理之学、排击异端、通经致用、经典怀疑、古文运动。前三者是它要"复兴"的目标，后二者则是须臾不可分离之器具。现条析总结如下：

一、用义理之学取代章句注疏之学

北宋政权在五代走马灯似的政权替换的基础上建立,新的统治者极力避免重蹈覆辙,一改"君弱臣强"的局面,强化中央集权。同时,朝廷标榜行黄老"清净无为"之术,笃守"祖宗家法"。七八十年间,因循守旧、不知变化的"俗儒"之气弥漫整个官场,形成政治风尚的最大特色。由此而造成危机四起、内外交困的局面,如欧阳修所言:"国家自数十年来,士君子务以恭谨静慎为贤。及其弊也,循默苟且,偷堕宽弛,习成风俗,不以为非。至于百职不修,纪纲废坏。"① 这是北宋中期政治的大背景。儒学复兴运动在这一时期再掀高潮,这不是偶然的,而且取得了持续的成果。

虽然中唐新儒的主张并未被当时的主流接受,但新的思想一直在士人中间流传和追寻。北宋前期的柳开,凡诵经籍,不由疏义,晓其大旨即可。为宋太宗讲经的孙奭(962—1033),根据自己的理解,取九经之要,著《微言》五十篇。宋真宗指责一些词人献文,多故违经旨以立说。可见不囿于旧说发表己见,渐成时尚。北宋中期,新儒对传统学术的怀疑,比中唐来得更为猛烈,范围更广。不独不迷信传注,对流传的经文是否是"真经"也进行了大胆的怀疑,直抒胸臆,发明经旨,汇而成为强劲的洪流一发而不可止。其中如孙复、石介、欧阳修、刘敞、王安石等新儒,最具代表性。

孙复著有《春秋尊王发微》,"不惑传注,不为曲说以乱经",是疑经思潮中的代表作,他的新思考言辞"简易"明了,"得于经

---

① 李焘《长编》卷一八九,嘉祐四年三月己未。

之本义为多"。他为仁宗讲《诗》,也被旧儒指为"多异先儒"。① 他要求对旧注"参之古今,复其归趣",重为注解,甚为大胆。石介传孙复之学,否定旧传注,与孙复立场一致。言《春秋》三传"不能尽得圣人之意",又言"汉大儒董仲舒、刘向,晋杜预,唐孔颖达,虽探讨甚勤,终亦不能至《春秋》之蕴",② 对旧的传注否定得很彻底。胡瑗亦说:"章句细碎,不足道也。"③ 三先生在北宋中期的疑经思潮中发挥着重要作用。欧阳修对《易经》的最早注本《周易大传》或《十翼》表示怀疑,认为《系辞》而下"皆非圣人之作",一口气就把《十翼》中的六篇给否定了,这当然是一件石破天惊的事情。欧阳修撰《诗本义》,批评诗学权威的毛、郑之学,"或失于疏略,或失于谬妄",使向无异论的《诗》学传统受到挑战而论说纷纭,是《诗》学解放的引领者。更有名篇《论删去九经正义中谶纬札子》,批评唐太宗所撰定的《九经正义》,"所择不精,多引谶纬之书以相杂乱。怪奇诡僻,所谓非圣之书,异乎《正义》之名也",要求恢复九经的本来面目。孙复、欧阳修前后相继,集中体现了重新解释儒家经典这个时代主题。另如刘敞批评《春秋》三传"其善恶相反,其褒贬相戾",他有《七经小传》以己意解经,宋国史说:"庆历以前,学者尚文辞,多守章句注疏之学。至刘原父为《七经小传》,始异诸儒之说。王荆公修经义,盖本于原父。"④ 稍后王安石主持了《周礼》《书》和《诗》三部经书的重新注释,称为《三经新义》。

---

① 欧阳修《孙明复先生墓志铭》,《居士集》卷二七,《欧阳修全集》,第193页。
② 石介《与张洞进士书》,《徂徕石先生文集》卷十一,第164页。
③ 黄宗羲、全祖望《宋元学案》卷一"安定学案·语录》,第38页。
④ 吴曾《能改斋漫录》卷二"注疏之学"条引旧"国史",第28页。

以己意解经的"新儒"取代了固守章句注疏之学的"旧儒",直追儒经义理,所以又被称为"义理之学"。在学术史上,把新儒轻章句训诂、重义理的治经方式称为"宋学",理学由此发轫而发展形成。宋学的精神是开放的,并不局限于书本知识,更看重实践,这成为儒学发展史上具有里程碑意义的重要阶段,这是北宋中期儒学复兴运动的第一要义。

二、用儒家之道取代"异端"

无论唐代还是北宋,儒学复兴运动的起因,皆有激于佛老二教的昌炽。在新儒看来,佛老二教就是异端。前面说到,唐代佛老势力昌炽,统治者崇祀二教,引起了韩愈等新儒的强力反弹。入宋之后,统治者为了社会秩序的稳定,提倡儒释道"三教"并隆的政策,佛道二教因此有了长足的发展。太宗晚年对僧人的增加也感到惊骇,同时看到了其中的弊病,剃度者众,"慵稼穑而避徭役"。①太宗借助道士张守真弄神,对道教尊崇有加。宋真宗借助二教,粉饰太平,多度僧尼道士,佛老二教势力臻至极盛,天禧五年,僧尼道士数皆为宋代统计的最高数量。王公士庶,往往陷于其说而不能自拔。

面对如此事态,一些儒者深以为忧。宋初柳开在《上大名府王祐学士书》中指斥那些生在中国却"溺为佛老之徒,淫于诞妄之说"者,鼓吹儒家的仁义道德之说。王禹偁两度上疏朝廷,揭指

---

① 李焘《长编》卷二七,雍熙三年十一月末附注。

"僧道蠹人"的现实,建议"沙汰僧尼,使民无耗"①。北宋中期,抨斥佛老的声浪更高,且范围广、时间长,为数众多的秉持复兴儒家之道信念的士人纷纷发声,从不同角度揭示佛老对社会的危害,汇而成为强大洪流。

韩愈首次提出了儒家的"道统",为宋儒所秉承并发扬。孙复不能容忍佛老与儒家"齐驱并驾"的现象,撰《儒辱》篇予以痛斥。孙复究其原因,认为是"圣人不生,怪乱不平"之故,高度称颂韩愈的排佛之功。石介亦痛责以佛老与儒"三教皆可尊"的论调,这简直是公开和宋真宗所说"作对"了。石介呵斥佛老破碎了"圣人之道",斥之为坏乱中国的"夷",激愤之情,溢于言表,欧阳修对其"大论叱佛老,高声诵虞唐"的战斗精神大加称赞。

宋儒将佛老等视为"异端",一位年轻的民间学者王令就说道:"道之不行"其来已久,孔子之后,"异端"间作,"而其间特力独抗,拨邪说而自正者,财孟与韩二人尔。然又身立无由,道不及天下,财空言以待后世"。② 在王令诸人眼中,这个"后世"已经来临了,复兴儒家之道,就在眼前。《宋史·程颢传》载其言说:"道之不明,异端害之也。昔之害近而易知,今之害深而难辨。昔之惑人也乘其迷暗,今之惑人也因其高明。自谓之穷神知化,而不足以开物成务,言为无不周遍,实则外于伦理,穷深极微,而不可以入尧、舜之道。天下之学,非浅陋固滞,则必入于此。……是皆正路之蓁芜,圣门之蔽塞,辟之而后可以入道。"③ 异端邪说如蓁芜,堵塞了

---

① 李焘《长编》卷三十,端拱二年正月乙未;卷四二,至道三年十二月甲寅。
② 王令《书墨后》,《王令集》卷十三,第246页。
③ 脱脱等《宋史》卷四二七《程颢传》,第12717页。

进入"圣门"的"正路",故必辟之。这是宋儒复兴儒学的第二义。

三、 复兴经世致用的"有为"之学

如果说,儒学复兴仅仅是以义理之学取代旧儒的章句之学,以儒家之道取代佛老之道,也不是完整的解释。还要复兴什么?所复兴者用来干什么?回答是"有为",也就是有所作为,要对天下国家民生"有用",以有用之学取代无用之学。

韩愈《原道》就说:"古之所谓正心而诚意者,将以有为也。"新儒提倡的恢复"正心诚意"传统,是要有所作为的。王令在《答刘公著微之书》中严厉斥责了章句之学让学者沉溺于"进身"而不知"谋道"之害。钱穆指出:"汉儒多尚专经讲习,纂辑训诂,着意所重,只在书本文字上。所谓通经致用,亦仅是于政事而牵引经义,初未能于大经大法有建树。"① 唐代亦然,如冯友兰指出,唐代《五经正义》在当时不过作为书本知识来传播的,"他们并没有把儒家的经典和当时政治、社会、人生各方面的问题结合起来,他们并不准备这样做,唐太宗也不要求他们这样做"。② 北宋中期的新儒们显然不愿意继续这种状态了。他们继承韩愈所昭示的有为精神,要以儒家所谓的三代社会"王道"政治作为理想,以六经义理为指导来治理和改造社会现实。

孙复《寄范天章书二》要求对六经重为注解,揭示其义理,用以指导国家的治理,这样才可恢复"虞夏商周之治"。胡瑗在湖州

---

① 钱穆《朱子学提纲》之四,《朱子新学案》,第8页。
② 冯友兰《中国哲学史新编》第五册,第47页。

教授任上，创苏湖教学法，立"经义"和"治事"两斋，前者重理论，学习六经；后者研究致用之学，"如治民以安其生，讲武以御其寇，堰水以利田，算历以明数是也"。① 其在太学时，也分类讲习，结合"当时政事"的实际，不放空言。弟子多及千人，其中"为政"者，"多适于世用"，为推动经世致用学风的流行做出重要贡献。其弟子刘彝阐述其师强调"举而措之天下，能润泽斯民，归于皇极者，其用也"的体用之学，批评了"国家累朝取士，不以体用为本，而尚其声律浮华之词，是以风俗媮薄。臣师当宝元、明道之间，尤病其失，遂明体用之学以授诸生"。② 为宋儒所盛称。

新儒学所要强调的，不仅是从学理上而言，更强调用之于社会，有所作为。《宋史·石介传》就说："石介尝患文章之弊、佛老为蠹，著《怪说》《中国论》，言去此三者，乃可以有为。"去除"异端"，才可能有所作为，这点出了问题的实质。儒家认定的经典是拿来做什么的？不同的人可能有不同的回答，新儒陈舜俞撰《说用》开篇就说："六经之旨不同而其道同归于用，天下国家所以道其道而民由之，用其用而民从之，非以华言单辞殊指奥义为无益之学也。"③ 李觏著《周礼致太平论》五十一篇，自序称："岂徒解经而已哉！唯圣人君子知其有为言之也。"理学家张载释《易》："能通其变而措于民，圣人之事业也。"又说："《易》象系之以辞者，于卦既已具其意象矣，又切于人事言之，以示劝戒。"④ 通经致用，是新儒的共同呼声和追求目标。范仲淹泛通六经，引导政风之变，

---

① 黄宗羲、全祖望《宋元学案》卷一《安定学案》，第24、25页。
② 朱熹《五朝名臣言行录》卷十之二，页三。
③ 陈舜俞《说用》，《都官集》卷六，页五。
④ 张载《横渠易说·系辞上》，《张载集》，第190、205页。

推行"庆历新政";王安石创"新学",用以指导"变法"运动,都是通经致用的突出事例。

刘彝所说的体即"君臣父子,仁义礼乐",是儒家共同遵循而不可动摇的原则。班固在《汉书》中给予定义说:"儒家者流,盖出于司徒之官,助人君顺阴阳、明教化者也。游文于六经之中,留意于仁义之际,祖述尧舜,宪章文武,宗师仲尼,以重其言,于道最为高。"① 儒家的志业是要有助于朝廷来安定社会、治理天下的,追寻尧舜的王道政治,可见儒家从一开始就是要有所作为的,这就是后人说的"外王"之业。而唐代不同,科举要求通经,但仅此而已,如前引冯友兰所指出的那样,《五经正义》在当时不过作为书本知识来传播的。宋代新儒学追求的,就是要恢复儒家的"本来"面目,有用于社会和国家。这是北宋儒学复兴运动的第三要义。

四、疑经思潮与古文运动

如上所述,儒学复兴运动追求的目标有三,也即三个核心问题:从儒学内部而言,是用义理之学取代章句之学,这是经学史上的一场革命,也是宋学与汉学的分界线;从儒学外部来讲,是要用儒学之道取代以佛老为代表的各种异端,力图使儒学重新获得独尊地位;第三点是要用有为之学取代无用之学,这点往往被人忽略。复兴之儒学之所以被称为新儒学,因为它不仅是一个新的解释体系,更是新儒用以经世致用的大法。只有将这三点结合起来,才是完整意义上的儒学复兴运动,所以说是三位一体而不可分的。

---

① 班固《汉书》卷三十《艺文志》,第 1728 页。

但是，如果不把"疑经思潮"和"古文运动"看作儒学复兴运动的目标，那么如何看待二者在这场运动中所起到的无以替代的作用呢？二者与儒学复兴运动伴生伴长，须臾不可离，同是儒学复兴运动中的核心问题，作用自然不可忽视。

"疑经思潮"打破了固有的思维模式，它是儒学复兴运动的起点，治经不墨守成规，另辟蹊径，始则涓流，终成洪流。"疑经"的作用是先锋，是战士，勇往直前，直接孕生了以追求经典大义为宗的"宋学"。无论义理之学意义上的宋学还是理学意义的宋学，都是以疑经为起点的。换言之，"疑经"是因，它本身不是目的，但它催来了"宋学"灿烂之果，估计这层意思学界没有大的分歧。关于宋代"疑经"的研究，一直是一个热点问题，成果也非常丰富，[1] 这里不再赘述。

"古文运动"同样是与儒学复兴运动密不可分的。诚然，恢复古代文体一开始就被新儒作为目标追求，它是流行了五百年的《文选》之学的反动，所以一些著者将这一问题看作北宋中期思想史中最重要的内容，这是无可非议的。儒学复兴的鼓吹者，一般都是古文运动的倡导者，现今学者讲论唐宋儒学复兴，都离不开古文运动，著作之家莫不如此。从这个意义上讲，它是儒学复兴运动所要"复兴"的目标，似也没有什么问题。但是，如果仅仅是文体的变古，就难以说是儒学复兴追求的核心目标。更重要的是，新儒认为，流行的骈俪文不能正确地传播儒家之道，只有"古文"能够担

---

[1] 对宋代疑经的个案研究成果相当多，不胜枚举。就整体研究而言，远且不论，近些年有杨新勋《宋代疑经研究》，北京，中华书局 2007 年；杨世文《走出汉学——宋代经典辨疑思潮研究》，成都，四川大学出版社 2008 年。皆有相当分量，可参考。

当起这个责任。柳开说:"古文者,非在辞涩言苦,使人难读诵之,在于古其理,高其意,随言短长,应变作制,同古人之行事,是谓古文也。"① 本来作为文体的"古文"只是工具,是表达思想的载体,新儒赋予了它一身二任的功能,这就文道合一了。新儒认识到,内容比形式更为重要,智圆就说:"今其辞而宗于儒,谓之古文可也;古其辞而倍于儒,谓之古文不可也。虽然,辞意俱古,吾有取焉尔。"② 所以,把古文运动看作儒学复兴运动的工具更为恰当,这有点委屈了古文运动的巨大作用和影响。古文运动本可两途,离道之古文只是文体的变化,不是"古文运动"的初衷,这正是程、朱不喜苏文的原因。古文家韩愈早就说得很明白:"愈之为古文,岂独取其句读不类于今者邪? 思古人而不得见,学古道则欲兼通其辞。通其辞者,本志乎古道也。"③ 北宋新儒与韩愈这个看法是一脉相承的。

还需说明的是,上面所论宋儒说的"有为""致用",有两个层面,"外王"之业只是宋儒追求的一个层面,另一个层面则是要求养成完善的人格,修身养性,以达成最高的道德和人格修养,即所谓"内圣"的境界。中唐李翱鼓吹"性善情恶说":"人之所以为圣人者,性也;人也所以惑其性者,情也。"④ 人性本善,由于"情"的惑乱,使人性昏而不明。这就需要"复性",使由恶变为善,前引唐吕温所言也已表达了新儒的这一诉求。但是,这并不是北宋中

---

① 柳开《应责》,《柳开文集》卷一,《宋集珍本丛刊》第一册,第 444 页。
② 智圆《送庶几序》,原载《闲居编》卷二九,《全宋文》第 308 卷,第 15 册,第 190 页。
③ 韩愈《题欧阳生哀辞后》,董诰等编《全唐文》卷五六八,第 2543 页。
④ 李翱《复性书》,董诰等编《全唐文》卷六三七,第 2850 页。

期新儒的共识,虽然当时已有许多学者强调"养性"的重要性,但儒学复兴运动的主将欧阳修却说六经皆"不言性",其所载"皆人事之切于世者",并说:"夫性,非学者之所急,而圣人之所罕言也。"斥之为"无用之空言"。司马光也说"性、命"是孔子所"罕言"者,并批评当时的举人"发言秉笔,先论性命"的现象。欧阳、司马所言,代表了北宋中期新儒的主流,强调养性或复性这一层面发展至于理学才做了淋漓尽致的发挥,这当是另一个大论题了。

【申论一】

在前面，将宋朝的"正统之辨"作为儒学渗入史学的一个侧影做了简要论述。但是，这一问题的意义不仅如此，作为五行学说衍化而来的"五德转移"政治学说，在流行中国一千四百年之后，于宋代发生变化，它正在让位给儒家的政治道德学说。

宋朝"火运"与"五德转移"政治学说的终结①

战国以降，"五德转移"政治学说流行于中原政权。历朝统治者莫不对本朝之"德运"萦萦于心，苦心求索本朝承天应命的合法性，以与五德转移的天意相契合。北宋中期以后，"五德转移"说开始发生了根本动摇。然而国势颓落，宋统治者却竭力依傍"五运"说而使之喧闹一时。与南宋对峙的金朝政权也力图以"五运"说来证明自己取代宋朝的合法性和必然性。透过这一幕幕长缓的镜头，可以看到"五运"学说在宋代的政治生活中仍然发挥着重要的作用和影响。"神道设教"这一悠远的话题在中国古代专制社会中所具有的不可忽视的特殊功能，值得深入地加以研讨。

---

① 本文原载《历史研究》1997年第3期，第92—106页，原题作《宋朝"火运"论略——兼谈"五德转移"政治学说的终结》，稍有删改。

一、宋朝"国运"的确立

后周显德七年（960）正月初，赵匡胤登上了皇帝宝座，在《登极赦书》中，宣布"以五运推移"而受上帝之"眷命"，① 表明其据五运而受命于天，同时宣布以"大宋"为国号，改显德七年为建隆元年。当年三月壬戌，确定了宋朝的"德运"所属："有司言国家受周禅，周木德，木生火，当以火德王，色尚赤，腊用戌，从之。"② 腊为年终百神之祭，根据五运说的安排，祭日与五德有对应的关系，火德腊祭规定为戌日。③ 又据汉儒的说法，帝王之兴，必有感生，宋朝既"以火德承正统，膺五行之王气，纂三元之命历"，乾德元年闰十二月，乃"奉赤帝为感生帝，每岁正月，别尊而祭之"④。如此，完成了国家德运体系的确立，包括：所尚之德、所尚之色、所腊之日、感生之帝。

虽然如此，后来朝廷中仍发生过三次有关国家"德运"问题的争论。或主张承唐为金德，或主张继唐土德，等等，均未被采纳。⑤ 更改德运的表层动机无非是要一新国家局面，如董行父议中所说："改正朔，易服色，建大中，殊徽号，制礼乐，定律历，谨权量，审法度，敦庠序，考文章，正风俗，振黄道。"⑥ 但兹事体大，重要

---

① 李攸《宋朝事实》卷二，第19页。
② 李焘《长编》卷一，建隆元年三月壬戌。
③ 王应麟《小学绀珠》卷一"五运"条，《玉海》附刻十三种之一，第6册，第18页。
④ 李焘《长编》卷四，乾德元年闰十二月乙亥。
⑤ 参见陈学霖《大宋"国号"与"德运"论辩述义》，载《宋史论集》，台北，东大图书公司1993年。
⑥ 徐松《宋会要辑稿·运历》一之一、之三。

的是，诸家之黜五代，宋受周禅的事实便失去了合法的依据。更改德运之议一次次遭到了否决，此后更改之议停息下来，于是火运与两宋王朝的命运相始终。故而当世或后世都有以"火宋"称赵宋王朝者，以与南朝刘宋之"水宋"相区别；或称赵宋王朝为"炎宋"，如称刘汉之为炎汉。

根据"五德转移"学说，承天之运必有相应的"符应"出现。既以火德王，于是火德验兆之说也就纷纷而出。仁宗时为相的夏竦撰《周伯星颂序》言："景德三年夏四月，周伯星见，书瑞应也。……炎炎君德，不倾不侧。……见于首夏，国家火德之应也。……隆火德之光明，昭上帝之休命。"[①]《新唐书》列传的作者宋祁在《景灵宫颂》中亦云："若夫赤精下教，阴骘乎九宗；朱光以渥，遂开乎百世。"又有《乾元节颂》云："於铄巨宋，茂德耸于四世。……盛德在火，式乘其王也。炎精挺其命，则真人应其期。"[②] 传宋太祖微时，有客咏初日诗，意甚浅陋。赵匡胤应声曰："太阳初出光赫赫，千山万山如火发。一轮顷刻上天衢，逐退群星与残月。"以为应验了"本朝以火德王天下"。[③]

朝廷的举措，也须与德运相配，否则会有大祸。至和元年（1054）四月，鉴于京师自去秋不雨，知制诰胡宿上《论郊丘定配奏》，认为国家礼节"有违典礼"，说："国家乘火而王，火于五行，其神属礼。《汉书·天文志》曰：'火，礼也。'以此而言，国家常

---

① 夏竦《周伯星颂序》，《文庄集》卷二四，文渊阁《四库全书》本。
② 宋祁《乾元节颂》，《宋景文集》卷三四，页十四，清乾隆武英殿聚珍本。
③ 西郊野叟《庚溪诗话》卷上，海王村古籍丛刊，左圭辑《百川学海》甲集，第42页。据元吴师道《敬乡录》和明胡应麟《笔丛》考订，作者为陈岩肖，南宋初金华人。

须恭依典礼，以顺火性。"① 以达到消除旱灾的目的。元祐四年（1089），苏颂所造"水运浑天仪"成，有人上奏说："宋以火德王天下，所造浑仪其名水运，甚非吉兆。乞更水名以避刑克火德之忌。"遂诏以"元祐浑天仪象"为名。②

帝王感生说出于汉代纬书，按此说，德运与五方帝有对应的关系："五行之帝居太微中，受命之君必感其精气而生"，有天下者则祭，"南方火帝曰赤熛怒"，"火德则祭赤熛怒"，称为"感生帝"。③作为五方帝之一且与火德相应的赤帝于是在宋代有了特殊的地位。如陈襄《明堂祀圣祖英宗五帝文》中，特别强调了赤帝与国家德运的神圣关系，其言赤帝云："伏以列位紫微，储精赤制，在德为火，居夏乘离。临照四方，敷与万物，启我炎历，肇于休符。"④ 据谓帝王之气，"赤帝气如象火光"，而帝王气发于"相生之日，其国大昌"⑤。据《宋史·本纪》，宋朝皇帝出生时，多有"赤光绕室""赤光上腾""赤光照室"等所谓"瑞祥"出现，正反映了因火德而以赤帝为感生帝之故。

按旧制，五方帝本要从祀于昊天上帝，乾德时已确认了以五方帝之一的赤帝为感生帝，且尊而别祭之。祀昊天上帝和感生帝时，其圭玉本均用赤色。《宋会要》载，庆历三年七月九日，右正言余靖言："二祀并行，其礼当异。礼官失于援考，昊天上帝用四圭有

---

① 李焘《长编》卷一七六，至和元年四月辛丑。
② 徐松《宋会要辑稿·运历》二之一三。
③ 李如箎《东园丛说》卷下《杂说》，页六，清《指海》第三集，清道光刻本。
④ 陈襄《内制·明堂祀圣祖英宗五帝文》，《古灵集》卷二，页三。
⑤ 瞿昙悉达《云气杂占·帝王气》，《唐开元占经》卷九四，页二，文渊阁《四库全书》本。

邸，其色尚赤，同于感帝之祀。臣愚以为昊天上帝当用苍璧，以正祀天祈谷之礼。感生帝乃用四圭有邸，其色尚赤，以表本朝火德应兴之感，则二礼并行，各从其本事。"得到礼院官员的赞同，特别突出了感生帝与火德的对应关系。大观四年（1110）四月二十八日又依议礼局之请："于南郊别立感生帝坛，依赤帝高广之制，庶称国家尊异之礼。"① 进一步强化了作为宋朝感生帝的赤帝在五帝中的地位。

二、"火神"之祀及其升格

赵匡胤为周将时，曾为归德军节度使，地本唐宋州。得国后，遂以"宋"为国号。宋州后来沾光升为南京应天府，治今河南商丘。商丘在西周时即为宋国的都城，根据古人对天文分野的解释，认为心宿正与地上的宋相对应，即如《论衡·变虚》篇说："心，宋分野也。"心宿中央的大星古代称为大火，又称大辰。这种巧合，竟引发了对火神的顶礼膜拜，不仅与两宋王朝相始终，且其尊崇逐渐显隆，个中缘由，深可寻究。

古城商丘传说为高辛氏之子阏伯始封之墟，阏伯在此"主辰"②，亦即主祀大辰即大火。阏伯是管理祭祀大火的官员，被后世尊为火神或火祖，配祭火星（这里指大火）。宋初确定国号时本与"大火"无关，但有人看到了这种"天地人之冥契"说："今上于前朝作镇睢阳，洎开国，号大宋，又建都在大火之下。宋为火正。

---

① 徐松《宋会要辑稿·礼》一四之三〇、二八之六四。
② 杨伯峻编《春秋左传注》昭公元年，北京，中华书局1981年，第1218页。

按,天文心星为帝王,实宋分野。天地人之冥契,自古罕有。"① 康定元年十月,胡宿更将宋朝德运的确立与之相系,说是"商邱在今南京,太祖皇帝受命之地,当房、心之次,以宋建号,用火纪德,取于此"。②

宋初郊祀上帝时,大辰已在从祀之列,然而"阏伯祠在商邱之上,丘高二十余丈,祠屋制度狭小,又不领于天子之祠官,岁时府吏享祀而已"。阏伯祠受到如此冷落,是由于宋前期尚未将这位火神与宋的国运火德联系起来。鉴于火灾不断,胡宿于康定元年十月连上数奏,请修"火祀"。胡宿认为"阏伯之神,上配大火,则国家之兴,实受其福,至于祭典,尤宜超异于昔",而阏伯祠如此,"甚非报本尊始,崇秩祀之意也",宋朝对大火及阏伯的崇祀正是由此开始的。他强调说,火正阏伯之祠在南京,是本朝的受命之神:

> 太祖皇帝于受命,奄宅天下,以宋建号,以火纪德。都梁、宋之郊,当房、心之次,则大火之精,阏伯之灵,拥祐福荫。国家潜受其施者深矣,而传序四圣,缋祀弗及。祥符中,交修大礼,拱揖诸神,虽偏方远国山林之祀,不出经据偶在祀典者,尚秩王公之爵,增牲牢之品。而大火阏伯,国家蒙福之神,又陶唐氏之火正,宋兴八十年,祠官不以闻,此有司之阙也。……若因旧丘古祠,除洁坛地,临遣近臣,对祭阏伯,不惟讲修火正,亦足以祈求年丰。以陶唐之旧祀,祖宗之阙典,

---

① 李石《续博物志》卷二,李之亮点校,成都,巴蜀书社1991年,第23页。《说郛》(商务本)卷二十载秦再思《洛中记异录》记此,文略有异。
② 徐松《宋会要辑稿·礼》一九之九。按,商邱,本作"商丘",孔子名丘,清雍正三年上谕,除四书五经外,凡"丘"字,并加"阝"作"邱"。

一旦陛下恢而复之，为万世法，诏厥子孙，永锡纯嘏。①

礼官议定的结果，对胡宿的意见表示赞同，当年十二月四日，太常礼院上进南京大火坛的设计方案，得准对阏伯旧庙进行修饰。同时还规定了按"中祠"的标准，每年三月、九月即建辰、建戌之月，由朝廷降颁祝版，由留司长吏奉祭行事。庆历七年七月，在胡宿的请求下，降下"德音"，要求将商丘火祠坛庙有颓毁处加以完好修葺。②

但至北宋中期，商丘的"火祠"尚未成为礼制中的重心问题，以致在熙丰变法时期，发生了一起有侮国运的事件。依新法，所有"祠庙并依坊场、河渡之例，召人承买，收取净利"。时张方平任应天府职，其中有阏伯庙、宋公微子庙已系百姓承买，阏伯庙纳钱四十六贯五百文，微子庙十二贯文，并系三年为一界。本来就对新法不满的张方平以为大不妥，于是上奏论云："阏伯远自唐尧迁此商丘之土，主祀大火，而火为国家盛德所乘而王，本朝历世尊为大祀。微子宋之始封君，开国于此，亦为本朝受命建号所因，载于典礼，垂之著令，所当虔洁，以奉时事。"要求不出卖阏伯庙和微子庙，"以称国家严恭典祀"之意。神宗龙颜大怒，以为："辱国黩神，此为甚者。"③ 速令更不施行并问劾负责官吏。

商丘火神地位的更高提升是在徽宗时期。崇宁三年（1104）四月八日，翰林学士张康国奏："乞应天下崇宁观于空便处，并修火

---

① 徐松《宋会要辑稿·礼》一九之一一。
② 徐松《宋会要辑稿·礼》一九之一二。
③ 张方平《论祠庙事奏》，《乐全集》卷二六，《宋集珍本丛刊》第六册，第55页。

德真君殿，依阳德观。宋建号，用火纪德，国家奉祀，世受其福。况陛下践祚此邦，复兴王业，遭时艰虞，神遂乏祀。六年于兹矣！考之祀典，正所当先。望明诏有司举兹阙文，就行在秩祀大火，配以阏伯，仰副巡狩望秩之遗意。"于是对阏伯旧庙进行了修饰，此见徽宗即位之初，不忘国运之本事。七月，太常寺且言："国家自京师逮四方，皆建离明殿，崇奉火德，傥又于兴王之地，别设大火，明阏伯像从祀荧惑，实应礼典。"四年闰二月，礼部言按《春秋》，五行之官封为上公，祀为贵神。祝融为高辛氏火正为上公，而阏伯为陶唐氏火正，于是离明殿阏伯穿上"上公衮冕九章之服"。①"离"为卦名，象火。《易·说卦》云："离也者明也，万物皆相见，南方之卦也。"殿以"离明"为名，正取昌明火运之意。

荧惑亦为火神，其祀较晚。荧惑即太阳系中的火星，与火德相系而被视为"至阳之精"。建中靖国元年（1101），始建阳德观以祀荧惑，又于崇宁元年（1102）七月甲申"建长生宫以祠荧惑"。② 崇宁三年四月十三日，太常博士罗畸言："国家乘火德之运以王天下。臣谨按五行之精在天为阳星，而荧惑者至阳之精，天之使也。"要求立坛于南郊，"著之礼典，以时举之"。四年七月六日，礼部、太常寺言："众星之在祠官者，灵星、寿星皆有坛以祀，而荧惑尚阙。请于南郊赤帝坛壝外为荧惑坛，命有司以时致祭。"礼官言："圣朝以火德王，天下寅奉荧惑犹在所先。"于是补上了与"火德"相联的荧惑之祀。大观四年四月二十八日，议礼局言："圣朝以火德王天下，寅奉荧惑，……今太常祀仪有牲币而无圭璧，则非陛下寅奉

---

① 徐松《宋会要辑稿·礼》一九之一二、一三。
② 脱脱等《宋史》卷一百三《礼志》六"大火之祀"，第 2513 页；《宋史》卷十九《徽宗本纪》，第 364 页。

荧惑，秩视大祠之意。伏请自今祀荧惑坛增用圭璧，以合周礼。"①对荧惑之崇祀又上一阶。

在古代的政治生活中，"德运"属"礼"的范畴，自属大事一桩。德运既已确定，与之相应的乐制也随之建立。如祭祀之乐，常有称颂火德之辞。"摄事"中之太祖室《大定辞》云："赫赫太祖，受命于天。赤符启运，威加八埏。"高宗祀明堂饮福《禧安辞》云："赫赫明明，德与天通。"如"绍兴以后时享"中，宣祖室酌献《天元辞》云："天启炎历，集我大命。"英宗室酌献《美成辞》云："炎基克巩，赫赫英宗。"② 立夏日祀荧惑降神，奏《高安之曲》："于赫我宋，以火德王。永永丕图，繄神之相。"又初献诣商丘宣明王位奠币，歌《大吕宫嘉安之曲》："荧惑在天，惟火与合。繄神主火，纯一不杂。作配荧惑，祀功则然。"其《立夏祀荧惑文》有云："光于南方，有赫炎灵。相我皇祚，立夏气至。盛德在火，载修祀事。"又《商丘宣明王配侑》有云："德被梁宋，功施今古。爰以立夏，致祀荧惑。俾侑大神，永锡多祐。"③ 等等。一首首火神祀曲高奏入云，大宋江山便如福星高照了。火神成为国家命运之神、保护之神，不仅仅限于"正统"之事。这一层面，从下面的论述中可以看得更为清楚。

三、"火德中微"及其重建

北宋末年，国势衰微。是时有火德中微之说，如学官孟翊说：

---

① 徐松《宋会要辑稿·礼》一九之一四
② 脱脱等《宋史》卷一三四《乐志》九，第3139页。
③ 徐松《宋会要辑稿·礼》四之一〇至一四。

"本朝火德，应中微，有再受命之象。宜更年号、官名，一变世事，以厌当之。不然，期将近，不可忽。"① 政和五年（1115），都城修筑上清宝箓宫，"宝箓宫之建也，极土木之盛，灿金碧之辉。……宣和末，忽有题字数行于瑶仙殿左扉云：'家中木蛀尽，南方火不明。吉人归塞漠，亘木又摧倾。'始不可辨，后方知金贼之变，家中木宋也，南方火乃火德，吉人亘木乃二帝御名"。② 这是借谶言说事。徽宗时，有李长民（字元叔）上《广汴都赋》长文而得进用，其中说："若夫阳德之建，咸秩火神。于赫荧惑，厥位惟尊。次曰大火，时谓大辰，配曰阏伯，以序而陈。原夫帝业之创，自于宋地，盖乘是德而王天下。……赫赫皇宋，乘火德兮。奠都大梁，作民极兮。一祖六宗，世增饰兮。……天子万年，躬在宥兮。斯民永赖，跻仁寿兮。"③ 高倡火运万年，迎合了好大喜功的徽宗及一帮宠臣。在徽宗腐败政治乌云的笼罩下，崇祀"火德"之运的活动大为加强。政和（1111—1117）中定《五礼新仪》，将与火德相系的荧惑之祀、阳德观火德真君之祀、应天府祀大火增列为"大祀"，④ 宋朝的"火神"之祀进入了高潮。

南渡后，炎运中微之说更为盛行。面对半壁江山，国运之神更是日益尊隆。君臣乐道火运再兴，有关火德的谶纬之说纷纷而出。建炎三年（1129），吉州（今江西吉安）修城，得一铜钟，上有铭文云："唐兴元初，仲春中巳日，吾季爱子役长于庐陵，陨于西垒

---

① 蔡絛《铁围山丛谈》卷三，冯惠民、沈锡麟点校，北京，中华书局1983年，第41页。
② 孔偁《宣靖妖化录》，《说郛》（商务本）卷四三。
③ 王明清《玉照新志》卷二，汪新森、朱菊如点校，上海，上海古籍出版社1991年，第25—39页。
④ 脱脱等《宋史》卷九八《礼志》一，第2426页。

之巅。吾时司天文昭政令晦明。康定之始,末欲茔于他山,就瘗于西垒之垠。吾卜兹土,后当火德,五九之间,世衰道微。"① 解者以与唐兴元元年(784)以来史事牵强附会,以为莫不皆符。似又为宋之火德提一前定之证。周密记淳熙中,孝宗君臣赋诗为乐,周必大诗云:"一丁扶火德,三合巩皇基。"是言宋高宗生于大观丁亥(1107),孝宗生于建炎丁未(1127),光宗生于绍兴丁卯(1147)之故。阴阳家以亥、卯、未为"三合",杨万里有诗云此:"天意分明昌火德,诞辰三世总丁年"。② 又或以为:"徽宗亲解玉带以授康邸,遂基火德中兴之祥。"③ 李纲《论使事札子》:"炎运中微,夷狄乱常,驯致靖康之变,国祚几绝。"

南宋初,阏伯由"公"升格为"王"。绍兴七年(1137)三月九日,南京留守司言:"应天府商丘台系享祭大火及阏伯之地,先赐光德庙额,商丘公阏伯特封商丘王。缘后来南北隔绝,屋宇尽行拆毁,止于台下野次荐奠,殊不称寅奉之意。已一面计置于本府,随宜修整,乞特加尊崇显号。"④ 遂依诏加封为商丘宣明王。后来规定:"今后祀荧惑、大辰,其配位称阏伯者,祝文位版并依应天府大火礼例,改称商丘宣明王,以称国家崇奉火正之意。"⑤

绍兴七年六月二日,礼部官员上奏说:"国家垂统,实感炎德,

---

① 庄绰《鸡肋编》卷下,萧鲁阳点校,北京,中华书局1983年,第101页,《宋史》卷六六《五行志》四多载这类"火德"谶言,可参见。
② 周密《齐东野语》卷四《用事切当》,张茂鹏点校,北京,中华书局1983年,第68页。
③ 叶绍翁《四朝闻见录》丙集"两朝玉带之祥"条,沈锡麟、冯惠民点校,北京,中华书局1989年,第131页。
④ 徐松《宋会要辑稿·礼》二〇之九。
⑤ 徐松《宋会要辑稿·礼》四之四,乾道五年八月二十九日。

以宋建号，用诏万世。……多事以来，祀弗克举，殊非祐神之意。比年多灾，虽缘有司不戒于火，然预防之计亦宜无所不用其至。"要求"即行在所，每逢辰戌出纳之月，各设位望祭"，说是此举"岂特昭炎德昌炽之福，盖亦弭灾之道也"。① 于是乃有"望祭"之举。

　　崇祀火德的殿宇也纷纷而起。绍兴十八年五月四日，礼部侍郎沈该言："先朝建阳德观专奉火德，配以阏伯而祀以夏至，旧章具存，可举而行。欲望特诏有司于宫观内别建一殿，专奉火德。配以阏伯，以时修祀，庶几仰答灵贶，益固炎图。"诏令礼部太常寺，其后建于太一宫道院，揭名曰"明离"②。这便是《梦粱录》所记的临安东太乙宫中，有"火德殿，匾曰明离"；而东都原有专奉火德的开元阳德观，嘉泰年间以嘉邸改充开元宫，匾曰"明离之殿"。③ 又建道宫名龙翔、宗阳，以奉感生帝。④ 嘉泰四年（1204）六月三十日，"诏令临安府于开元宫火德真君殿之右，创建阏伯商邱宣明王殿。其神像依典礼，用王者之服"。此前，臣僚上言说："本朝王以火德，于阏伯之祀奉事尤谨"，且又已封王爵，"乞别建殿宇以彰国家崇祀火德之意"。礼部太常寺讨论，以每岁立夏日差官祀开元宫，先火德真君，次商邱宣明王，礼仪依最为尊隆的太一宫体例。嘉定（1208—1224）中，拨赐433亩田产为开元宫永业，且"特免纳租赋，其余寺观不得援例"⑤。

---

① 徐松《宋会要辑稿·礼》四之二。
② 徐松《宋会要辑稿·礼》一九之一五。
③ 吴自牧《梦粱录》卷八"东太乙宫""开元宫"，杭州，浙江人民出版社1984年，第67、70页。"嘉邸"，《宋会要辑稿·礼》五之一〇作"潜邸"。
④ 吴自牧《梦粱录》卷八"龙翔宫""宗阳宫"，第71页。
⑤ 徐松《宋会要辑稿·礼》五之九、十。

荧惑之祀也更受隆礼。绍兴七年五月十一日，太常博士黄积厚请举行"大祀如立夏日祀荧惑"得到批准，规定"比拟旧制，一视感生帝"。绍兴十八年五月四日，礼部官员重申了"国家乘火德之建以王天下，崇奉荧惑，犹所当先"① 这一原则。绍兴二十七年五月二十七日，礼部官员言，奉诏依旧作大祀的十三祭中，包括关于"火德"的祭祀六次：春分朝日、季春出火祀大辰，立夏日祀赤帝，秋分夕月、季秋内火祀大辰，立夏祀荧惑。② 至此，基本完成了对国运的重建活动，从前面可知，且是有过之而无不及。越是求助于神力，越是国家虚弱的明证，此亦可见"神道设教"所具有的特殊功能了。

靖康二年（1126）五月，徽宗子康王赵构在南京（归德、应天府）即位，是为宋高宗（1127—1162 在位）。他的第一个年号"建炎"，正是取重建炎德即火德之意。改元诏书说："朕惟火德中微，天命未改，考光武纪元之制，绍建隆开国之基，用赫丕图，益光前烈，可以靖康二年五月一日，改为建炎元年。"③ 是说要效法汉光武帝光复汉室的前例。在初议年号时，有提出用"炎兴"者，有人指出此年号曾为短命的蜀汉用过而罢。④ 德祐二年（1276）五月一日，广王赵昰登极于福州，改元，以当年为"景炎"元年，也是取希望重建火德之意。景炎三年（1278）四月，所谓"景炎帝"死于颠沛流离之中。景者，大也。公元 263 年，蜀汉新定年号叫"炎兴"，

---

① 徐松《宋会要辑稿·礼》一九之一五。
② 徐松《宋会要辑稿·礼》一四之八二，四之三。
③ 李攸《宋朝事实》卷二，第 32 页。
④ 李心传《建炎以来系年要录》卷五，建炎元年五月庚寅，北京，中华书局 1988 年。

也正是企图托运,挽救自认为合法继承炎汉正统的蜀汉政权的垂危之命,但就在改变年号之后约三个月,蜀汉也就灭亡了,这与"景炎"年号的取定真有同工异曲之妙。

南宋末,兵部侍郎陈仲微目击宋王朝最后覆灭的日子,记说:"前宋以丙午(1126)、丁未(1127)而遭金祸,推论五行者,谓宋以火德王,故能水胜火。其后丙午、丁未,则上下兢兢以度厄运。今以丙子(1276)、丁丑(1277)归大元,岂非子者午之对,丑者未之对。而纳音亦有水胜火之义乎?……此天数之应如此。"① 为宋政权火德之运的覆灭唱了一曲哀而不伤的挽歌,运数已尽,非我之罪也!

四、 炎帝崇祀的流变

炎帝姜姓,出于西北羌人,这在古代典籍中无异辞。有关炎帝或炎帝神农氏的记载比较纷杂,且处于一个流变的过程之中②。但总的来说,在早期传说中,炎帝是作为古帝王之一的面貌出现的。钱大昕说:"太史公书述《五帝本纪》,始于黄帝。班固《古今人表》《律历志》,依《易·系辞》,首太昊伏羲氏、炎帝神农氏,又依《左氏传》,列少昊金天氏于黄帝之后,于是三皇五帝之目,五德代嬗之序,昭然其不可易矣。"③

---

① 陈仲微《广王本末》,《宋季三朝政要》卷六,王瑞来笺证,北京,中华书局2010年,第508页。
② 参顾颉刚《五德终始说下的政治和历史》第一七节"炎帝神农氏",氏著《古史辨自序》,石家庄,河北教育出版社,2000年,第577—580页。
③ 钱大昕《十驾斋养新录》卷十三"胡五峰皇王大纪"条,第305页。

有关炎帝的不同传说,各自有其渊源,其中之一谓炎帝葬于今湖南酃县,则是"五运"说在汉代的产物。《吕氏春秋》有《十二纪》,其纪四季祀礼谓:春天"其帝太暤,其神句芒";夏季则"其帝炎帝,其神祝融";秋季则"其帝少皋,其神蓐收";冬季则"其帝颛顼,其神玄冥"。而夏秋之际则"其帝黄帝,其神后土"。高诱注云:"炎帝,少典之子,姓姜氏,以火德王天下,是为炎帝,号曰神农,死托祀于南方,为火德之帝。"此言"托祀",正如高诱注云黄帝死后"托祀为中央之帝"一样。托祀于南方,是谓在南方行祭祀之礼,并不表示炎帝真的与南方有什么关系。如果说有的话,也是炎、火连累相及而已。《淮南子·天文训》:"南方,火也。其帝炎帝。"高诱注同上。不难看出,这个解释出于"五德始终"法则。"金木水火土"五德,相次转移,凡帝王之兴,必感其一。前德之衰,后之运起。炎帝是第一个乘火德之瑞的古代帝王。炎帝之后的黄帝,有土德之瑞,土克火,得以代炎帝而立。虽然如此,自古帝王之中,黄帝得到的尊荣,远比炎帝为多。炎帝是被长期冷落了。

炎帝本与南方或赤帝并不相干,但后世却把炎帝与赤帝混为一谈。如前言,帝王感生,出于汉代纬书,其所言五方帝之赤帝非炎帝,黄帝亦非炎黄之黄。五人帝中的炎帝既托祀于南方,于是便与五方帝之南方赤帝对照或者混淆起来。

宋朝之前,"以火德王"的王朝如汉朝、蜀汉、北朝姚秦、南朝萧梁、隋朝等,并没有将国运与炎帝联系起来者。对炎帝表示出特别崇敬的,大概只有北周(557—581)宇文氏了。北周宇文氏自言"其先出自炎帝。炎帝为黄帝所灭,子孙遁居朔野"。[1] 其"圜丘

---

[1] 李延寿《北史》卷九《周本纪上》第九,北京,中华书局1974年标点 (转下页)

则以其先炎帝神农氏配昊天上帝于其上，五方上帝、日月、内官、中官、外官、众星并从祀。皇帝乘苍辂，载玄冕，备大驾而行。预祭者皆苍服。南郊，以始祖献侯莫那配所感帝灵威仰于其上"。① 其德运为木德，所祀感生帝乃为相应的苍帝灵威仰。可见其对炎帝的崇祀为尊祖，与德运之说无涉。

宋朝虽然以"火德"为国运，但最尊崇者，仍为黄帝。如太平兴国八年（983）二月戊子，诏"祀土德于黄帝坛，圭币牢具如大祠制"，② 却未见对炎帝有何特别的尊崇。李焘《长编》载，大中祥符五年十月，真宗弄神托梦，以"轩辕皇帝"为赵氏始祖，称之为圣祖，进而有一系列的崇奉活动，如建宫观、上尊号、建降圣节等，不一而足。天禧四年谢绛上言议改国运时说："神农氏以火德，有火星之瑞。圣祖以土德，黄龙地蟥见。……国家膺开先之庆，宜黜五代，绍唐土德，以继圣祖。"董行父议据三统说也云应继"黄帝"为天统，"显黄帝之嫡绪"③ 云云。李昉于开宝五年所撰的《黄帝庙碑序》指出，正是在太祖关于"前代帝王有功德昭著、泽及生民者，宜加崇奉，岂可庙貌堕而享祀寂寞乎"的诏令下，坊州（今陕西黄陵）修复了黄帝庙，言"昔者炎帝道衰，诸侯未制，惟力是恃，伊民何依。黄帝于是神聪明之德，振威武之气"。④ 乃沿"神农氏世衰"的传统说法。李昉又有《帝尧庙碑记》，对于"盛德在

（接上页）本，第311页。
① 魏徵等《隋书》卷六《礼仪志》一，北京，中华书局1973年点校本，第116页。
② 徐松《宋会要辑稿·礼》一九之一八。
③ 徐松《宋会要辑稿·运历》一之一至一之四。
④ 李昉《黄帝庙碑序》，雍正《陕西通志》卷九三，页十二，文渊阁《四库全书》本。

火"① 的尧帝（汉儒所谓第二个火德之君）倒表示了极大的尊崇。

《诚斋挥麈录》载："祖宗朝最重先代陵寝，每下诏申樵采之禁。至于再三。"② 这话说得不错，北宋时对历代帝王陵寝可说是爱护有加。乾德四年十月癸酉，宋太祖有《前代帝王置守陵户祭享禁樵采诏》云："自古帝王，受天眷命。"并言："太昊葬宛丘，炎帝葬长沙，黄帝葬桥山，颛顼葬临河，高辛葬濮阳，唐尧葬城阳，虞舜葬零陵，女娲葬赵城，夏禹葬会稽，商汤葬宝鼎县，周文王、武王葬咸阳县，汉高祖葬长陵，在长安北，后汉世祖葬洛阳界，唐高祖葬三原县东，太宗葬醴泉县北，凡已上一十六帝，各置守陵五户，每岁春秋二时，委所在长吏，各设一祭。"③ 又有商中宗太戊、高宗武丁、周成王康王等十帝，各置守陵三户，岁一祭；又有秦始皇、汉景帝武帝、唐明皇等十五帝各置守陵两户，三年一祭；又有周桓王、汉元帝、唐高宗等三十八帝陵"常禁樵采"。这在古代来说仅仅是一道普通诏书，无甚特别之处。但正是这道诏书，给后世对炎帝的崇祀带来了深远的影响。虽然从熙宁元年韩铎所上《请于濮州尧陵置守陵户奏》要求"望敕本州春秋致祭尧陵，置守陵三五户"④ 来看，乾德四年的诏令不一定得到很好的遵行。

今可见最早记载炎帝葬地的是晋皇甫谧著《帝王世纪》："炎帝神农氏，姜姓也。……有圣德，以火承木，位在南方，主夏，故谓

---

① 李昉《帝尧庙碑记》，雍正《山东通志》卷三五之一九上，页十一，文渊阁《四库全书》本。
② 杨万里《诚斋挥麈录》卷下，左圭《百川学海》壬集，第833页。按，杨万里，江西吉州吉水人，绍兴进士，诚斋是其斋名，《宋史》有传。
③ 佚名《宋大诏令集》卷一五六，北京，中华书局1962年，第585页。
④ 徐松《宋会要辑稿·崇儒》六之四〇。

之炎帝。都于陈。……在位百二十年而崩,葬长沙。"[①] 从所记内容可知,《帝王世纪》之说当出于汉儒。自兹而后,言炎帝葬地者,多以葬长沙为言。《史记·五帝本纪》说,黄帝死后,葬于桥山,一般认为在今陕西黄陵县。魏国人刘劭、王象所撰之《皇览》,是最早一本记述先代帝王冢墓的著作,记有与黄帝作战的蚩尤之冢等,然而同样与黄帝作战失败的炎帝之冢却未有记载,显然不能理解为疏忽。

所以,所谓湖南酃县的炎陵乃是一种汉晋以来的传说(进一步说,出于汉代纬书)。炎陵之真实所在,本难考定,托而祀之,亦为宜然。炎帝传说本非单一,如宝鸡相传为炎帝故里,也有炎帝祠和炎帝陵。作为中华民族的始祖之一,受到人民的普遍追戴,则是理所当然的。

明清时期,对湖南炎陵祠庙进行过多次修复,崇祀活动相当频繁。据当地史志记载,有"钦遣"致祭明碑十五块,清碑三十八块,[②] 对炎帝的尊崇也愈益显盛。溯其源起,正在宋代,其中罗泌所著《路史》(成书于1170年)一书有重要影响。其云:

> 炎帝神农氏,……受火之瑞,上承荧惑,故以火纪时焉。……都于陈。盖宇于沙,是为长沙。崩,葬长沙茶乡之尾,是曰茶陵,所谓天子墓者。有唐尝奉祠焉。太祖抚运,梦

[①] 李昉等《太平御览》卷七八《皇王部三》"炎帝神农氏",北京,中华书局1985年,第365页。

[②] 此据株洲市修复炎帝陵筹委会等编《炎帝和炎帝陵》的统计资料,北京,光明日报出版社1988年。所言史志包括道光八年《炎陵志》、道光十八年重修《炎陵志》、同治《酃县志》等。

感见帝，于是驰节夐求，得诸南方。爰即貌祀，时序隆三献。恶戏！盛德百世，祀至神农，亡以尚矣。我宋火纪，上协神农，岂其苗裔邪！①

其子罗苹注说：

> 炎陵今在麻陂，林木茂密，数里不可入。石麟石土，两杉苍然，逾四十围。……庙在康乐乡鹿原陂上。乾德五年建。太平兴国中，将事官覆舟悍险，奏徙县南隅，庙有胡真官殿，云帝之从臣。帝病，告以当葬南方，视旗所蠹，遇峤即止。因葬于兹。今中途峤梁岭也，梁坑有辙迹。淳熙十三年，予请守臣刘清之奏于陵近复置庙，乞以陵前唐兴敝寺为之。谓佛殿其中而炎帝殿乎其旁，不惟不正，而三五之时初，未尝有西方之教君。从之，即命军使成其事，未竟而去。

罗泌《路史》多采纬书或道家之言，好追远古，所言多有不实，早有定说。如"盖宇于沙，是为长沙"下注说："考神农之都，宜在南方，故颛帝之都在北，益以知太昊之在东，少昊之在西为信。第世远纪略，传者乱不得其定。"② 一个"宜"字已表明，这是臆度之谈。如前所言，乾德四年太祖诏令并不一定得到很好的遵行。所谓

---

① 罗泌《路史后纪》卷三《禅通纪·炎帝》，页十三，明万历刻本。恶戏［wūhū］，感叹词，略同于"呜呼"。
② 罗泌《路史》注文，题其子罗苹所撰，《四库提要》卷五十"路史"条指出："核其词义，与泌书详略相补，似出一手，殆自注而嫁名于子与？"按，不仅"详略相补"，且行文亦"似出一手"。永瑢等撰《四库全书总目》，第449页。

"太祖抚运,梦感见帝"显然为臆造之事,炎帝乃诏令所说的十六位一年两祭古帝王之一,未有何"特殊待遇"。乾德五年是否真的建庙,很难肯定。比较可信的是,淳熙十四年(1187)六月,从衡州之请,有"修炎帝陵"之举,或即罗苹注所说前一年奏请但"未竟而去"之事。淳祐八年(1248)二月辛丑,从荆湖帅臣陈铧奏:"国家以火德王,于火德之祀,合加钦崇。炎帝陵在衡州茶陵县,庙久弗治。乞相度兴修,以称崇奉之意。"① 说明国势十分微妙之际,炎帝确乎成为宋代火德之运的象征。

钱大昕指出,《史记》以黄帝为始,《汉书》以来均以太昊伏羲为始,独胡宏以盘古等为始,而罗泌《路史》,更在胡宏之后,"征引益为奥博,自后儒生,侈谈邃古,而荒唐之词,流为丹青,盖好奇而不学之弊"。② 倒真有"层累古史"的意味。《路史·后纪四》进而说,炎帝一族数世"俱兆茶陵",注云:"今陵山尚存二百余坟,盖妃后亲宗子属在焉。"罗泌另有淳熙十四年所题的《炎陵碑》,落款自称"炎陵外臣"。《路史》所言虽不得实,但却产生了相当的影响。后之史志,多踵其言,如王象之著《舆地纪胜》(约于1227年成书)记说:"炎帝墓在茶陵县南一百里康乐乡白鹿原。"元代未见对炎陵或庙有何举措。明嘉靖《衡州府志·陵寝》言"本朝重修庙宇",并追溯到"宋乾德五年建庙",这在当时以至后世几成共识。

从前面的论述中已经可以看出:第一,宋初虽然定国运为火德,但并未将火德之运与传说的第一个火德君炎帝联系起来。第

---

① 佚名《宋史全文》卷二七下,淳熙十四年六月末;卷三四,淳祐八年二月辛丑,李之亮校点,哈尔滨,黑龙江人民出版社2005年。
② 钱大昕《十驾斋养新录》卷十三"胡五峰《皇王大纪》"条自注文,第305页。

二，宋初一年两祭的十六个帝王中，据《诚斋挥麈录》墓在南宋境内的有："炎帝葬长沙在潭州，……舜葬零陵郡九疑今永州界，……夏禹葬会稽山今越州会稽县"，其中炎帝独为一些当朝士人的特别尊崇并得到朝廷认可，正是因为炎帝与宋之国运相系的缘故。第三，乾道四年诏书本为一普通诏书，然为《路史》附会，更为后之史志追溯认可，长沙炎陵之说便似乎确然不移了。

五、"五德转移"政治学说的终结①

战国邹衍提出的"五德转移"学说，深刻地影响了古代的政治。自秦汉以来，历代王朝统治者莫不为立国的德运而大伤脑筋，唯恐不能与天意相合。这个问题是古代特别是分裂时期统治者最为关切的政治问题，王朝的建立者由此证明自己政权的合法性亦即"正统"地位，据谓周属火德，秦自称水德以胜。又汉亦称以水德继周而将秦列为闰位，于是正闰之论兴起。五德转移说至此以降，在历朝政治生活中发挥了重要的影响。

从宋初三次对国运的论辩可知，五运说在宋初仍保持有相当的势头。直至北宋中期，以五运为说的撰著仍多有出现。如太宗时所修《太平御览》、真宗时所修《册府元龟》两部大类书，均以五运为说。宋初名臣刘熙古，"兼通阴阳象纬之术"，其子蒙叟著有《五运甲子编年历》一书。② 仁宗时宋庠撰《纪元通谱》一书，仍以

---

① 这一问题，后来有更多讨论，参见刘浦江《"五德终始"说之终结——兼论宋代以降传统政治文化的嬗变》（《中国社会科学》2006 年第 2 期）、胡克森《从德政思想兴衰看"五德终始"说的流变》（《历史研究》2015 年第 2 期）等。
② 脱脱等《宋史》卷二六三《刘熙古传》，第 9101、9102 页。

"五德相承"为说。神宗时人虞云序其友诸葛深编集《绍运图》,并说:历代编年,"间有撰集而为图之者,曰《五运统纪》洎《通历》之类"。① 可见五运说流行之一斑。

宋祁撰《诋五代篇》,历数"土德之衰"之后五代之乱常,以明"太祖乘五精之运"而起的合理性与合法性。其《孝治篇》,更以"火生于木,木盛于火,有子母相养之道"立论,将宋朝火德与孝治联系起来说:"伏惟我朝,炎灵储晖,赤制改物,得天正统,为人元首。……所以助宣火德,勤服孝治之道,可谓备矣。"② 张方平著《南北正闰论》论南北朝之正闰,开章即言:"夫帝王之作也,必膺录受图,改正易号,定制度以大一统,招历数以叙五运,所以应天休命,与民更始。"③ 宋、张二人,均据朝中津要,此亦可见五运说的影响之深了。

北宋中期,儒学复兴思潮高涨,"五德转移"学说开始受到强力的冲击。郑獬撰《五胜论》说:"五胜之说,出于三代之衰乎?……《书》言尧舜禹为详,而未尝言改正朔。《诗》《春秋》言周为备而未尝言五胜。以董仲舒之博学,犹曰舜改正朔、易服色,其余尽循尧道。不知仲舒从何而得之,岂其未见古书而出于谶纬乎?班固又叙帝世,言周迁其乐,故《易》之《系辞》有所不言,尤为谬戾。"④ 对五运之说提出了有力的质疑和批驳。诸家中,欧阳修对"五胜之术"的批驳最富代表性,他在《正统论》中说:

---

① 虞云《历代帝王绍运图序》,曾枣庄、刘琳主编《全宋文》第1837卷,第84册,第296页。
② 宋祁《诋五代篇》《孝治篇》,《宋景文集》卷二五,页一、十四。
③ 张方平《南北正闰论》,《乐全集》卷十七,《宋集珍本丛刊》第五册,第749页。
④ 郑獬《五胜论》,《郧溪集》卷十七,页八,文渊阁《四库全书》本。

汤、武之起，所以救弊拯民，盖有不得已者。而曰五行之运有休王，一以彼衰，一以此胜，此历官术家之事。而谓帝王之兴必乘五运者，缪妄之说也，不知其出于何人。盖自孔子殁，周益衰乱，先王之道不明，而人人异学，肆其怪奇放荡之说。后之学者不能卓然奋力而诛绝之，反从而附益其说以相结固，故自秦推五胜，以水德自名。由汉以来有国者，未始不由于此说。此所谓溺于非圣之学也。①

欧阳修对五运之说做了彻底的否定。事实上，从北宋中期以后，除礼部官员外，儒士们已少有人谈到宋之火德问题，这与当时蓬勃兴起的复兴儒学的社会思潮有着密切关系。宋儒讲求正统，欧阳修发其端。他在《正统论》中强调说："《传》曰：君子大居正。又曰：王者大一统。正者，所以正天下之不正也；统者，所以合天下之不一也。"因为有"不正与不一"，故而作《正统论》以明之，掀起了关于"正统"问题的意义深远的讨论。可以说，欧阳修的《正统论》在理论上宣告了"五德转移"政治学说的终结。

至和二年欧阳修上《论删去九经正义中谶纬札子》，认为唐代所撰的《九经正义》，"所载既博，所择不精，多引谶纬之书，以相杂乱，怪奇诡僻，所谓非圣之书，异乎正义之名也"。元祐元年，颜复上奏《乞考正历朝之祀》，也要求"考经为正，凡于谶纬及诸儒曲学、前古污朝苟制，诸子疑礼，道士醮祈，术家厌胜，一切删去"，以合于"圣人之制"②。余靖《禘郊论》云："今之礼经，以郑

---

① 欧阳修《居士集》卷十六《正统论》上，《欧阳修全集》，第117页。
② 黄淮、杨士奇编《历代名臣奏议》卷一二六，第1661页。

注为正，而康成释禘祭之文，前后驳杂。……郑谓太微五帝递王，而王者之兴必感其一，因其所感，别祭以尊之，故以感生之帝祭于圜丘，而祖甲帝于南郊，唯据纬书以释经义。"① 剔出包括"五运"说在内的谶纬思想影响，是北宋中期儒者为"复古"儒学的努力之一。

在欧阳修的带动下，宋儒对"正统"问题的讨论十分热烈。诸家所论不尽相同，但焦点所在，不是辨其德运之当否，而在于如何看待正统中的"道德"问题。或如欧阳修所说"居天下之正，合天下于一"则为正统；或如朱熹说"只天下为一，诸侯朝觐，讼狱皆归，便是得正统"，② 不全据"道德"而言；或如郑思肖在其《心史·古今正统大论》中所说以道德至上，以圣人、正统、中国为一体。充分说明了"五运"说的影响自欧阳修之后已迅速消退的事实。朱熹弟子黄榦对五行之说"反覆思之"，认为"未免穿凿"。他说："圣宋龙兴，德配天地。尊道以儒，出治以仁。经术文章，一根于理。"③ 他虽然并不能对"五行"说做一个正确的解释，但实际上是将宋朝立国的合法性建立在"德""理"之上，而不言五行之运了。

南宋时，北方反抗金国政权的大小武装活动，多有以"红巾"为号者，其心仪宋朝是可以肯定的，不过是否有象征其色赤的火德之意尚未有确切的史料佐证。④ 元末白莲教等反元义军，也多以红

---

① 余靖《禘郊论》，《武溪集》卷四，页十八。
② 黎德靖编《朱子语类》卷一百五《通鉴纲目》，第 2636 页。
③ 黄榦《黄勉斋先生文集》卷三《复杨志仁书》、卷五《鄂州州学四贤堂记》，《丛书集成》初编，上海，商务印书馆 1937 年，第 44、109 页。
④ 陈学霖先生提出了这个看法，见《大宋"国号"与"德运"论辩述义》。

巾作识别，朱元璋甚至曾以"重明大宋天"为帜。明刘辰《国初事迹》云："太祖以火德王，色尚赤，将士战袄战裙壮帽旗帜皆用红色。"是撰胡氏《序》称刘辰"自明初起时，即从戎幄见信任"，其说应有根据。后黄瑜撰《双槐岁钞·圣瑞火德》亦如是说。但朱元璋即位以后，并无推定德运的讨论，表明"五运"说已不能继续在政治上发挥作用。虽然万历三十八年（1610），明王朝曾"祭火德之神"，[1] 此时明王朝败亡之迹已显，明显属"临时抱佛脚"，与宋代的种种举措相类。

"五运"说的影响在宋日益衰弱，在女真人建立的大金政权中反而热乎了一阵。国号"金"的得名本与五行之金无关，金人入主中原后，受到德运说的影响，为了证明自己统治的正统地位，也自将其国号"金"与五运之说联系起来。[2]

金朝后期，朝廷曾两次讨论德运问题。一次是章宗（1190—1208）时期：据佚名编集的《大金德运图说》所载，有遵从"祖训"不必问及五行相生之序的金德说，或解释为承唐土德之金；有继辽水德当为木德说；有继宋火德之土德说。泰和二年（1202）十一月，"更定德运为土，腊用辰"。[3] 在国运的议论中，金国号的本意丧失了。宣宗贞祐二年（1214），朝廷再次对国之德运进行了审议，大臣们纷纷发表意见，焦点是为金德还是为土德，讨论的结果仍然是继宋火德为土德，实际上是再次宣布宋朝作为一代王朝的覆

---

[1]《明神宗实录》卷四七二，万历三十八年六月乙未。
[2] 有关金朝国运的论著近已不少，本文一般不再重复。参陈学霖《金国号之起源及其释义》，《辽金史论集》第 3 辑，北京，书目文献出版社 1987 年；宋德金《正统观与金代文化》，《历史研究》1990 年第 1 期。
[3] 脱脱等《金史》卷十一《章宗本纪》三，北京，中华书局 1975 年标点本，第 259 页。

灭，自己继承了合法的正统。

金朝君臣讨论本朝的德运，虽然主要还是以五运为说，但同时也反映出受到欧阳修正统观的强烈影响。承直郎国史院编修官王仲元引欧阳修《正统论》发议说："自古帝王之兴，必有至德以受天命，岂偏名于一德哉！而曰一以彼衰，一以此胜，此历官术家之事，不知出于何人。伏睹本朝之兴，混一区宇，正欧阳修所谓大居正，大一统者也。收国之初，太祖皇帝以金为国号，取其不变之义，非取五行之数也。必欲顺五行相生之德，则前此章宗皇帝宸断，继亡宋火行之绝而为土德。虽当日改辰为腊，然大金之号亦自仍旧以冠，历日而不相妨也。以此看详，止为土德是为相应。"① 虽然以以土德为宜，但表明不得已而用此说，本意是"大居正、大一统"的正统观。吏部侍郎张行信《德运议》也说："太祖本不言及五行之叙。"应奉翰林文字黄裳《德运议》亦明显以欧阳修的《正统论》为说，认为赵宋"欺夺柴氏是不能正天下之不正也，实事契丹是不能统天下之不一也。……辽宋不能相正而我正之，不能相一而我统之，正统在我矣。光承唐运，非我而谁？"。

贞祐二年正月，金尚书省集议德运后指出，"德运之说，《五经》不载"，自汉以来，并用其说。而"本朝太祖以金为国号，又自国初至今八十余年，以丑为腊，若止以金为德运，则合天心、合人道、合祖训。……太祖皇帝兴举义兵，剪辽平宋，奄有中土，与殷以兵王而尚白理同。本朝宜为金德，此盖遵太祖之圣训，有自然之符应，谓宜依旧为金德而不问五行相生之次也"。不问五行相生之次，实际表明对"转移"的循环性质已不再恪守了。

----

① 以下引金朝君臣论本朝德运，并见《大金德运图说》，文渊阁《四库全书》本。

金朝的德运之议是中国历史上自秦汉以来最后一次最高统治当局利用"五德转移"政治学说进行的讨论，有着一方面与之对峙的南宋政权争夺天下、一方面面临北方正在崛起的蒙古人的潜在威胁的特殊背景。虽然这场议论十分郑重和热烈，但对德运的确定已经十分勉强，正是这场"回光返照"式的讨论在事实上宣告了"五德转移"政治学说的终结。

蒙古建国本无国号，如辽之称契丹。至元八年（1271）十一月，因汉臣刘秉忠等人奏，始建国号曰"大元"，取《易》"大哉乾元"之义，表明受到汉文化的影响已相当深刻。虽然蒙古统治者入主中原后，十分需要证明自己统治应天承命的合法性，然于五运之说，却始终未置一词。元王朝中期，翰林学士王恽上书说："今国家奄有区夏六十余载而德运之事未尝议及，其于大一统之道似为缺然。"建议朝廷讨论国家的德运问题并主张定为金德，亦未被元统治者接受。① 元世祖所颁建国诏书，也是以成就"历古所无"的大业而定鸿名为说。② 这说明"五德转移"政治学说已不再被看作一种政治武器了，继之的明朝和清朝同样如此。

"五德转移"的理论根据是五行学说，是一种循环论的历史哲学。"五运"说将人事的盛衰附于自然力之下，正如刘羲仲在《通鉴问疑》中说，是"依天道以断人事之不可断者"。它作为一种古代政治理论观念，如果从其在王朝统治中具体运用的秦朝算起，至少流行了1400年。对于这个曾经在中国政治思想史上发挥过重要影响的观念，值得从多角度加以审视，绝非可以简单地斥为"迷

---

① 王恽《请论定德运状》，《秋涧先生大全文集》卷八五，页四，《四部丛刊》初编本。
②《元史》卷七《世祖本纪》，北京，中华书局1976年点校本，第138页。

信"以蔽之。而欧阳修及其后的正统说将朝代的兴亡与社会因素和道德因素联系在一起,这在政治思想史上是一大进步。这是一个重要的文化转折,它给中国思想文化史提出了一个十分重大的课题,同样是不可简单忽视的。

【申论之二】

在宋代,不仅"五德转移"政治学说受到挑战,自汉代以来讲天人感应的"天谴论"在理论上也受到强力冲击,事实上发生了一场"神学危机"。宋儒力主"恐惧修省"畏天传统,强调"以德配天",将天命纳入"天理"之中,天命的内涵发生了重要变化。

宋代"天命观"的嬗变与新"天命"的建立①

一、引言

"天命"观念在中国古代政治思想史上至关重要,然而它的内涵在漫长的历史长河中却并不"一以贯之",其在不同时代政治上发挥的作用也并不相同。秦汉以降,天命观在王权政治中有两大重要的运用:一是说明王权合法性的"五德转移"说,一是维系治秩序正常运转的"天谴论"。在宋代,它们都受到了前所未有的挑战,五德转移说在理论上已经"终结",事应"天谴论"也失去昔

---

① 本文原载北京大学中国古代史研究中心编《邓广铭教授百年诞辰纪念论文集》,北京,中华书局 2008 年,第 281—306 页。原题作《"天命"观在宋代的嬗变》,稍有删改。

日的风头。宋儒力主"恐惧修省"畏天传统,强调"以德配天",进而将天命纳入天理之中,"天命"的内涵发生了重要的变化。

中国早期典籍中有许多"天命"记载。《尚书·盘庚》篇说"先王有服,恪谨天命",《诗经·大雅》文王言"帝命不时,……天命靡常"。《论语·季氏》篇载孔子说:"君子有三畏:畏天命,畏大人,畏圣人之言。小人不知天命而不畏也,狎大人,侮圣人之言。"天命是什么,《诗》《书》和孔子都没有直接讲,但"畏天命"则是相同的。《诗经·周颂·清庙之什·我将》说:"畏天之威,于时保之。"《孟子·梁惠王章句》也说"畏天者保其国",都与"恪谨天命"意义相同。

君权神授是古代天命观的重要内容。既然"天命靡常",可以时降新命,故为后世解释留下了极大空间,借天命以驭人世,形成中国传统政治文化的一大特点。早期的天命观是朴素的,无论是君权神授还是谨畏天命,都是被动解释性质的。战国以降,一些政治思想家将"天命"运用于王朝政治生活中,由被动解释变为主动思考,创立了为王权统治服务的新的政治理论。影响最为深远的,莫过于说明王权合法性的"五德终始说"和维系统治秩序正常运转的天人感应的"天谴论"两种,用今人的话说,是为"政道"和"治道"服务的两种天命观。① 相为依存,方成"系统"。表现为二,实质则一。

---

① 牟宗三在《政道与治道》第一章开篇中首言:"政道是相应政权而言,治道是相应治权而言。"桂林,广西师大出版社 2006 年。石元康说,所谓"政道的问题则是统治者所以有权力的道德基础的问题。治道所牵涉到的则是统治者应如何进行统治",前者是西哲所谓"正当性"问题。见石元康《天命与正当性:从韦伯的分类看儒家的政道》,《开放时代》1999 年第 6 期,第 5—23 页。

  两种为王权政治服务的天命论流行了一千多年,直至唐代,除受到少数质疑外,都没有受到强有力的挑战。东汉王充只是说:"仲舒之言雩祭可以应天,土龙可以致雨,颇难晓也。"① 唐柳宗元说,董仲舒之说出,"自司马相如、刘向、扬雄、班彪、彪子固,皆沿袭嗤嗤,推古瑞物以配受命,其言类淫巫瞽史,诳乱后代,不足以知圣人立极之本,显至德,扬大功,甚失厥趣"。② 柳氏另有《天说》、刘禹锡有《天论》等,均申言"天人不相预"的思想。而非议五运说者更少,唐元和间(806—820)有士人熊执易说"五运相承,出于迁史,非经典明文"。刘浦江说:"这大概是宋代以前仅有的对五运说表示非议的言论。"③

  降至宋代,五运说和天谴说两种天命观仍然有很强的势头。宋因火运得国祚,一时难有挑战。与此同时,"天谴论的效果和作用依然相当强大",④ 每每被朝臣用以言朝政之缺失。宋仁宗时,知谏院吴奎言:"近岁以来,水不润下,盗贼横起,皆阴盛所致。……今天下之人皆谓之贤,陛下亦知其贤,然不能进,天下之人皆谓之不肖,陛下亦知其不肖,然不能退。重以内宠骄恣,近习阻挠,外藩桀骜,谗邪交伤。阴盛如此,宁不致大异哉!"⑤ 此类记载甚多,

---

① 王充《案书篇》,《论衡》卷二九,上海,上海人民出版社1974年,第438页。
② 柳宗元《贞符序》,《河东先生集》卷一《雅诗歌曲》,宋刻本(爱如生数据库)。
③ 潘自牧《记纂渊海》卷三七《殿试》引李畋《该闻录》,文渊阁《四库全书》本。刘浦江《"五德终始"说之终结——兼论宋代以降传统政治文化的嬗变》,《中国社会科学》2006年第2期。
④ [日]小岛毅《宋代天谴论的政治理念》,[日]沟口雄三、小岛毅主编《中国的思维世界》,孙歌等译,南京,江苏人民出版社2006年,第329页注①。小岛毅同时认为:"到了宋代甚至可以说出现了天谴论得到加强并被固定下来的现象。"
⑤ 李焘《长编》卷一七一,皇祐三年八月己卯。

可以说，天谴论的言辞充斥于宋代朝堂之上，然而，在宋人对灾异见仁见智又喋喋不休的辩说之间，可以窥见天命思想已经和正在发生重要的变化。

二、"政治神学"在宋代的危机

五运说用来说明政道，天谴论则用于治道，二者都托之于天命，是西哲所谓"对神圣启示的确信"①，论其实质均属于"政治神学"的范畴。随着唐宋之际儒学复兴运动包括疑经思潮的蓬勃展开，新儒们努力追寻"孔子之遗意"，矛头直指"害道"之"异端"，摒弃蔽圣之浮云，包括五德转移、天人感应说，也包括佛老等，传统"政治神学"的思想基础发生了动摇。

前人甚少驳难的"五德转移"说受到了公开、广泛的抨斥。欧阳修《正统论》对"五胜之术"发出了猛烈的一击，在理论上宣告"五德转移"政治学说的终结。前引刘浦江文说，"五运说在宋代所面临的危机并不是一个孤立的现象，而是中国传统政治文化的一种共同境遇。"伴随这种"终结"的，还有诸如谶纬、封禅、传国玺等这类传统政治文化发生的衰变。汉儒的天谴论也遭到了前所未有的怀疑。刘敞撰《畏天命论》说，虽然"天命可畏"，但"未有能知者"。成汤之时八年七旱，汤王不知是怎么回事，只是到南郊而祷焉而已，自董仲舒才有所谓"天命也，可推类而得，可观象而察"的说法，进而十分肯定地说："天命决不可知！求知天命者以

---

① [德]迈尔《神学抑或哲学的友爱政治？》，吴增定等译，刘小枫选编《施米特与政治法学》，上海，上海三联书店2002年，第272页。

谓尊天也，然而不得其指，不殆乎以天欺人乎！"① 欧阳修说："《春秋》虽书日食星变之类，孔子未尝道其所以然者，故其弟子之徒莫得有所述于后世也。"进而感叹道："自秦汉以来，学者惑于灾异矣。天文五行之说不胜其繁也。予之所述，不得不异乎《春秋》也。"② 还指斥说："盖自汉儒董仲舒、刘向与其子歆之徒，皆以《春秋》《洪范》为学，而失圣人之本意。"③ 所以在他所修的史书中，不书自董仲舒以来就充斥史籍中的"灾异"之说。

在灾异面前，王安石坚持"水旱常数，尧、汤所不免"的态度。熙宁八年他在回答神宗因灾异数见而求直言时讲述了自己的观点：

> 晋武帝五年，彗实出轸，十年轸又出孛，而其在位二十八年，与《乙巳占》所期不合。盖天道远，先王虽有官占，而所信者人事而已。天文之变无穷，人事之变无已，上下傅会，或远或近，岂无偶合？此其所以不足信也。④

王安石还说："天之高也，日月星辰阴阳之气，可端策而数也。

---

① 刘敞《畏天命论》，《公是集》卷三九，页九。
② 欧阳修《新五代史》卷五九《司天考》二，第705、706页。
③ 欧阳修、宋祁《新唐书》卷三四《五行志》一，第872页。
④ 李焘《长编》卷二六九，熙宁八年十月戊戌。按，轸，二十八宿之一，南方朱雀七宿之末宿；孛，彗星的一种，被认为乃"恶气之所生"（《晋书》卷十二《天文志》），不祥之兆。《乙巳占》是唐星术家李淳风所撰，该书卷八《彗孛入列宿占》云："彗孛干犯轸，兵丧并起，近期百八十日，远一年。彗出轸，天子崩，兵丧并起满宫门，车马无主，人无定居，期三年，中五年，远九年。"李零主编《中国方术概观·占星卷》（上），北京，人民中国出版社1993年，第123页。

地至大也，山川丘陵万物之形，人之常产，可指籍而定也。"① 天上的日月星辰阴阳之气，地上的山川丘陵万物之形，其变化规律都是可以通过钻研、根据数据而加以掌握的。

天变自有定数之说虽然时受抨击，但在宋代似已成为一个普遍的认识，秦汉以来的传统天命观遇到了前所未有的危机。《长编》载，天禧元年天灾时宰臣向敏中就对真宗说："天时灾沴，抑有常数。今陛下劳谦克己，孜孜旰昃，苟邦政人事无所阙失，则天灾流行亦无累于圣德。"景祐末，灾异数起，仁宗忧虑，"深自贬损"，太常博士林瑀言"灾异皆有常数，不足忧"。② 司马光治平三年十一月上书说，面对灾异发生，本当"劝导陛下，以祗畏天命，勤恤民隐，克己谦约，博求至言，以消复变咎，延致嘉祥。而朝廷晏然，曾不为意。或以为自有常数，非关人事，或以为景星嘉瑞，更当有福"。他在熙宁三年的策试题中，甚至要辩论如下观点："今之论者，或曰天地与人了不相关，薄食震摇，皆有常数，不足畏忌。"③ 熙宁中，吕陶（元钧）上策批评当时流行的"错误"观点，其有谓"彼穹然居上者，何预于人事乎？日月星辰之凌错，阴阳水旱之愆亢，皆大数使之然，未必发于政事"，④ 是则天之与人离而为二。

元祐五年二月，因灾异事御史中丞梁焘奏事，讲了一大通"修德应天"的话，太皇太后却以"旱涝自是时数"相答，焘说这"必

---

① 王安石《礼乐论》，《临川集》卷六六，第 432 页。
② 李焘《长编》卷八九，天禧元年二月癸巳；卷二七，康定元年五月庚辰。
③ 司马光《请不受尊号札子》《学士院试李清臣等策目》，原载《司马公文集》卷三九、卷七二，《全宋文》第 1192 卷，第 55 册，第 76 页；第 1220 卷，第 56 册，第 173 页。
④ 吕元钧《对策》，黄淮、杨士奇编《历代名臣奏议》卷三八，第 518 页。

出左右取悦之言"。① 似也表明此说越愈令人信服，不然何可"取悦"于人？范祖禹在元祐九年上疏指斥"日食自有定数"这类"误国"之言说："恐邪人佞臣欲宽陛下圣虑，或言日食自有定数，又云天道远而难知，此乃小人误国之言，非圣人畏天之意也。"② 均可见"时数"的观念远非少数人持有。绍圣四年（1097）九月，彗出西方，为大异之象，而章惇"殊不以天变为可惧"，执政曾布断言章惇等必不会因此而"更修政事"。③ 又崇宁五年（1106）正月，亦彗出西方，时有厩马一夕无病而卒，蔡京谓或是"星变之致"，实际上对天谴说进行了一番嘲弄，徽宗即说："龙骧岂能当天变？"④ 宣和元年（1119）三月，徽宗御笔手诏亦言：日食天象"古之人以历推步，先期而定，实数之常"⑤。其实"时数"说古已有之，宋人之论是对早期天文历法认识的肯定。

　　董仲舒在《春秋繁露》中系统阐释天人相应、天象示警的理论，西汉后期刘向、刘歆父子亦治《春秋》，复衍阴阳灾异之说，各自比附推定，成为政治斗争的奴婢。班固综辑不同说法，在《汉书》中首立《五行志》，成为历代修史传统。千年之后，欧阳修私撰《新五代史》取消了《五行志》，代之以《司天考》，只记天象而不与人事相比附。《新唐书》同样打破了将自然现象和人事政治相联系的传统，虽立《五行志》，然在志《序》中，欧阳修严厉指斥那些"为灾异之学者务极其说，至举天地万物动植，无大小，皆推

---

① 李焘《长编》卷四三八，元祐五年二月丁未。
② 范祖禹《畏天札子》，黄淮、杨士奇编《历代名臣奏议》卷三〇四，第3937页。
③ 李焘《长编》卷四九一，绍圣四年九月戊午。
④ 佚名《宋史全文》卷十四，崇宁五年四月，第791页。
⑤ 佚名《正阳之月日有食之御笔手诏》，《宋大诏令集》卷一五五，第582页。

其类而附之于五物"之"不足道",进而言:

> 《语》曰:"迅雷风烈必变。"盖君子之畏天也,见物有反常而为变者,失其本性,则思其有以致而为之戒惧,虽微不敢忽而已。至为灾异之学者不然,莫不指事以为应。及其难合,则旁引曲取而迁就其说。盖自汉儒董仲舒、刘向与其子歆之徒,皆以《春秋》《洪范》为学,而失圣人之本意。至其不通也,父子之言自相戾,可胜叹哉!①

区别了"君子畏天"与"灾异学者"的不同,表明了只"著其灾异,而削其事应"的态度。对汉儒的事应天谴说做了一个总结,同样是一个"终结"性的总结。

南宋初,继有史家郑樵撰《通志》,有《二十略》,指斥五行灾异之说为"欺天之学",不立《五行略》《符瑞略》,特作《灾祥略》专以纪实,削去五行相应之说,以绝其妖妄,甚得近世史家的好评。② 宋元之际的史家马端临也反对五行灾异说,在《文献通考自序》中,他批评历代的《五行志》"言妖而不言祥"是"不达理",指斥古今言灾异者"必曰某事召某灾"是"太牵强而拘泥"。诘质说,难道阴阳五行之气独能为妖孽而不能为祯祥吗?他把自然界中的反常现象如水火之灾、木石之异等合而称之为"物异",作《物

---

① 欧阳修、宋祁《新唐书》卷三四《五行志序》,第872页。"《语》曰"一句,出自《论语·乡党篇》。
② 梁启超曾说郑樵是司马光和朱熹之间"最伟大"的史学家,甚至认为他的"见解"有若明亮的彗星。参见《中国历史研究法》第二章,《中国历史研究法补编》分论三第四章,第305页。

异考》，表示与此前史书所立《五行传》相区别。

三、"恐惧修省"老传统之回归

天变是否有定数的讨论在宋代具有"大是大非"的意义，是一个"政治"问题，也往往为"党争"所利用。① 如果不畏天变，那么如何限制天下无能敌的"人主之势"？如何让统治秩序也就是"治道"正常运转？要让人君的权力有所管束，希望人主有所畏惧，是大臣们用心所在。真宗时宰臣李沆说得明白："人主一日岂可不知忧惧也？若不知忧惧，则无所不至矣！"②

人主所惧，莫大于"天"，是反映了"天"之喜怒哀乐意志的"灾异"。如果无所忧惧，事情就严重了。熙宁二年二月，宰相富弼以足疾行动未便，听说有人进言"灾异非人事所致"，不禁感叹道："人君所畏惟天，若不畏天，何事不可为者？去乱亡无几矣！"并以为，"此必奸臣欲进邪说，故先导上以无所畏，使辅弼谏诤之臣无所复施"③，急忙上疏力论之。苏轼也持相同看法，他批驳以"天人本不相与，欲以废《洪范》五行之说"那种"谄事世主"的说法，以为人君"惟天可以儆之。今乃曰天灾不可以象类求，我自视无过

---

① 邓广铭《宋朝的家法和北宋的政治改革运动》说，王安石变法之始，反对派们"就全都拿'天变'来吓唬宋神宗"，以阻挠变法的进行。王安石则再三地阐明他的"天变不足畏"观点，作为反击锐器。双方于熙宁八年十月关于"彗出东方"的辩论，"导致了他的第一次罢相"。载《邓广铭治史丛稿》，北京，北京大学出版社1997年，第134、135页。
② 高斯得《经筵故事：七月二十三日进故事》，《耻堂存稿》卷二，第26页，《丛书集成》初编，上海，商务印书馆1935年。
③ 陈均《宋九朝编年备要》卷十八，页十。

则已矣。为国之害，莫大于此"①。刘安世和司马光有一段关于王安石"三不足"之说的对话是对强调"畏天"的极好诠释：

> 司马光说："人主之势，天下无能敌者，或有过举，人臣欲回之，必思有大于此者，巴揽庶几可回也。天子者，天之子也，今天变乃天怒也，必有灾祸，或可回也。今乃教人主使不畏天变，不法祖宗，不恤人言，则何等事不可为也。"
>
> 刘安世说："此言为万世祸，或有术以禁绝其端而使不传于后世。"
>
> 司马光说："安可绝也！此言一出，天下莫不闻之，不若著论明辨之曰：此乃祸天下后世之言，虽闻之尚可救也。譬如毒药不可绝，而神农与历代名医言之曰：此乃毒药，如何形色，食之必杀人。故后人见而识之，必不食也。今乃绝之不以告人，既不能绝，而人误食之，死矣。"②

是要以"天"来管束"天子"，限制天子的"绝对权力"！说得直白如此。

宋儒坚持"君子畏天"的态度，如侍读吕公著于元丰八年上《修德为治之要十事》奏论"畏天命"时说："天虽高远，日监在下，人君动息，天必应之。若修己以德，待人以诚，谦逊静懿，慈孝忠厚，则天必降福，享国永年，灾害不生，祸乱不作。若慢神

---

① 苏轼《书传》卷八，页二六，文渊阁《四库全书》本。
② 马永卿辑《元城语录解》卷上，第5页。接上引文后，司马光对安世说："巴揽两字，贤可记取，极有意思。"巴揽，宋俗语，犹言包揽。

虐民，不畏天命，则或迟或速，殃咎必至。"进而指斥说："自两汉以来，言天道者多为曲说，以附会世事。间有天地变异，日月灾眚，时君方恐惧修省，欲侧身修道，而左右之臣乃据经传，或指外事为致灾之由，或陈虚文为消变之术，使主意怠于应天，此不忠不甚者也。"① 所反对的是汉儒事应相对的天谴之畏："灾变之来，率以类应，某政之失则召某祥，某事之非则召某异。盖自两汉诸儒若刘向、董仲舒、郎颛、襄楷之徒，皆指时事一二以明之，牵连迁合，务必其验。是不能推明天人之端以启导世主，而徒溺于机祥也。"②

欧阳修《新唐书·五行志序》指出，《洪范》所记之事，"初不相附属"，自刘向《五行传》以来，方以诸事附于五行，"至俾《洪范》之书失其伦理，有以见所谓旁引曲取而迁就其说也。然自汉以来，未有非之者"。又进而指出：

> 孔子于《春秋》，记灾异而不著其事应，盖慎之也。以谓天道远，非谆谆以谕人。而君子见其变，则知天之所以谴告，恐惧修省而已。若推其事应，则有合有不合，有同有不同。至于不合不同，则将使君子怠焉，以为偶然而不惧。此其深意也。盖圣人慎而不言如此，而后世犹为曲说以妄意天，此其不可以传也。

---
① 吕公著《修德为治之要十事》，黄淮、杨士奇编《历代名臣奏议》卷三九，第531页。其中提到"恐惧修省"，出自《易·震》："象曰：洊雷，震。君子以恐惧修省。"
② 吕元钧《对策》，黄淮、杨士奇等编《历代名臣奏议》卷三八，第518页。

如果说"自汉以来未有非之者",那么在宋代却"非之者"不断了。哲宗时,范祖禹因"日食之异"而上札说:"陛下所宜恐慎修省以答天戒。深畏变异之来,殆由人事有以感致之,务在安静,以宁人心。夫天人之际,相去不远,应如影响,不可不畏。能应之以德,则灾变而为福,异变而为祥;不能应之以德,则重违天意,何由消弭?"① 正如论者所说:"宋代思想家批判汉儒的根本所在,就是因为事应说有使君主忽视'修德'的危险。"② 圣人之意在于如何"畏天",应该回归到"恐惧修省"而非"推其事应"。

宋人说汉儒"使时君有所警而启人主畏天之心",又谓"某事必有某征,某征必应某事,求之而不合焉,则玩心不能不生,此启人主玩天之心",认为正确的态度应是"天有谴告,为人君者,事事当修饬,不可以为某事当修饬而某事不必修饬也"③。畏天、玩天之言,抓住了汉儒天谴说的双重性。宋儒反对汉儒的"玩天之心",强调"事事修饬"的畏天之心,后者则乃古人"以实应天"的敬天之意。宋仁宗御试曾以"应天以实不以文赋"为题,欧阳修拟赋上进,在《引状》中说:"古者圣帝明王,皆不免天降灾异。惟能修德修政,则变灾为福,永享无穷之休。"其《赋》云:"天灾之示人也,若响应声。君心之奉天也,惟德与诚,固当务实以推本,不假浮文而治情。……盖恐惧修省者实也,在乎不倦;祈禳消伏者文

---

① 范祖禹《畏天札子》,黄淮、杨士奇编《历代名臣奏议》卷三〇四,第937页。
② [日]小岛毅《宋代天谴论的政治理念》,载沟口雄三、小岛毅主编《中国的思维世界》,第324页。
③ 佚名《群书会元截江网》卷三,页二五。《四库提要》谓,是书"不著撰人名氏,首题太学增修,中有淳祐端平年,盖理宗时程试策论之本也",文渊阁《四库全书》本。

也,皆不足云。"① 宋仁宗"每遇水旱,必露立仰天,痛自刻责,尽精竭虑,无所不至",而韩琦却说"其于消伏灾眚之道则犹未焉",②即所谓"文"而已。韩琦盛称"应天以实不以文"乃"先儒之大议也"③。南宋林之奇就此论道:"所谓实者何?至诚之谓;所谓文者,不必牺牲玉帛,凡有所修饰于外者,皆文也。"④ 宋人对"应天以实不以文"的古训有相当多的阐述,不做表面文章,不在事必求征上下功夫,而当事事修饬,"惟德与诚",才是应天之道。

程颐也用天人感应这套理论来规劝朝廷,强调政阙而致阴阳不和、水旱之灾,强调"恐惧修省"之消弭之道。程颐解释《春秋》书日食时说:"日食有定数,圣人必书者,盖欲人君因此恐惧修省。"⑤ 认为《春秋》"不云霜陨而云陨霜"之类是"有意"针对人事而书的,进而谓:

> 天人之理,自有相合。人事胜则天不为灾,人事不胜则天为灾。人事常随天理,天变非应人事。如祁寒暑雨,天之常理,然人气壮则不为疾,气羸弱则必有疾,非天固欲为害,人

---

① 欧阳修《赋·推诚应天岂尚文饰》,《居士外集》卷二四,《欧阳修全集》,第542页。
② 彭龟年《因祷雨论车驾不过重华宫无以消弭灾眚疏》,《止堂集》卷三,《丛书集成》初编,上海,商务印书馆1936年,第42页。
③ 李焘《长编》卷一二〇,景祐四年十二月乙酉。这里所谓"先儒之大议",见《汉书》卷四五《息夫躬传》:汉哀帝时,天下骚动,灾异屡见,或建言"斩一郡守以立威,震四夷,因以太应变异"。丞相王嘉上言:"动民以行不以言,应天以实不以文。下民微细,犹不可诈,况于上天神明而可欺哉!"
④ 林之奇《尚书全解》卷二五,页二九,文渊阁《四库全书》本。
⑤ 《河南程氏遗书》卷二二下《附杂录后》,《二程集》,第299页。

事德不胜也。如汉儒之学，皆牵合附会，不可信。①

程颐等人反对的，同样是一灾对一事的感应。人事不修而受疾，非是天之为害，很能说明宋儒所谓修"德"应天的含义了。胡安国也说："日食，常数耳，《春秋》每食必书，何也？曰者，人君之表，苟有食之，则暗而不明矣。"他列举了诸如臣子背君父、妾妇乘其夫、政权在臣下、夷狄侵中国等"暗而不明"之事，结语说："陛下诚能格物致知以诚意正心，而鉴于《春秋》所书侵蚀之咎，洞察正邪，灼知忠佞，如日中天，临照万物，则君人之本立，而天下之事定矣。"②则完全是理学的说教了。日食等天变自有定数，宋儒对此似已看得十分明白，要借此让人君"恐惧修省"的目的也很明白，修德应天成为宋儒的普遍说法。

王安石说："周公、召公岂欺成王哉？其言中宗所以享国日久，则曰'严恭寅畏，天命自度，治民不敢荒宁'。其言夏商所以多历年所，亦曰德而已。"③周公早前有过"礼陟配天"的说法，宋儒释之为"以德配天"④，这成为"天命"新的合法性解释，合"礼"就是有德，合符人世社会之礼，方有配天之德。宋儒之"天命"，不是虚悬于上遥不可及者。贾似道即曾标榜"高宗爱宅吴会，以仁守国，以德配天"云云⑤。在灾异面前，儒家本有躬身自省的传统。

---

① 《河南程氏外书》卷五，《二程集》，第374页。
② 胡安国《上钦宗论君道本于明》，赵汝愚编《宋朝诸臣奏议》卷四，第43页。
③ 李焘《长编》卷二六九，熙宁八年十月戊戌。
④ 《尚书·君奭》："率惟兹有陈，保乂有殷，故殷礼陟配天，多历年所。"蔡沈《书经集传》卷五注说："陟升遐也，言六臣循惟此道，有陈列之功，以保乂有殷，故殷先王终以德配天，而享国长久也。"
⑤ 陶宗仪《说郛》卷五五，宛委山堂百二十卷本。

《尚书》一再告诫统治者要"为政以德"以及敬德、明德、重德，宋儒强调修德应天，正是要回归到这个政治老传统。宋儒所言的"以德配天"，思想资源正是早期儒家的天命观，且把道德的重要性提到了空前的高度，也是理学本事。天命的天谴论正在向道德化的天理论转换。这种转换的发生，如沟口雄三说："只不过显示了自然现象是可知的还是不可知的这样的差异。"① 天谴论中天是不可知的，天理论中天是可知的（有定数），二者观点是对立的。北宋名僧契嵩在《说命》篇中说：

> 《泰誓》曰："天视自我民视，天听自我民听。"此所以明天命也。异乎后世则推图谶符瑞，谓得其命也；谓五行相胜，谓得其德也。五胜则几乎厌胜也，符瑞则几乎神奇也。夫天命者，因人心而安人也。是则人心归其德乎，五行七政顺其时乎，虽曰奉天之命，其实安天之命者也。②

人心所在，天命所归。王者受命于天，说到底是"人心归其德"。宋理宗时太常博士牟子才上奏言直谓："小民，国之大命也"，"天命未足为天命，而人心乃所以为天命也"。③ 以民为本，正是恪守儒家的思想传统。在这里，"天命"不再被视为上天的意志，实际上是被"虚化"了。

---

① ［日］沟口雄三《〈中国的思维世界〉题解》，载沟口雄三、小岛毅主编《中国的思维世界》，第7页。
② 释契嵩《说命》，《镡津文集》卷五，《宋集珍本丛刊》第4册，第386页。按，《泰誓》出自《尚书·周书》。
③ 牟子才《论修省不在祈祷迎神等事疏》，黄淮、杨士奇编《历代名臣奏议》卷三一一，第4025页。

四、"天命即天理"：新天命之建立

传统"政治神学"在这一时期的动摇和衰变已无可挽回。程朱等理学家没有否定五运说，但他们也并不是一味崇信。如程颐在说五德之运"有这道理"之后又说"须于这上有道理"，也就是说，"五运"说这个道理之上还有一个大道理罩着。程颐接着说："如关朗卜百年事最好，其间须言如此处之则吉，不如此处之则凶，每事如此，盖虽是天命，可以人夺也。如仙家养形，以夺既衰之年。圣人有道，以延已衰之命，只为有这道理。"① 把五运说纳入更大的道理中来予以解说。朱熹说"五运之说亦有理"，前面一句话却是"（五运）本起于五行，万物离不得五行"②。刘浦江《"五德终始"说之终结》说，"如果从宇宙论而非正统观的角度去理解"这一点，疑问可"涣然冰释"，是有见地的。《尚书·甘誓》载夏启讨伐有扈氏时说"有扈氏威侮五行，怠弃三正"，苏轼的解释是："王者各以五行之德王，易服色及正朔。孔子曰：行夏之时。自舜以前必有以建子建丑为正者，有扈氏不用夏之服色正朔，是叛也。"③ 朱熹并不认同苏轼的解释，而是说："五德相承，古人所说皆不定。谓周为木德，后秦以邹衍之说推之，乃以为火德。……三代而上，未有此论。"所以他认为苏轼的说法"未必是"④。可见朱熹对五运说的认

---

① 《河南程氏遗书》卷十九，《二程集》，第 263 页。按，关朗在北魏时以《易》学名世，后世祖之。
② 黎靖德编《朱子语类》卷二四《为政篇下》，第 597 页。
③ 苏轼《东坡先生书传》卷六《夏书·甘誓》，页一，明刻本。
④ 黎靖德编《朱子语类》卷一三四《历代一》，第 3218 页。

可度本身就很有限。刘羲仲《通鉴答疑》记司马光在回答正统问题时说，被汉儒渲染而为后世所遵依的"五德"说不过是"依天道以断人事之不可断者"，也就是一种"不得已"的说法而已，大体可代表宋人的心境。

在灾异问题上，天变自有"常数"与"以德配天"本来就是自相矛盾的，而要人君修德应天也是"说教"式的，在理论上显得相当苍白。要以上天来管束人君，需要解释为何天人相通？天人合一、天人感应论得到申论。程颢说"天下事只是感与应耳"，朱熹也说"在天地之间，无非感应之理，造化与人事皆是"①。宰相富弼以"气"论之：

> 本缘天地万物通是一气所生，无有纤间，惟是气之清者为天，气之浊者为地，清浊之余气散于天地之间，是为万物。万物之最灵者为人，以此观之，天地万物同为一类，则最灵之人岂不能以众善众怒之气感动天地而致福致祸于国家者乎！……天地人本是一气，善恶动静必然相应，合若符契，间不容发，无谓天人形体隔绝至远，便谓两不相干，而不以为信也。气既相贯，气动则应，人有喜怒，天应如响。②

彭龟年说：富弼此言"谓天地人本是一气，气既相贯，气动则应，

---

① 《河南程氏外书》卷一二，《二程集》，第440页；黎靖德编《朱子语类》卷七二《易八·咸》，第1813页。
② 富弼《论灾变而非时数》，黄淮、杨士奇编《历代名臣奏议》卷三〇二，第3914页。

人君欲考天地灾祥，以是察之而已"①。邢恕亦言："天人之际，其形气有以相通。其变动有以相感，格之以诚，应之以实，密与道俱，则其答犹影响，其合犹符节也。如此则何灾不可消，何异不可去？若夫祈禳小数，岂足道哉！"② 因为天人一气，自可有以相感，答犹影响。王安石《周官新义》卷十谓"人之精神与天地同流通万物一气也"，卷十一谓"人与天地同流通万物一气故也"；朱震《汉上易传》卷四言"天地男女万物一气也"，卷七释神人设卦观象时就说"居处动作无非道也，天人一理也"；胡安国《春秋传》卷十九则言"天人一理也，万物一气也。观于阴阳寒暑之变，以察其消息盈虚，此制治于未乱，慎于微之意也"。

既然承认万物一气，天人一理也就顺理成章。理学家试图找到一个适用于宇宙人世且万世不变的法则，周敦颐、张载、邵雍等人也分别在探讨天与人的问题。二程兄弟"玩心于道德性命之际"，③ 提出"天理"论，试图建构一种能取代"天命"观的新信仰。认为"自家体贴出来"的这个天理囊括万事万物，表现于具体事物的"理"只是"天理"照出的结果。这个天理，在天是新的宇宙论、太极图之类，在人世则是儒家三纲五常之类。"天"已非高悬于上不可及之天，而是在新条件下的天人合一，由人事来解释和决定天命——此即天理，尤为突显思想史上的转折意义。④ "父子君臣，天

---

① 彭龟年《因祷雨论车驾不过重华宫无以消弭灾眚疏》，《止堂集》卷三，第42页。
② 邢恕《上神宗答诏论彗星上三说九宜》，赵汝愚编《宋朝诸臣奏议》卷四三，第442页。
③ 《程氏遗书》附录《门人朋友叙述并序》，《二程集》，第332页。
④ 这一点，无疑是思想史研究中为学界所公认的。但是天理是如何被发明的？何谓天理等内容上有诸多讨论的余地。例如葛兆光说，宋儒建立起关于"道""理"与"心""性"的一整套观念系统，其核心"是将过去合理性的终极依据，从（转下页）

下之定理，无所逃于天地之间"，现实秩序就是"天理"在人世社会中的具体体现。人在社会中都处于一定的位置，各守其分，各尽其责，不可僭越，这就是"天理"，又说"上下之分，尊卑之义，理之当也"。天理的内容是逐渐丰富而建构起来的，程颐主张恢复宗子法，说是"立宗子法亦是天理"。朱熹说天理，"其张之为三纲，其纪之为五常，盖皆此理之流行，无所适而不在"①。人的本然之性也是天理，"性者，人生所禀之天理也"；"性即天理，未有不善者也"。②"论天地之性，则专指理言"③。朱熹释《中庸章句》第一章"天命之谓性，率性之谓道，修道之谓教"说："命犹令也，性即理也"，"人、物各循其性之自然"，此即"所谓道也"，而"圣人因人、物之所当行者"教于天下，如"礼乐刑政之属"④。在朱熹看来，天命、天理和现存的社会秩序（礼乐刑政）都是一回事，而这个"天理"是他们主观认定的，虽然他们标榜这个天理是不为尧存、不为桀亡的。既然是主观认定的，所以程朱等人把他们认为"合理"的现存社会秩序都放进了"天理"之中。

孔子所言的"天命"和程朱所言的"天理"是否可以相通呢？

（接上页）'天'转向'人'"，见氏著《中国思想史》第二卷，第 307 页。沟口雄三《论天理观的形成》一文，"认为对天的认识的转变是天理观形成的契机"，沟口雄三、小岛毅主编、孙歌等译《中国的思维世界》，南京，江苏人民出版社 2006 年，第 220 页。
① 朱熹《读大纪》，《朱熹集》卷七〇，第 3656 页。
② 朱熹《孟子集注》卷十一《告子章句上》，载朱熹《四书章句集注》，第 325 页。
③ 黎靖德编《朱子语类》卷四《人物之性气质之性》，第 67 页。
④ 侯外庐、邱汉生、张岂之主编《宋明理学史》第一编第四章第三节"二程的'天理'论"指出："二程所谓'凡事皆有理'的论证范围，'理'泛指客观事物及其法则。"北京，人民出版社 1984 年。参见邱汉生《朱熹〈四书集注〉的天理论和性论》第二节"天理与封建道德、封建礼乐刑政"，《中国史研究》1979 年第 2 期。

自认为继承孔孟千年不传之学的程朱，自然没有勇气说二者有什么不同。需将二者疏贯于一，方可有言直接孔孟的资格。《中庸》"天命之谓性，率性之谓道，修道之谓教"成为理学家探讨宇宙本体的依据。理学家们强调"性与天道"问题的重要性。张载指说它是孔子"居常语之"，"子贡曾闻夫子言性与天道，但子贡不晓，故曰：'不可得而闻也。'"①。程颐释经"穷理尽性以至于命"说："理也，性也，命也，三者未尝有异。穷理则尽性，尽性则知天命矣。天命，犹天道也。"② 则此之"天命"，已非授予君权或维系君权运转之天命，而是与主观认定的天理一致的天命，前者被动，后者主动。这个天理，是他自己对圣人之道的"发明"，实则与今日之所谓"构建"相似。张载说："为天地立心，为生民立道，为去圣继绝学，为万世开太平。"③ 正是试图构建一套适用于宇宙和人世社会的全新解释、继往开来的终极理论，建立起一套全新的信仰。《宋史》本传说张载"其学尊礼贵德、乐天安命，以《易》为宗，以《中庸》为体，以孔孟为法，黜怪妄，辨鬼神"，与二程兄弟"得不传之学于遗经，志将以斯道觉斯民""倡圣学以示人，辨异端，辟邪说，开历古之沉迷"④ 的志向是一致的。

朱熹释孔子"君子有三畏"时明确指出"天命即是天理"：

"畏天命"三字好，是理会得道理，便谨去做，不敢违，

---

① 张载《张子语录》上，《张载集》，第307页。
②《程氏遗书》卷二一下，《二程集》，第274页。
③ 张载《张子语录》中，《张载集》，第320页。
④ 此语为程颐赞其兄程颢语，实可视为夫子自道。《河南程氏文集》卷十一《明道先生墓表》，《二程集》，第640页。

便是畏之也。如非礼勿视听言动，与夫戒慎恐惧，皆所以畏天命也。……天命即是天理。①

朱熹的追随者陈淳之释天命，也很清楚地表达了相同思想。其《北溪字义》卷上《命》说：

"命"一字有二义：有以理言者，有以气言者，其实理不外乎气。盖二气流行，万古生生不息，不成只是空个气？必有主宰之者，曰理是也。理在其中为之枢纽，故大化流行，生生未尝止息。所谓以理言者，非有离乎气，只是就气上指出个理，不杂乎气而为言耳。如"天命之谓性""五十知天命""穷理尽性至于命"，此等命字，皆是专指理而言。天命，即天道之流行而赋予于物者。就元亨利贞之理而言，则谓之天道，即此道之流行而赋予于物者而言，则谓之天命。②

非常清楚，"天命"已被"偷换"了概念，"上天的意志"已被架空，同前所言之被"虚化"实质上是一样的。与朱熹同时的婺州吕祖谦也说："命者，正理也，禀于天而正理不可易者，所谓命也。"天命所在，即天理所在，遵"天命"就是顺"天理"。说："圣人之心，即天之心，圣人之所推，即天所命也。故舜之命禹，天之历数已在汝躬矣。"禹之继舜，亦即受命于天。夏桀无道，商汤伐之，他认为"非汤伐桀，乃天也。使汤非顺天命应人心，则为

---

① 黎靖德编《朱子语类》卷四六《论语·君子有三畏章》，第1173页。
② 陈淳《北浮字义》，熊国桢、高流水点校，北京，中华书局1983年，第1页。

称乱矣"①。顺天命应人心，建立起"合法"的新政权，基础是"力与德"。把自古有之的"天命"纳入理学家的"天理"论系统，正如唐君毅先生所论："此诸儒之所谓天命、性命，乃以天道天理为本，而非如汉儒之多以带人格神之性质之天帝、天神、天元或天之元气，为天命之本。"又说："在董子思想中，只有奉天命、承天命、法天命之事，而无由穷理、尽性、以立命、至命，发体天之神化，而使人实与天合德之事也。"② 可以清楚地看到，程朱所谓"天命"，是与汉代大不相同的新天命。

论者谓："从商周开始一直到清朝终结，天命这个观念一直是儒家思想中统治的基础。"③ 然而综上所言，宋儒将天命纳入"天理"之中，"天命"的内涵已经发生了变化。从金人"本朝之兴，混一区宇，正欧阳修所谓大居正，大一统者也"，到元人以《易》"大哉乾元"为国号，再到明代对"受命以德"的认识，等等④，都是这种变化的最好注脚。"天命"一词虽同，但儒家思想中统治的基础前后并不能等而视之，这是需要细细明辨的。

---

① 吕祖谦撰、时澜增修《增修东莱书说》卷八、三、七，页十四、十八、二，文渊阁《四库全书》本。
② 唐君毅《中国哲学原论·导论篇》，北京，中国社会科学出版社 2005 年，第 376、379 页。
③ 石元康《天命与正当性：从韦伯的分类看儒家的政道》，《开放时代》1999 年第 6 期。
④ 刘浦江在《"五德终始"说之终结》一文已有如下揭示：《明史》卷六八载，弘治十三年（1500）礼部尚书傅瀚言"自秦始皇得蓝田玉以为玺，汉以后传用之。自是巧争力取，谓得此乃足以受命，而不知受命以德，不以玺也"。据是卷，明初宝玺十七，并无受命于天者。《明史》二四二《程绍传》载，天启四年（1624），河南巡抚程绍针对有人献秦代玉玺时说："至尊所宝，在德不在玺。"

后 记

《北宋中期儒学复兴运动（增订本）》校毕，算是完成了一个久久的心愿，这是在文津版的基础上增订的。1985年秋，我考入四川大学历史系古代史专业，跟从徐中舒先生和吴天墀先生攻读博士学位。徐先生耆年硕德，最受学生景仰，旋因病重，遂难领教泽，论文在吴天墀师的指导下完成。屈指算来，断断续续学习宋史，迄今已经有四十余年，如今才交上这份作业，让人汗颜。我于1978年2月考入四川大学历史系，大二的时候听过吴天墀老师和胡昭曦老师讲授的"宋史专题"选修课。后来在胡老师指导下做学年论文，老师命读《续资治通鉴长编》，引我进入到一个未知的世界。我在学校的线装书库硬着头皮把《长编》翻了一遍，好多内容和术语都似懂非懂。参考徐规先生《李焘年表》一文，写了关于李焘与《长编》的作业，后来刊于《史学史研究》（1981年），现在看来，当然不算一篇成熟的论文。硕士阶段我随蒙默老师学西南民族史，先前翻看《长编》时，感觉到有好多川南民族的材料，遂以《宋代的"泸夷"》为题作为硕士论文。1984年12月毕业后留校，半年后有个在当时不算热门的读博机会，便顺风考取了本校的博士生，在职学习，开始了自己真正的宋史学习。

宋代典籍之外，导师吴先生让读蒙文通和刘咸炘，学校有一部残缺的《推十书》无人问津，蒙先生的著作当时还没有合集。二先生的著作博大精深，虽然常常令我一知半解，但常读常新，理解或不理解的问题都可以让人久久思索。就"宋史"来说，我是一个后进生，1987年第一次参加在河北召开的宋史年会，尝试提交了《邵雍思想与老庄哲学》作为参会论文（后收入会议《宋史研究论文集》），主旨就是从习读刘咸炘文中得来。吴先生在20世纪30年代晚期开始研究宋史，早对"北宋中期"有过深入的思考，聆听教诲，学生每每受益，又获赐读未刊论稿《中唐以下三百年之社会演变——庆历变革与近世社会之形成》（上），得到很大启发，后以"北宋中期儒学复兴运动"作为博士论文题目，得到先生首肯。1990年初通过答辩，感谢张岂之先生亲临川大主持了学生的答辩会。时逢台北文津出版社正在组织"大陆地区博士论文丛刊"，拙著遂得以1991年7月在台北出版了繁体本，但印数少，内地难见到。那时海峡两岸交流不像后来那么畅通，清样校对都未及进行，所以出现很多错误。大约20世纪末，罗志田兄从台湾访学回来，说丛刊总编邱镇京先生告之拙作已售罄，不止一次建议我及时将论文修订并在内地出版，一些同仁学友也多有督促。我觉得论文有些单薄，一时没有想好如何"增修"，事情就搁置了下来。二三十年来，包括思想文化史在内的宋史研究得到长足发展，也促使自己对北宋儒学复兴相关问题时常思索，希望增订本能以较为充实的面貌出现。如今，川大的几位老师都先后仙逝，让人十分缅怀，也很惶恐，不知增订本是否能得到先生认可。论文早前曾得到过宋史研究前辈大家漆侠先生、徐规先生、王曾瑜先生和朱瑞熙先生的指教和鼓励，每每忆及，心存感激。

本次增订，篇章结构没有变化，个别篇章的题目有所改动，增加了前言和结语两部分。由于对本书涉及的"宋学"与"儒学复兴"两个基本概念的理解和使用见仁见智，故而在前言中做一梳理交待，结语则对"儒学复兴运动"想要达成的目标以及核心问题做一总结说明。另外增加了两篇申论，一是"五德转移"学说及其终结问题，再是"天命观"的嬗变及与理学的关系问题，两题皆与北宋中期的儒学思潮密切相关，但从时段和内容来看，又远远超出了这个范围，故而附之后。电脑统计，文津版不足十五万字，这次大约增加了二分之一的篇幅。学友王化雨博士主动承担审读了一校全稿并做了仔细校勘，对一些问题提出了有益的建议，纠误不少；编辑王婧娅女士十分耐心，在文字和叙述上都有许多指正，为书稿的最后脱"稿"付出了不少心血，我也从中得到许多收获。在此一并表示感谢！对文中存在的失误，真诚希望得到同仁的指教！

刘复生于川大农林村
2022 年 10 月